CATALOGUE

DE LA

BIBLIOTHÈQUE COMMUNALE

DE BREST

PAR

A. MARION ✻ (O. A.)
Docteur en médecine, bibliothécaire

ET

P.-L. TISSOT ✻
Ancien officier de marine, bibliothécaire-adjoint

Théologie et Jurisprudence

BREST
Imprimerie UZEL-CAROFF et FILS, rues St-Yves, 32 et Mairie, 24.

1893

BIBLIOTHÈQUE

DE LA

VILLE DE BREST

Fondée en 1853

Par Monsieur BIZET, Jeune

OFFICIER DE LA LÉGION D'HONNEUR, MAIRE DE BREST

Classée et installée

Par E. FLEURY

Bibliothécaire

BIBLIOTHÈQUE
DE LA
VILLE DE BREST

THÉOLOGIE ET JURISPRUDENCE

Offert

Au nom du Conseil Municipal de la Ville de Brest,

à la Bibliothèque de la Ville de

Le Maire,

CATALOGUE

DE LA

BIBLIOTHÈQUE COMMUNALE

DE BREST

PAR

A. MARION ✳ (O. A.)

Docteur en médecine, bibliothécaire

ET

P.-L. TISSOT ✳

Ancien officier de marine, bibliothécaire-adjoint

THÉOLOGIE ET JURISPRUDENCE

BREST

Imprimerie UZEL-CAROFF et FILS, rues St-Yves, 32 et Mairie, 24.

1893

AVIS

Le premier catalogue méthodique de la THÉOLOGIE ET DE LA JURISPRUDENCE *a été dressé et rédigé par M. E. Fleury, premier bibliothécaire de la Ville, et imprimé, en 1877, par les soins de son successeur, M. Mauriès, notre prédécesseur immédiat.*

Un grand nombre d'ouvrages nouveaux appartenant à cette catégorie nous ayant été offerts, depuis cette époque, l'Administration municipale a pensé qu'il y avait lieu de refondre et de réimprimer l'ancien catalogue.

Pour nous conformer aux instructions du Comité de la bibliothèque, nous avons supprimé un grand nombre d'indications bibliographiques données, dans la première édition, par MM. Fleury et Mauriès. Les travailleurs qui désireraient les consulter, les retrouveront dans ce volume qui a été adressé à toutes les bibliothèques importantes de France.

Le Comité a aussi été d'avis que les notices intéressantes publiées par nos prédécesseurs sur la bibliothèque de Brest seraient réimprimées.

C'est un pieux hommage que nous sommes heureux de rendre à la mémoire de ces deux travailleurs aussi zélés que modestes.

Nous ferons suivre cet historique d'une courte notice sur les changements survenus dans le service de la bibliothèque et dans l'état de nos richesses bibliographiques par suite de dons considérables reçus depuis 1886, date de notre entrée en fonctions comme bibliothécaire en chef.

Brest, le 25 Mai 1893.

Le Bibliothécaire,

A. MARION.

Les bibliothèques communales des départements sont presque toutes de création nouvelle ; leur origine ne remonte pas au-delà de 1789. Elles ont été formées, pour la plupart, des livres provenant des établissements religieux, supprimés à cette époque, et des volumes saisis plus tard chez les émigrés.

Avant la Révolution, on ne comptait, en France, dans les provinces, que sept bibliothèques publiques communales. C'étaient : celles d'Abbeville, de Lyon, de Mortain, de Saint-Quentin, de Strasbourg, de Langres et de Vesoul.

Un grand nombre de bibliothèques existaient pourtant, il est vrai, et s'ouvraient assez généralement aux hommes studieux. Ainsi les belles et riches bibliothèques des nombreuses maisons religieuses, couvents, monastères, abbayes, qui existaient répandues sur toute la France, et celles des universités, corporations, sociétés savantes, offraient, sans nul doute, leurs richesses aux savants et aux érudits ; mais, quant à des bibliothèques publiques communales, il n'y en avait que sept dans toute la France.

D'après le tableau statistique publié en 1854, par le journal général de *L'Instruction publique*, il existait dans les départements trois cent trente-huit bibliothèques publiques communales. Dans ce chiffre n'étaient comprises ni les bibliothèques de Paris, ni celles qui, dans les départements, appartiennent à des sociétés particulières et à des établissements spéciaux. Ce sont donc trois cent trente-une bibliothèques publiques où tout le monde est admis, qui ont été créées en France dans l'espace de soixante-cinq années.

A la Révolution, tous les biens ecclésiastiques ayant été mis à la disposition de la Nation, par le décret de l'Assemblée nationale du 2 novembre 1789, l'Etat se trouva tout-à-coup possesseur d'immenses propriétés que la suppression des couvents, monastères, abbayes et corporations religieuses et séculières vint encore augmenter.

Dans tous ces biens, saisis par la Nation, auxquels il faut ajouter aussi ceux des émigrés et des victimes de la Terreur, se trouvaient de nombreuses bibliothèques, qui devinrent ainsi propriétés nationales.

Cette immense quantité de livres et d'autres objets de sciences et d'arts, comme instruments, tableaux, etc., dont la Nation s'était emparée, devaient être conservés précieusement pour la France ; aussi les diverses Assemblées qui se succédèrent pendant les premières années de la Révolution apportèrent-elles le plus grand soin à ne pas laisser disparaître toutes ces richesses. Les décrets des 14 novembre 1789, 28 octobre 1790, 2 janvier et 7 août 1792, prescrivaient de dresser avec soin les catalogues des livres et manuscrits existant dans les bibliothèques des *corps religieux.* Un décret du 10 octobre 1792 ordonnait de surseoir à la vente des bibliothèques des émigrés.

Malgré ces décrets, qui semblaient devoir mettre à l'abri de toute dilapidation ces précieuses collections, elles furent sur le point d'être entièrement perdues. Les manuscrits précieux que les religieux nous avaient transmis depuis les temps les plus reculés et que les monastères nous avaient conservés au milieu du moyen-âge, ainsi que les premiers ouvrages imprimés, tout fut au moment de disparaître au milieu de la tourmente révolutionnaire. Dans ces moments de délire, on proposa dans plusieurs villes importantes de brûler toutes les bibliothèques, parce que *la théologie était du fanatisme, la jurisprudence des chicanes, l'histoire des mensonges, la philosophie des rêves ; les sciences, on n'en avait pas besoin.*

A cette époque de douloureuse mémoire, les beaux manuscrits sur vélin et sur parchemin étaient employés à faire des gargousses pour les canons de la République, et d'autres, moins noblement employés, servaient à humecter le tabac dans les manufactures de la Nation ; les livres imprimés, les incunables, comme les autres, se retrouvaient chez l'épicier ou au bureau de tabac !

La Convention comprenant toute l'importance, non seulement de conserver, mais même de créer, avec ces riches colllections, de nouvelles bibliothèques pour remplacer toutes celles qui avaient été détruites, vota, le 9 pluviose an II (28 janvier 1794), sur le rapport de Coupé (de l'Oise), un décret qui appelait de nouveau l'attention des administrations des départements sur la conservation et le classement de ces richesses, et la création ou l'appropriation, dans chaque district, d'édifices pour les recevoir.

La même année, le 22 germinal (11 avril 1794), Grégoire, le fameux abbé Grégoire, dans un long rapport, plein d'intérêt, déplorait, comme l'avait fait Coupé, le 2 pluviose, l'état fâcheux dans lequel on avait laissé les dépôts des livres, objets d'arts, etc., provenant : « de la suppression des
« corporations ecclésiastiques, judiciaires, académiques, des émigrés et des
« suppliciés. » « Il s'en faut, disait-il, que ces dépôts aient été convenable-

« ment surveillés ; on prétend que, dans une seule ville, il manque dix mille
« volumes et l'on sait que les fripons ne manquent pas de choisir. Ailleurs
« une foule de livres ont été vendus à bas prix, ou au poids, peut-être
« même depuis le décret du 10 octobre 1792, qui surseoit à toutes ventes
« de cette nature. »

L'Assemblée, effrayée d'un tel état de choses, mit en demeure aussitôt toutes les administrations départementales et des districts de rendre compte, dans la décade, du travail relatif à la confection des catalogues. Elle mettait aussi, par un décret du 14 fructidor an II (31 août 1794), toutes les bibliothèques sous la surveillance des bons citoyens, les invitant à dénoncer aux autorités les provocateurs et auteurs des dilapidations et des dégradations qui pourraient y être commises ; deux années de détention étaient infligées aux coupables. — Les détenteurs des manuscrits, etc., devaient aussi les remettre dans le mois de la promulgation du décret, sous peine d'être traités et punis comme suspects.

Mais ce ne fut que lorsque la France eut vu se terminer les jours de néfaste mémoire de la Terreur, qu'on osa, dans les départements, s'occuper sérieusement de mettre à exécution les décrets qui avaient pour but de conserver toutes ces richesses bibliographiques et artistiques. Des commissaires, conformément au décret du 9 pluviose an II (28 janvier 1794), furent nommés en l'an III, dans les départements : « pour assurer à la République
« la possession de ces objets précieux et remédier, autant que possible, aux
« ravages des dégradations occasionnés par la négligence des adminis-
« trations ou l'ignorance des individus chargés de leur garde. » CAMBRY.

Parmi les objets qui furent signalés à la sollicitude de ces commissaires, choisis parmi les hommes les plus éclairés des départements, les bibliothèques occupèrent le premier rang. Il était temps : « Car chaque jour
« amenait de nouveaux désordres, parce que les crimes de l'ignorance et
« d'une insouciance inconcevable succédaient à ceux de la brutalité de
« quelques écoliers féroces. » CAMBRY.

Ces commissaires rendirent des services importants et conservèrent à la France une grande quantité d'objets précieux. Par leurs soins, des bibliothécaires furent nommés là où il n'en existait pas encore ; des salles furent disposées pour mettre les livres qui pourrissaient dans les endroits où ils avaient été provisoirement déposés.

Quant ces bibliothèques, dont la surveillance appartenait aux districts, et l'administration et la police aux autorités municipales, furent installées, on veilla avec le plus grand soin à la conservation des livres qu'elles contenaient. Ces dépôts, c'était ainsi qu'on les appelait, étaient formés généralement de la réunion de plusieurs bibliothèques, soit ecclésiastiques, soit des émigrés, des corporations, etc., qui avaient existé dans la circonscrip-

-tion que comprenait maintenant le district où se trouvait le dépôt. Il y en avait presque toujours un par district.

En l'an III, lorsque les Ecoles centrales furent créées dans tous les chefs-lieux des départements, les préfets furent autorisés à nommer des commissaires pour choisir, dans les dépôts de livres des districts, les ouvrages qui pourraient convenir pour former les bibliothèques qui devaient être annexées à chaque école centrale. Ces commissaires, qui avaient le droit de prendre tout ce qui leur convenait, puisèrent à pleines mains dans les dépôts, d'où ils enlevèrent tout ce qui avait de la valeur. Les ouvrages qui restèrent, quand il en resta, furent mis à la disposition des villes dans lesquelles ils se trouvaient, pour former des bibliothèques, si elles le désiraient.

Telle est l'origine de presque toutes les bibliothèques existant maintenant dans les villes des départements, ou, du moins, des noyaux autour desquels sont venus se grouper quelquefois, après de longues années, les livres qui composent aujourd'hui les *trois cent trente-et-une* bibliothèques créées en France depuis 1789.

En résumé : avant 1789, il n'y avait en France, dans les provinces, que *sept* bibliothèques communales ; en 1853, il en existait déjà *trois cent trente-huit* appartenant aux communes qui les régissent et les subventionnent. Elles comptaient à cette époque 3,733,439 volumes, dont 44,070 manuscrits et 3,669,369 imprimés ; elles donnaient par semaine 1,060 séances de lecture et étaient fréquentées, chaque jour, par 3,700 lecteurs au moins. Les allocations des villes s'élevaient à 487,780 francs, dont 223,554 francs pour le personnel et 184,227 francs pour le matériel.

Quarante-et-une seulement donnaient des séances le soir.

C'était donc à peu près par département quatre bibliothèques communales, car Paris n'était pas compris dans cette statistique donnée par le journal de l'instruction publique, à la fin de 1854. Malheureusement nous ne pouvons donner des renseignements plus nouveaux, le gouvernement n'ayant pas, que nous sachions, publié de statistique des bibliothèques de province depuis cette époque. Sans nul doute, le nombre des bibliothèques a dû s'augmenter pendant cette période de dix-huit ans, et le nombre des volumes a dû s'accroître considérablement.

La Bretagne ne possédait, comme on l'a vu, aucune bibliothèque communale avant 1789 ; mais, dans cette province, qui conserva son indépendance jusqu'au XVIe siècle dans cette province si dévouée à la religion et à ses anciennes institutions, se trouvaient un grand nombre de maisons religieuses, plusieurs abbayes, remontant aux premiers siècles du christianisme, dont les religieux avaient rassemblé, dans la suite des temps, de nombreuses et riches collections de manuscrits et de livres imprimés. Les corporations des avocats et des jurisconsultes si renommés de la vieille Armorique, possédaient aussi de belles bibliothèques. Dans les châteaux, dans les vieux manoirs féodaux, si répandus en Bretagne, se trouvaient encore des livres choisis et de belles éditions de nos imprimeurs célèbres. Aussi notre province ne fut-elle pas une de celles qui offrirent le moins de richesses à recueillir, lorsque la nation s'oppropria les biens dits nationaux.

Les bibliothèques qui existent maintenant dans les cinq départements formés de l'ancien duché de Bretagne, sont au nombre de treize. Elles ont puisé, pour la plupart, dans les dépôts si riches des districts, les premiers livres qui les composèrent.

Ce sont, en 1872, celles de :

Rennes ....contenant.............	45,000	volumes.
Saint-Malo.......... —	6,000	—
Vitré............... —	6,000	—
Fougères........... —	4,000	—
Nantes............. —	48,000	—
Vannes............. —	10,000	—
Lorient............ —	5,000	—
Saint-Brieuc....... —	24,000	—
Lannion........... —	20,000	—
Lamballe .... —	15,000	—
Dinan............. —	4,000	—
Quimper........... —	15,000	—
Brest............. —	32,000	—
Total, 13 bibliothèques contenant ensemble,	234,000	volumes.

Dans le département du Finistère, dont nous occuperons plus spécialement, on ne trouve non plus aucune bibliothèque communale avant la révolution. Mais si aucune bibliothèque, appartenant aux communes, ne s'y voyait, en revanche les nombreuses maisons religieuses, qui s'élevaient dans cette partie reculée de l'antique Bretagne, possédaient toutes des bibliothèques dont quelques-unes renfermaient non seulement de nombreux volumes, mais aussi des manuscrits précieux et des ouvrages rares. Au nombre des maisons religieuses, nous citerons les deux évêchés de Saint-Pol-de-Léon et de Quimper et les puissantes et antiques abbayes de Landévennec, de Daoulas et de Saint-Mathieu.

Toutes ces bibliothèques, qui, dès les premières années de la révolution avaient été pour la plupart transportées, le plus souvent sans aucun soin, dans les chefs-lieux des neuf districts, dont se composait le département, étaient dans un état tellement fâcheux, à la fin de l'an III, que la commission administrative du département fut forcée de prendre un arrêté à leur sujet, le 25 thermidor.

Par cet arrêté, elle nommait le citoyen Cambry, président du district de Quimperlé, commissaire chargé de parcourir les neuf districts du ressort pour faire dans les différents dépôts : « la recherche de tous les « objets précieux qui pouvaient intéresser le progrès des connaissances humaines. »

Le citoyen Cambry, auquel de grands pouvoirs furent donnés, commença sa tournée dès le mois de vendémiaire de l'an III (septembre 1794). Il parcourut tous les districts et termina sa mission au mois de germinal de la même année (mars 1795).

Dans la séance du 12 germinal an III (1er avril 1795), l'administration départementale, joignant ses félicitations et ses remercîments à ceux des districts sur la manière dont le citoyen Cambry avait rempli sa mission, arrêta que le compte-rendu qu'il avait fait de sa tournée serait imprimé au nombre de cinq cents exemplaires. Ce compte-rendu, publié sous le titre de : *Catalogue des objets échappés au vandalisme dans le département du Finistère*, Brest, R. Malassis, an III, petit in-4° de 156 pages, fit connaître non seulement les richesses qui existaient dans le département et l'état où elles se trouvaient, mais aussi mit à même de prendre des mesures efficaces pour sauver ce qui restait encore.

« J'aurais voulu, dit Cambry, dans sa préface, me trouver en même « temps sur tous les points de la République, sauver tant de monuments « précieux à l'histoire, aux bons cœurs !.... Ils ne sont plus !!! »

Dans les neuf districts du département, d'après ce catalogue, le nombre des bibliothèques provenant des maisons religieuses, des collèges, des émigrés, etc., était de *soixante-treize* et celui des volumes qui les composaient de plus de *cent mille*.

Elles étaient réparties dans les chefs-lieux des neuf districts, comme l'indique le tableau suivant, qui donne aussi le nombre des volumes et leurs provenances :

DISTRICTS — CHEFS-LIEUX	NOMBRE des VOLUMES	NOMBRE des Bibliothèques d'où ils proviennent	NOMS DES MAISONS RELIGIEUSES, ETC. AUXQUELLES ILS APPARTENAIENT	OBSERVATIONS Bibliothèques religieuses	Autres
Quimper	20.000	15	Bibliothèques du Séminaire, des Cordeliers, des Capucins de Quimper ; des Carmes de Pont-Labbé ; du Collège de Quimper ; des 26 Administrateurs du Finistère, guillotinés à Brest ; des Emigrés	4	11
Landerneau	12.000	12	Bibliothèques des Chanoines de Daoulas ; des Capucins ; des Recolets et des Ursulines de Landerneau ; des Emigrés.	4	8
Brest	26.000	3	Bibliothèques de l'abbaye Saint-Mathieu ; des Carmes de Brest et des Capucins de Recouvrance	3	»
Lesneven	10.000	11	Bibliothèques des Ursulines et des Emigrés	2	9
Morlaix	20.000	11	Bibliothèques des Capucins et Jacobins de Morlaix ; des Bénédictins du Relec ; des Carmes de St-Pol ; des Recolets de Cuburien ; des Capucins de Roscoff ; des Minimes de St-Pol ; des Lazaristes de la même ville ; de l'évêché de Léon et des Chanoines ; de la Chambre littéraire de Morlaix ; des Emigrés	10	6
Carhaix	3.000	7	Bibliothèques des Carmes, des Augustins, des Ursulines, Hospitalières, des Emigrés	4	3
Quimperlé	15.000	4	Bibliothèques des Jacobins, des Capucins, des Ursulines, des Bénédictins	4	»
Châteaulin	3.000	4	Bibliothèques de l'abbaye de Landévennec, des Emigrés.	1	3
Pont-Croix	15.000	1	Bibliothèque des Capucins d'Audierne, etc	1	»
	110.000[1]	73		33	40

(1) Ce total, non en rapport avec les chiffres partiels, est reproduit d'après le texte même du manuscrit.

Quel devait donc être le chiffre des volumes contenus dans ces *soixante-treize* bibliothèques, puisqu'en l'an III (1795), on y trouvait encore l'énorme quantité de *cent dix mille cinq cents* volumes ?... Que de regrets on doit éprouver, en songeant à ce qui fut perdu, si l'on considère surtout que le catalogue de Cambry ne fut écrit que vers le milieu de l'an III, comme nous l'avons dit ; que l'arrêt qui en ordonne l'impression est du 12 germinal (1er avril 1795), c'est-à-dire après que toutes les espèces de spoliations avaient pu être commises. Le peu de soin qu'on avait mis à transporter ces livres dans les chefs-lieux des districts, le peu d'attention qu'on avait apporté à leur conservation, avaient dû aussi en faire disparaître un grand nombre.

Ainsi dans les neuf districts parcourus par Cambry, sans compter les tableaux, statues, médailles, gravures, objets d'histoire naturelle, instruments de physique, de chimie, d'astronomie, etc., etc....., il se trouvait plus de *cent mille volumes !...* Que sont devenues toutes ces richesses ?.... Il n'y a plus dans le département que deux bibliothèques publiques, celles de Quimper et de Brest. Celle de Quimper, fondée en l'an IV, lors de la création des écoles centrales, contenant 20,000 volumes environ ; celle de Brest, de toute nouvelle création, contenant 32,000 volumes. Dans l'article consacré à la bibliothèque de Brest, nous verrons ce que sont devenus, en partie, mais en minime partie, les 26,000 volumes qui se trouvaient à Brest en l'an III, d'après Cambry.

Dans un rapide aperçu, nous allons faire connaître l'état dans lequel se trouvaient à cette époque, dans le département, les dépôts des livres appartenant à la nation.

Au milieu de la douleur que causent ces souvenirs, nous serons heureux de pouvoir rappeler les noms des citoyens honorables qui contribuèrent à sauver une partie de ces richesses.

Dans le district de QUIMPER :

Grâce aux soins éclairés des citoyens Le Bastard, Hurault et Trésurien, qui s'acquittèrent avec zèle et intelligence de la mission qui leur avait été confiée, plus de 20,000 volumes étaient déjà classés, lors du passage de Cambry. Le local choisi n'offrait pas malheureusement tous les avantages qu'on aurait pu désirer, plus de la moitié des volumes, faute de place, était entassée dans des chambres incommodes.

A LANDERNEAU :

Tous les volumes provenant des Recollets, des Capucins et des Ursulines avaient été vendus, les autres étaient disséminés dans plusieurs endroits,

Heureusement tous ces ouvrages ne furent point perdus pour la Nation : sur la demande que leur fit le citoyen Cambry, quelques honorables habitants de Landerneau, qui avaient acheté une partie de ces livres, les rendirent gratuitement. Cette restitution, ou plutôt ce don, se composait de 4,000 volumes, presque tous in-f°. Les noms de ces généreux citoyens ont été conservés par Cambry ; nous nous faisons un plaisir et un devoir de les rappeler ici. C'étaient MM. Taylor, mort à Landerneau, il y a plusieurs années, Oléa, Le Bihan et Radiguet dont la famille habite toujours cette ville. Le catalogue était aussi commencé.

BREST

Ce district, qui n'avait que les volumes provenant de l'abbaye de Saint-Mathieu, des Carmes de Brest et des Capucins de Recouvrance, avait confié le soin de la bibliothèque à MM. Béchennec et Duval-Le-Roy : M. l'abbé Béchennec, bibliophile distingué, possédant une fort belle bibliothèque, dont il avait le catalogue, M. Duval-Le-Roy, savant mathématicien ; aussi les livres étaient-ils en partie classés et catalogués.

LESNEVEN

A Lesneven, le catalogue était commencé. Malheureusement les livres de la bibliothèque des Recollets avaient été vendus en 1791 et leurs restes précieux se trouvaient lacérés et servaient à faire des cornets chez les marchands de la ville. « C'est avec le plus vif sentiment de regret que j'ai « vu, dit Cambry, de rares éditions, un Ducange, pendus sur des ficelles, « destinés à servir d'enveloppe aux denrées qu'on débite en détail ; tirons « un voile sur ce tableau désagréable. » Il ne restait plus que les ouvrages provenant des Ursulines et des Émigrés, et encore dans les différents transports qu'ils avaient subis, ils avaient été tellement mélangés qu'il était impossible de s'y reconnaître.

Au Folgoët, en 1790, au nombre des volumes qui furent vendus, se trouvait, dit M. Kerdanet, un exemplaire de Saint-Augustin, dont les marges étaient couvertes de notes sur la collégiale. Ces livres furent dépecés dans un instant pour faire des cornets et des enveloppes, ainsi qu'un *Plutarque* d'Amyot, de 1567, 13 volumes in-8°, reliure magnifique, gauffrée, dorée sur tranche, qui avait été adjugé à dix sous ; il valait deux cents francs !....

MORLAIX

Ce district possédait un grand nombre d'anciennes édition des xv° et xvi° siècles, des manuscrits, etc. Le catalogue était commencé, mais plus de 5,000 volumes étaient encore entassés dans l'église des Jacobins, endroit humide et ouvert à tout le monde ; là se trouvaient les livres de Saint-Pol-de-Léon renfermés dans onze barriques, dans lesquelles ils contractaient l'odeur de lie de vin, prenaient une courbure défavorable et étaient déchirés par les clous.

La bibliothèque de Morlaix était riche en bons ouvrages anciens et en belles éditions. « Il n'est pas de voyageur, dit Cambry, s'il est amateur de « bibliographie, qui ne doive faire un voyage à Morlaix. »

A Carhaix et Quimperlé, les livres avaient souffert des transports auxquels on les avait soumis et qui s'étaient effectués tantôt dans des sacs, tantôt dans des barriques et toujours sans aucun soin.

CHATEAULIN

La riche et nombreuse bibliothèque de l'abbaye de Landévennec, que Montfaucon et Mabillon avaient visitée, se trouvait à Châteaulin ; mais elle avait été dépouillée d'une partie de ses richesses, des livres en parchemin surtout, dont on s'était servi pour humecter les tabacs. D'abord, en 1792, elle avait été transportée au Port-Launay ; ce ne fut qu'à la fin de 1793 qu'on l'envoya à Châteaulin, qui n'avait pas même un local suffisant et convenable pour la placer.

Le catalogue de la bibliothèque du district de Châteaulin fut le premier terminé. Des citoyens honorables de la ville s'étaient chargés gratuitement de ce travail.

PONT-CROIX

Comme à Châteaulin, à Pont-Croix on se trouvait aussi dans l'impossibilité de loger convenablement les 15,000 volumes des Capucins d'Audierne, qu'on y avait transportés.

Tel était en l'an III l'état des bibliothèques des districts.

Grâce au zèle que déploya Cambry, qui fut généralement secondé avec empressement par les administrations des districts, les nombreux et bons ouvrages qui existaient encore furent l'objet de soins particuliers. On les classa et on les conserva le mieux qu'il fut possible.

Les hommes instruits et amis des lettres, qui s'étaient chargés gratuitement, pour la plupart, d'en faire les catalogues, s'empressèrent de les terminer, et des salles furent disposées pour les recevoir.

Les districts ne jouirent pas un grand nombre d'années de ces bibliothèques ; l'Ecole centrale du département, créée en l'an III, comme dans toute la France, fut autorisée à prendre, dans les divers dépôts, tous les ouvrages qui conviendraient pour former la bibliothèque annexée à cette Ecole.

La loi du 6 fructidor an v (23 juillet 1798), et la lettre ministérielle du 13 vendémiaire an VIII (4 mars 1800), ayant ordonné la nomination de commissaires chargés de choisir dans les dépôts de livres les ouvrages nécessaires à cette bibliothèque, le Préfet du Finistère, par arrêté du 15 prairial an IX (4 mai 1801) nomma M. Hurault, bibliothécaire de l'Ecole centrale de Quimper, commissaire délégué pour prendre dans tous les dépôts du département les livres qui lui conviendraient pour former sa bibliothèque.

Des ouvrages choisis en grand nombre furent enlevés des dépôts pour cette création ; des restitutions faites à quelques établissements autorisés par le gouvernement de Napoléon vinrent aussi faire de grandes brèches dans les dépôts.

Peu à peu tous les livres de ces bibliothèques disparurent ; nous ne savons pas ce qu'ils sont devenus, en vain nous en avons cherché la trace. Maintenant le département, nous l'avons déjà dit, ne compte que deux bibliothèques communales, contenant ensemble 50,000 volumes environ dont la plus grande partie ne provient point de ces dépôts.

Après avoir jeté ce rapide coup-d'œil sur les bibliothèques communales des départements en général, et du département du Finistère en particulier, nous allons essayer de donner une notice historique plus étendue et plus circonstanciée sur celle de la ville de Brest.

La Bibliothèque de la ville de Brest, dont l'origine ne remonte, comme celle de presque toutes les bibliothèques des départements, qu'à 1789, quoique n'ayant été ouverte au public qu'en 1853, peut déjà être classée parmi celles qui, en province, occupent une place distinguée en raison de leur installation, du nombre et du choix des ouvrages qui les composent.

Sur les trois cent trente-huit bibliothèques communales des départements, celle de Brest tenait le 38e rang en raison du chiffre des volumes qu'elle possédait alors. Elle est comprise dans les quarante-deux qui donnent des séances du soir et elle est du petit nombre de celles où ces séances ont lieu toute l'année, la plupart n'étant ouvertes le soir que pendant quelques mois de l'hiver seulement.

Les premiers ouvrages qui ont formé le noyau autour duquel sont venus se réunir, bien lentement, les nombreux et beaux volumes qui la composent maintenant, proviennent pour la plupart de l'antique abbaye de Saint-Mathieu, près le Conquet, fermée en 1789.

La bibliothèque que les religieux de cette puissante et antique abbaye avaient mis tant de siècles à former, étant devenue, à la Révolution, propriété nationale, fut en l'an II de la République transportée à Brest et déposée dans la maison dite *Bureau des Marchands*, autre propriété nationale donnée à la ville. A ces livres furent réunis ceux du Couvent des Carmes de Brest et des Capucins de Recouvrance. Le tout forma la bibliothèque nationale ou du district.

M. l'abbé Béchennec, savant bibliophile, qui possédait une fort belle bibliothèque dont il avait lui-même dressé le catalogue, et M. Duval-le-Roy, mathématicien distingué, furent chargés par le district du classement et de l'installation de cette bibliothèque ou dépôt de livres comme on l'appelait.

M. Duval-le-Roy, professeur de mathématiques aux écoles du port, ayant été obligé d'opter entre sa place et ses fonctions de bibliothécaire, M. l'abbé Béchennec, malgré son âge avancé, resta seul chargé de ce pénible et difficile travail.

Le district sous l'administration duquel était placé ce dépôt de livres qui, d'après Cambry, se composait de 26,000 volumes, jaloux de conserver de si grandes richesses, dépensa des « sommes énormes » pour installer les salles du Bureau des Marchands et en faire un local propre à placer les livres qui appartiennent à la Nation.

Les appointements du bibliothécaire furent fixés à *trois milles livres*. Le gardien avait douze cents livres, les salles furent chauffées pour préserver les livres de l'humidité.

En l'an III (1795), lorsque Cambry se rendit à Brest au mois de nivose, comme commissaire chargé de la recherche et de la conservation des monuments appartenant à la Nation, deux mille quatre cents numéros étaient déjà placés sur les tablettes et cinq cents titres copiés sur des cartes, pour faire le Catalogue.

Le local seul laissait beaucoup à désirer, malgré les dépenses qu'on y avait faites. Les salles étaient basses, obscures, humides et insuffisantes pour recevoir une bibliothèque, dans laquelle la géographie ancienne et moderne était fort richement représentée ; où des cartes de tous ls pays étaient accumulées avec profusion, où se trouvaient les traités les plus utiles sur les arts, les sciences et les métiers ; des tableaux, gravures, portraits, etc..., et même de nombreux manuscrits.

Quoique le dépôt de livres se composât encore d'un grand nombre de volumes, on avait pourtant encore à regretter la perte des livres des émigrés, qui avaient été vendus. Des médailles et médaillons anciens et modernes avaient aussi été jetés dans le creuset d'un fondeur de la ville.

A ces pertes irréparables, il fallait en ajouter d'autres plus fâcheuses encore, c'étaient celles des manuscrits sur vélin qui se trouvaient dans les ouvrages transportés à Brest. Ces manuscrits précieux avaient été livrés en grand nombre à la direction d'artillerie du port pour en faire des gargousses.

Cambry, informé, pendant son séjour à Brest, de cet incroyable vandalisme, pria le directeur de l'artillerie d'épargner les dessins qui pourraient avoir quelque mérite. Sept grandes feuilles de vélin lui furent remises, dont l'écriture et les ornements peints avec délicatesse, lui faisaient, dit-il, regretter celles qu'on avait sacrifiées. Les lettres majuscules en or étaient entourées « de roses, d'arabesques d'un fort bon goût. » Il engagea à les faire remettre à la bibliothèque.

Quels étaient ces manuscrits ?... De quels sujets traitaient-ils ?... Cambry ne le dit point.

Passons vite sur ces souvenirs de trop douloureuse mémoire !

En l'an IV (1796), les districts ayant été supprimés, l'administration municipale resta seule chargée de ce dépôt de livres.

Cette bibliothèque fut-elle ouverte au public ? Nous n'avons point trouvé de preuves que des lecteurs y fussent admis. Des notes et reçus de M. Béchennec constatent les réparations et le chauffage des salles pour empêcher la moisissure des livres, pendant les hivers des années IV et V de la République.

Quoi qu'il en soit, la bibliothèque fut conservée entière jusqu'en l'an IX. A cette époque le préfet du département, sur la demande de M. Pouliquen, maire de Brest, l'autorisa à disposer de vingt-deux volumes en faveur du citoyen Béchennec, bibliothécaire, pour lui tenir lieu de ses appointements des années V, VI, VII et VIII, qui ne lui avaient point été payés.

On lui remit les ouvrages suivants :

Divi Augustini....	Opéra.....	8 volumes.
Sancti Gregorii....	id.......	4 —
Divi Hieronymi....	id.......	5 —
Sancti Maximi.....	id.......	2 —
Discipline Ecclésiastique........		3 —
		22 volumes.

Le reçu de M. Béchennec, dans lequel il se donne le titre de bibliothécaire provisoire du dépôt des livres de Brest, porte la date du 8 Brumaire an IX (30 octobre 1800). En échange de cette donation, il renonçait à toute espèce de réclamations.

Ses appointements étaient toujours de trois mille livres. En l'an IV, il recevait en outre une livre et demie de pain par jour. Si ses appointements étaient fort élevés, il paraît qu'il les touchait très-rarement ; car dans cette année même, il était obligé, non-seulement de les réclamer, mais aussi 1,400 livres qu'on ne lui avait point payées, par erreur, pour le pain qu'on lui devait.

Le premier pas était fait, les volumes donnés à l'abbé Béchennec furent le prélude de la dispersion des livres du dépôt. A dater de cette époque, nous allons voir les vingt-six mille volumes, constatés par Cambry, dont probablement une grande partie était en mauvais état et dépareillée, se disperser et enfin disparaître presqu'entièrement.

Cette année, le préfet du Finistère permit aux administrateurs de l'hospice civil de Brest de prendre au dépôt cinq cents volumes pour fonder une bibliothèque dans cet établissement : deux cent cinquante volumes seulement furent donnés. On en dressa le catalogue, qui se trouve transcrit en entier sur le registre des délibérations du conseil municipal de cette époque.

Le bibliothécaire avait déclaré que cela ne nuisait en rien à la bibliothèque dont il était chargé.

Cette même année encore, M. Hurault, bibliothécaire de l'Ecole centrale du département, nommé par arrêté du préfet du 15 prairial an IX (14 juin 1801), pour choisir dans les dépôts des livres les ouvrages qui pourraient convenir à la bibliothèque de cette Ecole, se rendit à Brest pour y remplir sa mission. Sur la demande de plusieurs citoyens et des membres du Conseil de salubrité navale, il fut bien recommandé à ce commissaire de n'enlever du dépôt aucun ouvrage relatif à l'art de guérir, sans au préalable s'être assuré s'il n'en existait pas déjà à la bibliothèque du port. Ses instructions lui ordonnaient aussi de laisser à Brest les ouvrages de science et d'art pour former le noyau de la bibliothèque que l'on devait y créer.

M. Hurault n'enleva du dépôt que six cent trente-huit volumes.

Mais cette année, toujours l'an IX, le préfet du département donna l'ordre, par lettre du 16 thermidor (4 août 1801), de mettre à la disposition du préfet maritime tous les livres relatifs à l'art de guérir, ainsi que les cartes et plans, etc..., qu'il jugerait à propos de réunir à la bibliothèque de la marine. On lui remit cent trente-huit ouvrages et cinq cents cartes et plans. Les membres du Conseil de salubrité navale furent en outre autorisés à prendre des ouvrages du dépôt : onze cent dix-sept volumes leur furent remis. Ils ne gardèrent que deux cent quatre-vingt-cinq volumes, le reste, disaient-ils, traitant de théologie, de schisme, d'hérésie, etc..., et de plus étant tous dépareillés et peu propres à entrer dans une bibliothèque. Antérieurement à toutes ces autorisations, quelques ouvrages avaient été donnés au curé de Brest, et d'autres vendus à un officier municipal : 129 volumes de l'Encyclopédie.

On le voit, les vingt-six mille volumes dont Cambry disait que la bibliothèque du district se composait, en l'an III, se dispersaient avec une grande rapidité. Tous ces dons n'étaient pas préjudiciables à la bibliothèque, il faut le croire, car le maire d'alors, M. Pouliquen, écrivait au préfet, le 6 brumaire an x (13 novembre 1801), « que les livres du dépôt délivrés à la bibliothèque de l'Académie de marine ne nuisaient en rien au noyau de la bibliothèque de la commune, les ouvrages classiques ou de littérature, existant en double, et que c'était, quand aux autres, un service à rendre au dépôt de l'en débarrasser. »

Un catalogue des ouvrages qui restaient fut dressé par M. Béchennec, toujours bibliothécaire. Il existe aux archives de la ville, en double expédition. C'est un manuscrit in-folio de 96 pages, intitulé : *Catalogue des livres existant au dépôt de la maison des ci-devant Marchands, sous la direction du citoyen Béchennec, qui en est chargé.*

Il porte la date du 28 brumaire de l'an x (13 novembre 1801). Il est signé par M. Le Breton, adjoint, et contient 1124 articles, 2,500 volumes environ ; plusieurs ouvrages sont portés dépareillés.

La bibliothèque ne se composait donc plus, d'après ce catalogue, que de 2,500 volumes. Il faut y joindre pourtant 3,000 et quelques cents volumes, qui avaient été mis de côté, comme on le verra plus loin, c'est-à-dire en tout 5,000 volumes à peu près.

Qu'était donc devenue la plus grande partie des 26,000 volumes qui existaient en l'an III de ce dépôt ? Nous n'avons pu constater que la remise de 3,500 volumes. En admettant que le chiffre donné par Cambry fût exagéré, nous croyons pourtant, d'après d'autres documents, que le nombre des volumes réunis en l'an III pouvait s'élever à 15,000 au moins ; ce serait donc 10,000 volumes dont nous ne pourrions nous expliquer la disparition.

Le dépôt des livres ainsi réduit fut destiné à fournir le noyau de la bibliothèque future de la ville. Ces ouvrages lui furent définitivement donnés par le ministre de l'Intérieur, le 23 ventose an x (14 mars 1802).

Le maire voulant sauver d'un naufrage complet ce qui restait encore, en accusant au préfet réception de la lettre du ministre, demanda qu'une somme de 1,200 francs fût, pendant dix ans, prélevée chaque année sur le produit de l'octroi ou sur les centimes additionnels, pour achat de livres pour la bibliothèque. Les douze cents francs ayant été accordés, le Conseil municipal, séance du 30 pluviose an x (19 février 1802), invita le maire à les consacrer entièrement à l'objet pour lequel ils avaient été accordés. On ne donna pas pourtant, à ce qu'il paraît, à cette somme, sa destination précise, car, au budget de l'an XII, on voit bien figurer un bibliothécaire aux appointements de trois cents francs et un archiviste à ceux de neuf cents francs, mais rien pour achat de livres.

Bien que le dépôt fut déjà très réduit par les divers enlèvements qu'il avait subis, et que le nombre des ouvrages laissés à la ville fût assez minime, en l'an XIII le ministre de l'Intérieur, par lettre du 6 fructidor (24 août 1805), donna l'ordre de remettre, à l'évêque de Quimper, tous les livres de théologie qui se trouvaient en double au Bureau des Marchands.

En 1807, la bibliothèque ne s'installant point, son bibliothécaire, l'abbé Béchennec, étant mort, et les livres, faute de soins, se détériorant, le maire, M. Tourot, conformément aux ordres du ministre, sur la demande de M. Dombideau de Crouseilhes, évêque de Quimper, prit un arrêté, le 24 avril de cette année, par lequel il décidait que : Tous les livres de théologie et de religion, qui étaient dans la bibliothèque et qui avaient été placés à part, seraient mis à la disposition de l'évêque.

Cet arrêté était basé sur ce que les livres de théologie étaient en très grand nombre, qu'ils occupaient un local considérable..., qu'ils étaient exposés aux ravages de l'humidité et aux dégâts des rats et des souris, etc., etc........., et qu'en outre l'évêque s'engageait à veiller à leur conservation et à les faire rétablir à la bibliothèque, dès qu'il en serait requis. Le cachet de la mairie de Brest, pour constater leur provenance et pouvoir les retrouver, en cas de réclamation, fut apposé sur la première et dernière feuille de chaque volume ; — l'évêque devait aussi donner un récépissé des ouvrages qui lui étaient confiés.

En vertu de cet arrêté, 3,124 volumes furent remis à M. Bernicot, curé de Saint-Louis de Brest, chargé par l'évêque de les recevoir. On en dressa un état qui fut envoyé au préfet pour être remis à l'évêque. Le 3 ou le 4 août 1807, ces volumes furent expédiés à Quimper, en seize caisses que la marine avait fournies.

Aussitôt leur réception, l'évêque adressa au maire le récépissé exigé.

De cette époque à 1812, il n'est plus question de la bibliothèque. Le 10 décembre de cette année, le sous-préfet écrivit au maire pour l'inviter à lui transmettre un tableau indiquant, avec exactitude, la quantité de volumes contenus dans la bibliothèque et leur état de conservation. M. Miorcec de Kerdanet, alors adjoint, se chargea de ce travail. Le nombre des volumes fut trouvé être de 750. Ce catalogue existe aux archives de la ville.

D'après les notes qui l'accompagnent, les ouvrages, en grand nombre incomplets, étaient placés dans la salle des archives, où ils ne servaient qu'aux fonctionnaires et employés de l'administration municipale.

« Il serait vraiment indispensable, disait M. de Kerdanet, en terminant, d'allouer une somme de 1,000 francs annuellement pour garantir la conservation des archives très considérables et de la bibliothèque d'une ville aussi importante que Brest. » Aucune mesure de conservation ne fut pourtant prise à cette époque.

Nous devons constater ici, avec regret, qu'en 1812 la plus grande partie des livres qui existaient en 1807 avait disparu !...

Pendant plusieurs années, la bibliothèque, si on peut donner ce nom à ces quelques ouvrages, en partie incomplets, resta ce qu'elle était en 1812 ; on ne s'en occupa point. Le nombre des volumes ne fut pas augmenté, et ceux qui existaient, peu soignés, durent encore se détériorer.

Une période de vingt-et-un ans s'écoule de nouveau avant que nous trouvions une seule mention de la bibliothèque. Pendant ce long espace de temps, ces ouvrages ne furent l'objet de la préoccupation d'aucune des administrations municipales qui se succédèrent ; du moins on ne trouve rien dans les archives qui soit relatif à la bibliothèque. Ce ne fut qu'en 1833 que l'on recommença à s'en occuper.

Après avoir suivi, presque pas à pas, la disparition à peu près complète des livres du dépôt du Bureau des Marchands, il nous reste à dire maintenant comment la bibliothèque de Brest s'est reconstituée peu à peu et comment elle est arrivée au point de prospérité auquel elle se trouve aujourd'hui.

A l'année 1833 nous devons faire remonter le commencement de la reconstitution de la bibliothèque de Brest. Le 23 décembre de cette année, M. Thiers, ministre du commerce, à la sollicitation de M. Cocagne, sous-préfet de Brest, fit don à la ville de tous les ouvrages dont son ministère pouvait disposer.

Cet envoi se composait de neuf ouvrages fort importants, formant 34 volumes, au nombre desquels se trouvaient plusieurs volumes du beau *Voyage pittoresque et romantique dans l'ancienne France*, du baron Taylor, Charles Nodier et Cayeux, le *Jupiter Olympien*, de M. Quatremère, etc.

M. Cocagne s'empressa d'en donner connaissance à l'administration municipale, dirigée alors par M. Fleury ; le 28 décembre, il lui écrivait une lettre dans laquelle il exprimait d'abord le regret de ne point voir une bibliothèque communale à Brest, et ensuite faisait connaître que Mme Thiers lui annonçait que le ministre joignait à cet envoi un exemplaire de la *Révolution française*, qu'elle était chargée d'offrir à la ville : « Heureuse,
« disait-elle, si les habitants voulaient bien trouver dans ce souvenir la
« preuve des sentiments de reconnaissance pour l'accueil flatteur qu'elle
« et sa famille en avaient reçu. »

A ce premier envoi ne tardèrent point à en succéder d'autres. Dès le mois de janvier de l'année suivante, 1834, le ministre de l'instruction publique adressait aussi à la ville un nombre assez important de beaux et bons ouvrages. Depuis cette époque, la ville a reçu, tous les ans, du gouvernement, des livres d'une grande valeur, qu'elle n'aurait pu acquérir avec la faible subvention dont elle pouvait disposer.

Mais elle n'avait point de local disposé pour les recevoir; du reste le nombre des volumes était encore si minime qu'ils n'auraient pu former une bibliothèque. On les plaça avec soin, dans des armoires, et on les conserva précieusement pour des temps plus favorables à la création de la bibliothèque publique.

Malgré ces envois réitérés de livres faits par le gouvernement, ce ne fut qu'en 1843 que la création d'une bibliothèque publique communale fut positivement arrêtée en principe. Cette année, sur la proposition de M. Lettré, alors maire de Brest, une place de bibliothécaire-archiviste fut fondée en faveur de M. Hip. Violeau, dont les poésies venaient d'être couronnées aux Jeux floraux, à Toulouse.

Antérieurement à cette nomination, le catalogue des livres qui existaient à l'hôtel de la mairie avait été fait. Il comprenait les ouvrages provenant de l'ancien dépôt et ceux donnés par le gouvernement depuis 1833, et comptait 721 volumes, dont 443 seulement de l'ancien fonds et 278 des ouvrages envoyés par le gouvernement.

Les volumes portés sur le catalogue de 1812 avaient donc disparu dans une effrayante proportion, et, de plus, ceux qui existaient étaient en partie incomplets.

Il était temps de porter un remède à cet état de choses, car il restait encore quelques vieilles éditions qui méritaient d'être conservées. La création d'un bibliothécaire fut un vrai service rendu à la ville.

L'année 1843, qui avait vu fonder la place de bibliothécaire-archiviste, fut aussi au moment de voir la création définitive de la Bibliothèque communale sur une grande échelle. A peine M. Violeau venait-il d'être nommé, qu'une riche et nombreuse bibliothèque particulière se trouva à vendre dans la ville. Cette bibliothèque avait appartenu à M. Le Gentil de Quélern, officier supérieur du génie, décédé à Brest, en février 1843. Ses héritiers collatéraux nombreux, ne voulant ou ne pouvant point conserver sa bibliothèque qui contenait plus de 2,900 ouvrages, la mirent en vente vers la fin de cette année. Le Conseil municipal, saisissant avec empressement cette occasion si favorable de former immédiatement une belle et nombreuse bibliothèque pour la ville, mit à la disposition du Maire une somme de 15,000 francs pour cet achat; des propositions furent adressées aux héritiers qui malheureusement crurent ne pas devoir les agréer.

Tout ne fut pourtant pas perdu pour la ville, une partie de cette bibliothèque vint augmenter le petit nombre des volumes qu'elle possédait. On acheta de seconde main 2,000 volumes pour une somme de 5,639 fr.

Le bibliothécaire fit le classement de ces livres et les plaça bien étiquetés et numérotés dans une vaste armoire, seul local dont on pouvait disposer à l'hôtel de la Mairie, l'administration n'ayant point alors de fonds pour l'installation immédiate de la bibliothèque.

Mais le premier pas était fait, et si on ne put l'installer tout de suite, du moins on possédait les éléments nécessaires pour la créer, dès qu'on le voudrait. Ces 2,000 volumes réunis aux 721 formèrent un total de 2,721 volumes, dans lesquels se trouvaient d'excellents ouvrages de sciences, d'art, de littérature, d'histoire, etc.

La même année, le Conseil municipal affecta aussi au budget une somme de 300 francs pour achats de livres pour la Bibliothèque.

Tout marchait comme on le voit.....

M. Violeau, ayant donné sa démission de Bibtiothécaire-Archiviste, en 1844, fut remplacé par M. Brousmiche.

En 1845, M. Lettré, qui était encore Maire, toujours préoccupé de la création d'une Bibliothèque communale à Brest, réclama à l'Evêque de Quimper, conformément à l'arrêté du Maire de la ville, en date du 24 avril 1807, les 3,124 volumes qui avaient été prêtés au séminaire de Quimper. M. Le Graverand, alors évêque du Finistère, sur la présentation du reçu de M. Dombideau de Crouseilhes, promit de faire effectuer des recherches et de rendre tout ce que l'on trouverait. Cette remise de livres au séminaire n'avait laissé aucun souvenir, les plus anciens ecclésiastiques ne se le rappelaient point. Les recherches n'amenèrent que la réunion d'une partie des volumes marqués du cachet de la ville de Brest, les autres n'existaient plus. Une transaction a réglé plus tard, en 1851, cette affaire, et pour une somme minime le séminaire de Quimper est resté propriétaire de ces ouvrages.

M. Brousmiche, bibliothécaire-archiviste, ayant été appelé, en 1846, à remplir d'autres fonctions dans le service administratif de la Mairie, je fus nommé pour le remplacer.

Peu à peu la Bibliothèque se formait, comme on le voit. Les ouvrages donnés par le gouvernement et ceux achetés avec l'allocation portée au budget venaient chaque année augmenter le nombre des volumes appartenant à la ville. Depuis 1843, ce nombre s'était accru dans une assez grande proportion ; mais tous ces ouvrages ainsi que ceux achetés chez M. Le Gentil de Quélern, n'avaient point été catalogués. En 1846, un catalogue raisonné et méthodique, contenant les ouvrages de l'ancien dépôt, ceux donnés par le gouvernement et ceux achetés par la ville depuis 1843, et dressé de manière à pouvoir y introduire tous les ans les volumes achetés ou donnés, restait à faire.

Ce travail fut immédiatement entrepris par le nouveau bibliothécaire. Le catalogue donna le chiffre de cinq mille volumes. Il ne fut terminé qu'en 1849, le bibliothécaire se trouvant à cette époque chargé de la mise en ordre et du classement des archives de la ville et de la rédaction de l'inventaire réclamé, depuis longtemps, par le Ministre de l'Intérieur.

Aussitôt il fut placé sous les yeux du Maire, M. Bizet, qui, étant ainsi mis à même d'apprécier le nombre et la valeur des ouvrages qui le composaient, décida immédiatement la création d'une bibliothèque publique à Brest. Sur sa proposition, le Conseil municipal vota une somme de 1,000 fr. pour disposer une salle des combles de l'Hôtel-de-Ville, de manière à recevoir les livres que possédait la Mairie, et le 9 octobre 1850, la Bibliothèque communale de Brest s'ouvrit au public.

Cette création fut couronnée d'un plein succès ; de nombreux lecteurs vinrent s'asseoir à la table de la bibliothèque, tous les mardis et vendredis de chaque semaine, seuls jours où elle était ouverte.

Le Ministre de l'Intérieur, auquel le catalogue fut envoyé, avec l'avis de l'ouverture de la Bibliothèque, s'empressa de mettre à la disposition de la ville un grand nombre d'ouvrages de prix. La ville fit aussi, en 1850 et 1851, plusieurs acquisitions avec la somme de 1,000 francs, qui était allouée chaque année à la bibliothèque depuis son ouverture.

Cependant, malgré les envois du gouvernement, les achats qu'elle avait pu faire, et les dons que de généreux citoyens lui avaient adressés, il eut fallu un grand nombre d'années pour la porter au chiffre de vingt-quatre mille volumes, qu'elle possédait, en 1853, si une occasion inattendue ne se fût présentée tout à coup :

En 1849, était mort à Brest, à l'âge de quatre-vingts et quelques années, un jurisconsulte distingué, M. Lehir, qui, pendant sa longue et laborieuse carrière, avait consacré tous ses loisirs à la Bibliographie. Il avait laissé, en mourant, une riche et nombreuse bibliothèque, choisie avec un zèle, un savoir et une largesse dignes d'un bibliophile émérite. Sa fille aînée, qu'il avait constituée seule héritière de ces richesses, inspirée par un respect plein de dignité pour la mémoire de son père, ne voulant point que ces livres tant aimés et réunis avec tant de soins et de sacrifices, s'éparpillassent loin de sa ville natale, eut la généreuse pensée d'offrir à la ville de les acheter pour former une bibliothèque communale, sa fortune ne lui permettant pas de les donner gratuitement ; cette offre, acceptée avec empressement par le Maire, M. Bizet, fut soumise au Conseil municipal dans la séance du 23 mai 1851.

Une commission (1) chargée d'étudier la bibliothèque proposée à la ville, ayant été nommée, commença immédiatement ses investigations. Après un mois d'un travail assidu, et d'une sérieuse et rigoureuse appréciation, non seulement des ouvrages, mais même des volumes, elle offrit de toute la bibliothèque une somme de 13,500 francs. Mademoiselle Lehir, s'en rapportant entièrement à la commission, et sans considération de la somme proposée, faisant observer pourtant qu'elle n'y accédait qu'en raison de son ardent désir de voir la bibliothèque de son père devenir la bibliothèque communale de la ville, accepta les offres qui lui étaient faites.

C'est ainsi que la ville devint propriétaire de plus de quinze mille volumes, dont trois mille avaient été considérés par la commission comme hors ligne, et dont plusieurs étaient rares et précieux.

La Bibliothèque communale se trouvant tout à coup augmentée d'un si grand nombre de volumes, il fallut choisir, pour la placer, un local vaste et spacieux. Une des galeries du premier étage de la Halle-au-Blé, en raison de son étendue et de ses proportions grandioses, parut offrir tous les avantages que l'on pouvait désirer. Une somme de 25,000 francs ayant été mise à la disposition du Maire, dès 1851, pour faire une bibliothèque de cette galerie, les travaux commencèrent dans le mois de janvier 1852 ; ils furent terminés dans le mois de septembre de la même année. Le plan élégant et sévère, dû à M. Pouliquen, architecte de la ville, est digne, par son exécution et le beau et vieux chêne qui forme les armoires, de contenir une bibliothèque où les Alde, les Gryphe, les Plantin, les Estienne, les Elzevir, les Barbou, les Crapelet, les Didot ont de nombreux et brillants représentants, reliés par les artistes les plus célèbres.

D'autres travaux s'exécutaient en même temps que ceux de l'installation de la bibliothèque. Ces travaux regardaient particulièrement le bibliothécaire.

M. Lehir, quoique s'occupant toujours de ses livres, dont plusieurs contenaient des notes bibliographiques fort intéressantes, n'avait laissé aucun catalogue de ses nombreux ouvrages. Il fallut donc en dresser un. Le nombre

---

(1) Cette commission était composée de M. Levot, bibliothécaire de la Marine ; de M. Dein, avocat ; de M. Rousseau, major d'infanterie de marine en retraite, conseillers municipaux, et de M. Fleury, bibliothécaire de la ville.

des volumes à classer, après la réunion des deux bibliothèques, s'éleva à vingt-quatre mille environ.

La méthode adoptée, pour la formation d'un catalogue aussi nombreux, est celle donnée par M. Brunet dans son *Manuel de Librairie*, édition de 1844.

Cette méthode a été suivie parce que : « elle est simple, elle est claire, « elle est facile ; qu'elle embrasse, sans trop d'efforts, toutes les innom- « brables et capricieuses subdivisions qu'il a plu à la fantaisie humaine « d'introduire dans la forme littéraire du livre ; et, ce qui me paraît de « plus grande importance encore, elle est consacrée par d'excellents catalo- « gues, devenus classiques dans leurs genres. » (Charles Nodier.)

Elle a aussi été adoptée, parce qu'elle offrait au bibliothécaire qui avait entrepris ce travail, en consultant plutôt son zèle que son expérience, l'espoir de faire un catalogue, sinon parfait, du moins commode et facile, qui justifiât la confiance que M. le Maire avait bien voulu accorder, en le chargeant seul de cette longue et épineuse mission. Du reste si le catalogue est bien loin d'être sans erreurs, et s'il contient des fautes, ce qui n'est pas douteux, mieux vaut encore, pour une bibliothèque nombreuse, un catalogue imparfait que de ne pas en avoir du tout.

Les travaux d'installation, commencés en juin 1852, furent terminés au mois de septembre de la même année, comme nous l'avons déjà dit. Les catalogues, par ordre de matières et par ordre alphabétique, n'étaient pas encore finis ; le classements par formats, et le placement des livres sur les rayons, restaient aussi à exécuter ; par ces raisons, la bibliothèque ne put être ouverte que l'année suivante.

Ce fut le 5 juillet 1853 que le public y fut admis pour la première fois.

Si la petite bibliothèque créée dans les combles de l'hôtel-de-ville, en 1850, avait obtenu la faveur publique, la nouvelle ne fût pas moins bien accueillie. Tout aussitôt on la suivit avec empressement ; la foule s'y porta, voulant, il semblait, combler par son assiduité la privation prolongée qu'on avait éprouvée à Brest d'un établissement si éminemment utile et moralisateur. Les séances du soir surtout attirèrent un nombreux personnel, composé particulièrement des classes ouvrières de la population, de soldats et de marins.

Là était le but moral et utile de cette création, celui qu'on devait le plus désirer d'atteindre, et qu'on a eu le bonheur de voir s'accomplir. Ce qui prouve en faveur de la population brestoise qui, dans sa reconnaissance, unira toujours les noms de M. Lettré et de M. Bizet, maires de Brest, auxquels elle doit un établissement important..... M. Lettré avait ouvert la voie..., mais à M. Bizet avait été réservé de créer la bibliothèque communale de Brest que nous possédons maintenant.

Heureux, dirons-nous en terminant, ceux que la Providence a choisis pour doter leur ville natale d'établissements si utiles, si moralisateurs !.... Pour nous, nous les remercions, du plus profond de notre cœur, de nous avoir appelé à participer, dans nos faibles moyens, à une si louable création.....

Brest, le 1er Septembre 1859.

Le Bibliothécaire,

Signé : **E. FLEURY.**

Monsieur le Maire,

Nommé par vous aux importantes fonctions de Bibliothécaire en chef de la ville de Brest, en remplacement du regretté M. E. Fleury que la mort venait de brusquement enlever à ses travaux, nous avons été chargé en cette qualité, conjointement avec notre honorable collègue, M. V. Saillet, Bibliothécaire-Adjoint, de la tâche délicate de surveiller l'impression du Catalogue méthodique de la Bibliothèque communale de Brest, dressé et rédigé par notre prédécesseur immédiat.

Comme un manuscrit, contenant une notice fort remarquable sur les Bibliothèques en général et sur celle de Brest en particulier, presque tout entier de la main de M. E. Fleury, avait été remis par lui, quelques temps avant sa mort, aux mains de l'imprimeur, M. Gadreau, pour être livré à l'impression, conformément à la décision de l'Administration municipale, nous avons cru devoir, pour obéir aux sages prescriptions de cette dernière, conserver en entier cette œuvre préliminaire qui sert de frontispice au Catalogue. Après avoir, avec un soin méticuleux, comparé le manuscrit en question à un autre qui se trouve placé en tête du Catalogue et dont l'écriture est tout entière de la main de M. E. Fleury, nous ne lui avons fait subir d'autres corrections que celles qui auraient été effectuées par l'auteur lui-même, si la mort n'avait pas interrompu le cours de ses travaux, et tout en respectant, comme c'était notre devoir, et le fond et la forme, nous nous sommes contenté de faire disparaître, comme il l'aurait fait lui-même, les inadvertances échappées à la rapidité de la plume la mieux exercée. De sorte que nous pouvons affirmer, preuves en mains, que cette œuvre est bien telle que M. E. Fleury l'avait conçue, disposée et accomplie, pendant les longues années de ses attachantes fonctions. Elle contient des faits qui ne sont pas sans valeur, des dates précieuses, des données importantes et curieuses, et des documents palpitants d'un intérêt général ou de localité, et que l'on chercherait vainement ailleurs pour la plupart; quant aux autres, il les a groupés avec un talent et une persévérance dignes d'éloges. Ce travail avait d'ailleurs été lu, si toutefois nos souvenirs, un peu lointains, ne nous trompent pas, dans une séance de la Société académique de Brest dont il était membre et bibliothécaire-archiviste, et on l'avait écouté avec l'attention soutenue que méritait cette étude. L'auteur attachait, et avec raison, un grand prix à ses recherches historiques et bibliographiques, dont l'impression ne fut retardée que par des causes indépendantes de sa volonté.

Les supprimer, les bouleverser, les mutiler même en quelques points, serait, nous le croyons du moins, méconnaître les intentions de l'arrêté de l'Adminisiration municipale qui en a ordonné la publication, ce serait décapiter une œuvre dont elles constituent les indispensables prolégomènes, et à laquelle ces pages peuvent donner un puissant relief. Nous croyons nous conformer à l'esprit et à la lettre de l'arrêté de l'Administration municipale en reproduisant la notice de M. E. Fleury dans toute son intégrité, sauf à la faire suivre de quelques commentaires, de quelques explications, de quelques éclaircissements et même de quelques rectifications et de quelques données nouvelles, le tout puisé aux sources les plus authentiques, et en rapport avec les progrès des sciences bibliographiques, qui, comme toutes les autres manifestations de l'esprit humain, ne s'arrêtent point à piétiner sur place dans l'ornière de la routine.

Une analyse rapide et impartiale, précédée d'une lecture réitérée et attentive de cette notice, suffira pour en montrer l'importance et faire connaître l'esprit dans lequel elle a été conçue et rédigée. L'auteur remonte à l'origine des bibliothèques communales des départements et à leur formation, jette un coup-d'œil sur les sept bibliothèques publiques communales établies en province avant 1789, et sur celles des maisons religieuses, couvents, monastères, abbayes, universités, corporations, sociétés savantes, puis s'aidant d'une statistique publiée en 1854, par le ministère de l'instruction publique, il fait l'énumération des bibliothèques publiques communales.

Les recherches suivantes auxquelles nous nous sommes livré pour remonter à l'origine des bibliothèques en province et à Paris, ainsi que sur le nombre des volumes qu'elles contiennent, nous induisent à penser que les chiffres donnés par M. E. Fleury sont susceptibles de modifications :

Suivant le *Dictionnaire historique géographique et biographique de Maine-et-Loire*, de M. C. Port, il existait à Angers, depuis la fin du XIVe siècle, une véritable bibliothèque publique, comme on pouvait l'entendre en ces temps-là, c'est-à-dire, commune à une certaine classe privilégiée. C'était la librairie de l'Université.

Nous lisons dans le *Voyageur français* (1788) :

« Tout proche du palais épiscopal est la bibliothèque publique de Carpentras fondée depuis peu par M. Malachie d'Inguimbert, évêque de Carpentras, sa patrie, prélat également recommandable par ses lumières et par ses vertus. Outre le grand nombre de livres choisis, dont elle est composée, on y trouve une belle collection de manuscrits, de médailles, de pierres gravées, d'estampes et d'autres choses également rares et curieuses. »

« La bibliothèque de la cathédrale de Clermont. Le célèbre Massillon, évêque de Clermont, accrut considérablement la première collection de cette bibliothèque dont Mathieu de la Porte, chanoine, avait fait le premier fonds, en léguant ses livres au chapitre. Massillon voulut, par un double bienfait, être utile aux habitants en léguant sa bibliothèque à la Cathédrale; mais à la condition qu'elle serait ouverte au public deux jours de la semaine, il affecta des fonds à son entretien et aux honoraires d'un bibliothécaire. »

D'après le *Grand Dictionnaire universel* du XIXe siècle :

1º La bibliothèque d'Aix, dont le chiffre de volumes dépasse aujourd'hui 90,000 et qui possède plus de 1,200 manuscrits, est due à la munificence du marquis de Mejanes qui fit don à la ville de cette superbe collection, à la seule condition qu'elle serait publique ;

2º La bibliothèque de Grenoble ne date que de 1772. Ce fut le fonds de l'évêque Caudet qui en forma le premier noyau.

Le même ouvrage nous fournit les données suivantes : deux cent quinze villes de France possèdent des bibliothèques publiques, et l'ensemble des volumes qu'elles contiennent s'élève à près de 4 millions.

Il résulte d'une statistique, publiée vers 1854, que presque toutes les bibliothèques publiques de France possèdent un catalogue plus ou moins complet, et l'ensemble des ouvrages qu'elles renferment est de 44,070 manuscrits et de 8,733,439 imprimés.

En abordant l'époque révolutionnaire, M. Fleury nous montre le soin avec lequel les diverses assemblées qui se succédèrent pendant les premières années de cette période veillèrent à la conservation de toutes les richesses artistiques et littéraires dont la nation s'était emparée, et il cite même les décrets qu'elles promulguèrent pour assurer l'exécution de leurs volontés.

Malgré tout le respect que nous devons à l'œuvre de M. E. Fleury, et même malgré le poids de l'autorité de M. Dalloz affirmant (dans son répertoire méthodique et alphabétique de législation, de doctrine et de

— XXXVI —

jurisprudence) qu'une *pensée de conservation ne cessa d'animer nos assemblées législatives pour les richesses littéraires et scientifiques*, nous ne pouvons souscrire des deux mains à l'assertion de ces deux auteurs. En effet, en ouvrant l'histoire de l'assemblée législative nous lisons que le 19 juin 1792, elle décrétait que tous les titres généalogiques contenus dans un dépôt public, quel qu'il fût, seraient brûlés, en prescrivant néanmoins aux directeurs de chaque département d'en faire retirer par des commissaires les titres de propriété qui pouvaient se trouver confondus avec les papiers inutiles dans quelques-uns de ces dépôts. Nous lisons encore que : « le 19 août 1792, cette même législative donna l'ordre de brûler aussi les pièces des ci-devant chambres des comptes, contenant des comptes jugés et soldés, ou remontant à plus de 30 ans, et enfin tous les titres relatifs aux droits seigneuriaux. »

Mais écoutons l'auteur de la proposition qui fit entendre le 19 juin 1792, à la tribune de la Législative, les paroles suivantes : « C'est aujourd'hui l'anniversaire de ce jour mémorable où l'assemblée constituante, en détruisant la noblesse, a mis la dernière main à l'édifice de l'égalité politique. Attentifs à imiter un si bel exemple, vous l'avez poursuivie jusque dans les dépôts qui servent de refuge à son incorrigible vanité. C'est aujourd'hui que dans la capitale la Raison brûle, au pied de la statue de Louis XIV, ces immenses volumes qui attestaient la vanité de cette caste. D'autres vestiges en subsistent encore dans les bibliothèques publiques, dans les chambres des comptes, dans les archives des chapitres à preuves, et dans les maisons des généalogistes ; il faut envelopper ces dépôts dans une destruction complète ; vous ne ferez pas garder, aux dépens de la nation, ce ridicule espoir qui semble menacer l'égalité. Il s'agit de combattre la plus ridicule, mais la plus incurable de toutes les passions. Je propose, en conséquence, de décréter que tous les départements sont autorisés à brûler les titres qui se trouvent dans les divers dépôts. »

Quel était donc le membre de la Législative qui eut la triste gloire d'entraîner l'Assemblée dans cette voie de destruction en masse dont il préconisait le mode par le feu, qui eut l'instinct perfide de faire donner par la capitale le signal de ces auto-dafé des choses matérielles dont les étincelles allaient propager, sur toute l'étendue de la France, un colossal incendie et dont les dernières lueurs se reflètent sur l'échafaud ? Ce fut, il nous est amer de le constater même après l'histoire, un marquis, un ancien ami de d'Alembert et de Voltaire, l'auteur du livre si vanté de la perfectibilité humaine, Condorcet.

M. E. Fleury fait passer sous nos yeux attristés un douloureux tableau qu'il esquisse à grands traits. Avec lui, nous sommes profondément affligés de voir *et manuscrits précieux et premiers ouvrages imprimés* sur le point de disparaître *au milieu de la tourmente révolutionnaire*. Il nous fait entendre l'écho de ces stupides propositions bien dignes du musulman fanatique Omar, qui, dit-on, ordonna de brûler la bibliothèque d'Alexandrie, propositions émises *dans plusieurs villes importantes*, de brûler toutes les bibliothèques. Mais la responsabilité de ces ignobles saturnales, de ces orgies de destruction auxquelles s'est livrée une foule inconsciente et qui probablement ne savait pas lire, ne doit-elle pas remonter en grande partie au décret lancé par cette Législative où figuraient des lettrés de premier ordre.

M. E. Fleury constate qu'à cette époque de douloureuse mémoire, les beaux manuscrits sur vélin et sur parchemin étaient employés à faire des gargousses pour les canons de la République, et d'autres moins noblement employés. Nous pouvons ajouter, avec Châteaubriand, que si les canons de la France nouvelle furent chargés avec les débris de la gloire de la France ancienne, tous les coups portèrent. La République, acculée dans les derniers retranchements de la défense héroïque et nationale contre l'Europe en armes, sous le poids de l'implacable nécessité, n'avait guère le choix des matières pour servir à confectionner des gargousses, tandis qu'elle lançait douze armées sur le sanglant échiquier de la guerre. Il est bon de noter qu'à Paris seulement, en 1792, il y avait 160 millions pesant de parchemins, et que par suite de la mesure prise par la Convention de mettre à la disposition des ministres de la marine et de la guerre ceux qui pourraient servir à la confection des gargousses de l'artillerie, on trouva en 1853, dans les magasins de l'artillerie, des parchemins destinés à cet usage, et qui contenaient des débris de comptes relatifs au règne de Charles VII.

L'auteur nous montre la Convention par l'organe de Coupé (de l'Oise), et de l'abbé Grégoire, essayant de réprimer les fureurs du vandalisme. Remarquons en passant que la création de ce dernier mot que l'on attribue quelquefois à Lakanal est vivement revendiquée par le fameux évêque de Blois. « Je créai le mot pour tuer la chose, dit-il, dans ses Mémoires. » Il est vrai que Lakanal fit adopter le décret suivant : « La Convention nationale, ouï le rapport de son comité d'instruction publique, décrète la peine de deux ans contre quiconque dégradera les monuments des arts dépendant des propriétés nationales. » Citons textuellement les paroles qu'il prononça, le jeudi 6 juin 1793, à la tribune de la Convention : « Citoyens, les monuments des beaux-arts, qui embellissent un grand nombre de bâtiments nationaux, reçoivent tous les jours les outrages de l'aristocratie ; des chefs-d'œuvre sans prix sont brisés ou mutilés ; les arts pleurent ces pertes irréparables. Il est temps que la Convention arrête ces funestes excès : déjà elle a adopté une mesure de rigueur pour la conservation des morceaux précieux de sculpture qui décorent le Jardin national des Tuileries. Le comité d'instruction vous propose de généraliser votre décret et de l'étendre à toutes les propriétés nationales ; elles appartiennent à tous les citoyens en général ; elles ne sont à aucun d'eux en particulier ; c'est donc les droits de la cité entière à la main que je vous demande de protéger les arts contre les nouvelles pertes dont il sont menacés. » On chercherait vainement dans ces lignes, extraites du *Moniteur*, le mot vandalisme.

Quelques phrases détachées du rapport de Mathieu dans la séance du 28 frimaire an II (18 décembre 1793), prouveront que la Convention, avant même les rapports de Coupé et de l'abbé Grégoire, avait moins de goût que la Législative pour ces brûlements rapides qu'encourageait si fort Condorcet, pour nous servir ici des expressions de M. Despois auquel nous avons emprunté un grand nombre de faits et de dates, dans son intéressant ouvrage intitulé : *Le Vandalisme révolutionnaire*.

« Lorsque l'Assemblée nationale prononça l'abolition des ordres religieux, elle prit des mesures pour assurer la conservation des bibliothèques et des collections savantes qui leur avaient appartenu. Quoiqu'il y eût dans ces dépôts beaucoup de scolastique, on peut dire qu'en général, depuis des siècles, les moines étaient dépositaires des richesses littéraires les plus intéressantes. C'étaient des aveugles qui portaient un flambeau. La nation devait s'en saisir, et des décrets furent rendus pour faire recueillir, avec autant de soin que de méthode, les collections et les bibliothèques devenues nationales. Les émigrés nous ont laissé aussi, dans ce genre, une succession opulente... »

« La commission temporaire des arts saura confondre ces lâches révolutionnaires éhontés, qui osent se dire les amis de la liberté et de l'égalité, et qui, craignant la réverbération des lumières, proposent de livrer aux flammes toutes les bibliothèques sans exception : proposition faite à Marseille par les agents de Pitt, ainsi que nous l'a certifié notre collègue Granet. C'est à la Convention nationale de faire aujourd'hui pour les arts, pour les sciences, pour les progrès de la philosophie, ce que les arts, la science et la philosophie ont fait pour amener le règne de la liberté ; ce sont aussi des créanciers de la Révolution, et pour qui la Révolution doit tout faire. Les ténèbres sont une servitude !... »

Le rapport de Coupé (de l'Oise), curé de Sermaize, est trop remarquable sous le double point de vue des idées et du style pour qu'on n'en cite que quelques lambeaux : « Votre comité d'instruction publique m'a chargé de venir appeler votre attention sur les bibliothèques nationales. Des sociétés populaires expriment un vœu qui devient général, d'établir dans chaque district une bibliothèque publique. Les fonds en sont amassés depuis des siècles, et ils sont dignes de l'envie de toute l'Europe. »

« Les cloîtres ont sauvé de la destruction de l'empire romain et de la barbarie ce qu'il a été possible des productions savantes de l'antiquité ; ils ont ajouté celles des siècles suivants, et ces temps d'ignorance et d'erreur n'ont pas été les moins féconds. Il y aura sans doute beaucoup à réformer dans ces amas informes ; mais il existe un fond précieux qu'un sage discernement saura conserver. »

« Ces antiques dépôts se grossissent encore de bibliothèques particulières délaissées par les émigrés ; de collections d'histoire naturelle, d'instruments de physique, de mécanique, de médailles, d'antiques. »

« Ces trésors littéraires, ainsi amassés et répandus dans chaque département, restent encore la plupart entassés sans ordre, comme des matériaux bruts ; ils dépérissent ou sont exposés aux dilapidations. Il est temps de les disposer pour une grande destination et d'en faire jouir tous les citoyens. »

« La loi sur la vente du mobilier des émigrés ordonne que leurs bibliothèques seront transportées au chef-lieu de département : une autre loi ordonne aussi d'y transporter les bibliothèques des maisons religieuses, pour y former de tout cet ensemble une bibliothèque départementale : ce n'est point assez. »

« Les bibliothèques principales des grandes communes, celles qui étaient publiques, doivent sans doute être maintenues ; mais il s'y trouve des parties doubles et multipliées que l'on peut en séparer. Dans la même ville, il existe souvent plusieurs bibliothèques. Il n'est pas de district qui n'en compte plusieurs, soit dans les ci-devant maisons religieuses, soit dans celles des émigrés. Ce sont ces différentes collections littéraires que votre comité d'instruction publique vous propose de rapprocher et d'en composer une bibliothèque dans chaque district, afin de mettre, autant qu'il est possible, tous les citoyens à portée d'aller s'y instruire. »

« Il croit qu'il sera du plus grand avantage pour la chose publique de placer une bibliothèque à côté de la société populaire principale de chaque district. La littérature, les sciences doivent s'allier aux vertus civiques, unir leurs travaux et concourir ensemble à la gloire et à la prospérité de la République. »

« Vous avez décrété que l'enseignement est libre : il suffit de mettre le génie de la liberté dans cette grande carrière. »

« Chaque bibliothèque doit devenir l'école de tous les citoyens, leur présenter le tableau des siècles et des nations, et les agrandir de tous les travaux et de toutes les pensées de l'esprit humain. »

Coupé lit un projet de décret.

L'Assemblée en décrète l'impression et l'ajournement.

Ceci eut lieu dans la séance du 2 Pluviose, l'an ıı (mardi 21 janvier 1794). Ce ne fut que dans la séance du 9 Pluviose de la même année, que le même conventionnel relut son projet de décret sur les bibliothèques nationales et que la rédaction en fut définitivement adoptée.

M. E. Fleury a parfaitement raison de signaler les efforts tentés par l'abbé Grégoire pour essayer de mettre un frein aux fureurs du vandalisme. Elles avaient fait explosion sous la funeste impulsion communiquée à ces instincts destructeurs sommeillant toujours au fond du cœur de certains hommes. Il est malsain et dangereux pour la civilisation même la plus raffinée de les réveiller par des décrets dans le genre de celui que nous avons cité de l'Assemblée Législative, et par la brutale exécution des mesures prises en pleine Convention de vendre les parchemins ou de les mettre à la disposition du ministre de la guerre et de la marine pour servir à confectionner des engins de destruction. Un ardent fanatisme politique fit bientôt dégénérer l'exécution de ces différents décrets en un véritable vandalisme qui s'étendit sur toute la surface de la France et par conséquent jusqu'aux extrémités de notre vieille Armorique. Nous trouvons une preuve de ce dernier fait si douloureux pour tous les cœurs bretons, dans un ouvrage inédit fort intéressant, dû à la plume d'un Brestois, Brousmiche, ancien bibliothécaire de la ville de Brest, témoin oculaire des sinistres événements qui eurent cette ville pour sanglant théâtre et dont les détails poignants et la terrible impression s'étaient profondément gravés dans sa mémoire.

Nous lisons, en effet, dans ce manuscrit dont nous devons la communication à notre savant collègue, M. P. Levot, bibliothécaire de la marine et qui est intitulé *Voyage dans le Finistère* :

« Le Finistère sera bientôt dépourvu de vieux monuments, comme il est dépourvu de chroniques et de chartes. Celles très-nombreuses que renfermait l'abbaye de Daoulas ont été conduites à Brest, où l'artillerie de ce port en a fait des gargousses. L'abbaye de Daoulas était, assure-t-on, riche en documents historiques.

... « Cette belle propriété (le château de Kerjean), si l'on en croit Cambry (Catalogue des monuments échappés au vandalisme), était intérieurement embellie par tous les objets d'un luxe bien entendu. Les appartements du dernier propriétaire étaient surtout remarquables par le goût qui avait présidé à leur décoration. Des tableaux de choix, des dessins d'amateurs qui pouvaient passer pour des maîtres, en augmentaient encore le charme : une bibliothèque choisie témoignait aussi en faveur des maîtres de cette riche demeure. Tout ce que Kerjean renfermait a été spolié, lacéré ; les livres de la bibliothèque ont été vendus au poids, les archives mêmes ont été détruites. »

... « Le tombeau du roi Grallon existait encore dans l'église du couvent de Landévennec à l'époque de notre première Révolution. Il a été brisé, comme tant d'autres monuments, par des vandales sans foi, sans croyance, sans respect pour rien, et pour lesquels la violation d'un tombeau offrait un charme de plus. »

... « L'abbaye de Landévennec, l'une des plus anciennes de la France, possédait un grand nombre de chartes, de documents sur l'histoire de la Bretagne. Le tout fut spolié, enlevé, mis dans des futailles et envoyé, en 1793, à la direction de l'artillerie du port de Brest, qui, sans respect pour les antiques monuments, ni sans égard pour les vignettes, les miniatures élégantes qui les décoraient, en fit à ce moment des gargousses. Ce n'a pas été assez pour nous de perdre sept de nos vaisseaux dans la désastreuse journée du 13 prairial an II, il a fallu y joindre encore celle des matériaux les plus propres à jeter du jour sur l'histoire de notre pays ! »

Suivant M. le chevalier de Fréminville : « La bibliothèque et le chartrier de l'abbaye de Landévennec contenaient un grand nombre de manuscrits et de titres aussi précieux par leur antiquité que par leur importance historique. Ces importantes archives de l'histoire nationale des Bretons ont été pillées et dispersées en 1793 ; cette perte est inappréciable et malheureusement irréparable. Un hasard heureux a, du moins, fait retrouver dernièrement le cartulaire de l'abbaye. »

Il est bon de faire remarquer, à la louange de Cambry, qu'il a été le premier à solliciter l'attention des administrateurs du district de Châteaulin pour l'attirer sur un *très-ancien* manuscrit de Landévennec, sur vélin, in-4°, relatif à la vie de Saint-Guénolé, et sur d'autres objets qui peuvent être très-instructifs. Ce fut encore lui qui prit soin de dire aux citoyens administrateurs du district de Pont-Croix : « On m'a parlé d'un précieux exemplaire de Virgile, écrit sur vélin, en lettres d'or ; un particulier s'est permis de le porter à Brest : Je vous invite à le faire rentrer au plutôt. »

« L'abbaye de Landévennnec, dit E. Souvestre, possédait un grand nombre de chartes, de poèmes bretons et de manuscrits de tout genre, du plus grand intérêt ; le tout fut mis dans des futailles, en 1793, et envoyé à la direction de l'artillerie du port de Brest, qui en fit des gargousses. On détruisit aussi, à cette époque, les tombeaux du roi Grallon et de Saint-Guénolé qui se trouvaient tous deux à Landévennec. »

M. Levot, dans le travail si intéressant qu'il a consacré à l'abbaye de

Saint-Mathieu-de-Fine-Terre, nous dit : Il y a quelques raisons de croire que la bibliothèque du Port de Brest, alors bibliothèque de l'Académie royale de la marine, a hérité, sinon de la totalité, du moins d'une très-grande partie des livres que possédait l'abbaye. Ce qui nous le fait conjecturer, c'est, d'une part, l'absence complète de livres de théologie dans le catalogue de la bibliothèque de l'Académie de la marine, imprimé en 1788, et d'une autre, leur inscription au catalogue imprimé en l'an VII.

Avant ces écrivains, Cambry avait constaté, en ces termes, les excès du vandalisme dans notre vieille Armorique : « Ce fut le 12 décembre, an deuxième de la République française, qu'aux yeux d'un peuple pieux, doux et tranquille, des hommes excités par un nouveau genre de fanatisme, secondés de soldats égarés, osèrent profaner, brûler, pulvériser tous les objets de la religion, de l'adoration de leurs pères. Ils souillèrent les vases sacrés, déchirèrent les tableaux, brûlèrent les vitraux éclatants des plus vives couleurs. Ces monuments de l'art de nos aïeux, ces costumes qui servent à fixer les époques de l'histoire, ces médailles du temps passé, disparurent dans un moment. Le fils respectueux vit rouler à ses pieds la tête de son père arrachée du tombeau ; les ossements de celle qui lui donna le jour, insultés, volaient dans les airs. Les cendres du bienfaiteur de sa patrie, du guerrier qui la défendit en mourant, de l'homme lettré qui l'éclaira, du protecteur de l'orphelin, furent foulées aux pieds par des hommes féroces, qui menaçaient de leurs canons, qui blessaient de leurs hurlements une multitude soumise et douce qui respectait jusqu'aux tables ensanglantées d'un fantôme de loi..... »

..... En parlant de l'église des Cordeliers, il s'écrie : « Quelle nudité, quelles dévastations ! tout est pavé de tombes renversées, brisées, retournées. »

« La cour du Folgoet paraît être un champ de bataille ; des milliers de statues de Kersanton, brisées, remplissent les chapelles, les portiques, tous les environs de l'église. Que de costumes singuliers vont disparaître, que de morceaux curieux vont s'anéantir ! »

Il est vrai que la Convention avait, au milieu d'autres décrets, lancé le suivant (2 brumaire an II), 23 octobre 1793 :

« Il est défendu d'enlever, de détruire, mutiler ni altérer en aucune matière, sous prétexte de faire disparaître les signes de la féodalité et de la royauté dans les bibliothèques, les collections, cabinets, musées publics ou particuliers, non plus que chez les artistes, ouvriers, libraires ou marchands, les livres imprimés ou manuscrits, les gravures et dessins, les tableaux, bas-reliefs, statues, médailles, vases, antiquités, cartes géographiques, plans, reliefs, modèles, machines, instruments et autres objets qui intéressent les arts, l'histoire et l'instruction. »

Malgré la terrible puissance dont cette assemblée, investie du triple pouvoir législatif, judiciaire et exécutif, disposait en souveraine et qu'elle employait avec une implacable énergie à briser tous les obstacles qui pouvaient entraver les roues de la machine gouvernementale, elle fut trop souvent impuissante à réprimer le vandalisme. L'assemblée législative avait inculqué aux esprits une idée malsaine en laissant croire aux hommes qu'en détruisant le signe matériel des choses, comme le dit judicieusement M. E. Despois, ils ont détruit la chose elle-même. Et puis, il faut l'avouer, cette Convention qui faisait si bon marché de la vie de ses ennemis et de ses propres membres, puisqu'ils s'égorgeaient entre eux comme les sodats de Cadmus, était-elle bien venue à vouloir faire respecter les choses matérielles ? Les bibliothèques appartenaient aux corporations civiles et religieuses, au clergé, à la noblesse, aux parlements, aux princes, etc., dont elle proscrivait impitoyablement tous les membres. La tourbe révolutionnaire traduisant les décrets par des actes ne pouvait établir la différence qu'il y avait entre les objets que l'on voulait faire respecter et leurs possesseurs voués en masse à la mort. On essayait d'attirer le respect sur un bouquin, sur un livre armorié, sur un missel doré sur tranche, et l'on venait de repaître les regards de la populace du spectacle de la tête d'un roi roulant sur l'échafaud ; on se récrie parce que l'on a vendu 600 fr. un piano ayant appartenu à Marie-Antoinette, et qui en avait coûté 6,000, et l'on vient d'envoyer cette reine au supplice !

Ce même Grégoire qui se passionnait comme un bibliomane pour un incunable et signalait à la vengeance des lois quelques mutilations de statues et de tableaux, n'avait-il pas dit : « Les rois sont dans l'ordre moral ce que les monstres sont dans l'ordre physique, et leur histoire est celle du martyrologe des nations. » Ce qui ne l'empêcha nullement de se laisser nommer sénateur et comte de l'empire.

Cette contradiction de l'abbé Grégoire n'est point, ni pour M. Fleury, ni pour nous, une raison de méconnaître les efforts énergiques et persévérants qu'il a tentés pour signaler et arrêter les excès du vandalisme ; car, outre les trois rapports sur ce dernier, il en prononça un autre sur les bibliothèques, le vendredi 11 avril (22 germinal 1794, date très bien précisée par M. Fleury). M. E. Despois, dit dans une note, à la page 249 de son livre intitulé le *Vandalisme révolutionnaire* qu'il n'a pas trouvé ce rapport au *Moniteur* et qu'il a été reproduit par le *Bulletin du Bibliophile*, 1838, p. 62. Il s'y trouve cependant tout entier, mais sous la date citée plus haut et non sous celle du 20 avril 1794 (1er floréal an II), reproduite par M. E. Despois. On peut le lire à la page 188, tome 20, de la réimpression du *Moniteur*. Ce rapport a, d'ailleurs, été réimprimé de nos jours, sous ce titre : Grégoire. *Rapport sur la Bibliographie*, présenté à la Convention nationale, le 22 germinal an II (1794). — Paris, imp. Jouaust, 1873, in-12, pap. Whatman.

Il est bon d'en reproduire quelques extraits non tronqués qui jettent un grand jour sur les choses qui doivent être notre principal objectif, les bibliothèques avant et après la Révolution. « Il s'en faut de beaucoup que ces dépôts aient été convenablement surveillés ; on prétend qu'à la seule bibliothèque de Mejanes, à Aix, il manque dix mille volumes, et l'on sait que les fripons ne manquent pas de choisir. Ailleurs, une foule de livres ont été vendus à bas prix ou au poids, peut-être même depuis le décret du 10 octobre 1792, qui surseoit à toutes ventes de cette nature. »

Faisons remarquer *ici*, avec l'auteur du *Vandalisme révolutionnaire*, que la précipitation habituelle de Grégoire, dont le zèle et la probité inquiète accueillaient un peu trop aisément les accusations de ce genre, l'entraînait à une erreur complète. Une lettre lui fut adressée à ce sujet par le bibliothécaire d'Aix, constatant que, depuis 1789, il ne manquait pas un seul livre à sa bibliothèque. Grégoire reconnaît dans sa réponse qu'il a été induit en erreur et promet une rectification ; voir, comme l'indique M. Despois, la lettre du bibliothécaire et la réponse de Grégoire dans le *Bulletin du Bibliophile*, 1838, p. 114.

« Dans le seul département de Paris, poursuit Grégoire, la nation possède environ dix-huit cent mille volumes, y compris la bibliothèque nationale, qui, en 1374, n'était composée dans la totalité que de neuf cent dix volumes manuscrits, et qui actuellement renferme, outre sa vaste collection de manuscrits, plus de trois cent mille volumes et pièces imprimés ; ce qui, joint à la masse des autres livres de diverses communes de la République, présente un aperçu de dix millions de volumes. »

Ecoutons encore les plaintes de Grégoire sur la manière dont les catalogues nouveaux ont été composés : « L'insouciance ou l'ignorance ont été poussées à tel point que divers catalogues, à la suite d'une liste informe, ajoutent ces mots : « De plus, trois ou quatre cents volumes anglais, allemands, grecs, hébreux, ou en écriture indéchiffrable, et reliés en parchemin que nous n'avons pas cru devoir énumérer. » Ainsi s'expriment les rédacteurs de ces catalogues en parlant des livres les plus précieux peut-être de ces dépôts. Ils ont jugé les livres sur la couverture, comme les sots jugent les hommes sur l'habit. »

« Les nobiliaires, les traités généalogiques, les ouvrages dans lesquels le despotisme consignait ses extravagances et ses fureurs, avaient presque toujours les honneurs du maroquin, tandis que les livres d'Hubert Languet, de Williams Allen, de Milton, n'échappaient au compas de la censure, aux poursuites de l'inquisition des cours, qu'en se réfugiant dans des angles ignorés, sous la modeste enveloppe d'un parchemin ; les ouvrages qui révélaient les crimes des tyrans et les droits des peuples étaient les sans-culottes des bibliothèques. »

« Permettez moi quelques observations sur les trames de nos ennemis pour appauvrir et avilir un peuple qui, malgré leurs tentatives, sera toujours riche, toujours grand. »

« D'une part on voyait des sots calomnier le génie pour se consoler d'en être dépourvus, et avancer gravement, sans distinction de talents utiles ou nuisibles, qu'un savant est un fléau dans un Etat, ce qui nous laisse au moins le consolant espoir de n'avoir rien à craindre d'eux à cet égard. »

« D'un autre côté, à Paris, à Marseille et ailleurs, on proposait de brûler les bibliothèques. La Théologie, disait-on, parce que c'est du fanatisme ; la Jurisprudence, des chicanes ; l'Histoire, des mensonges ; la Philosophie, des rêves ; les Sciences, on n'en a pas besoin. Ainsi pensait le vizir d'un de nos tyrans, qui voulait borner les productions de l'imprimerie à l'almanach, à la bibliothèque bleue. »

Choisissons encore dans les trois autres rapports de Grégoire sur le vandalisme ce qui a trait surtout aux bibliothèques.

RAPPORT sur les destructions opérées par le vandalisme, et sur les moyens de le réprimer, fait par Grégoire, *au nom du Comité d'instruction publique.* (Séance du 14 fructidor).

« .... Tandis que la flamme dévore une des plus belles bibliothèques de la République, tandis que des dépôts de matières combustibles semblent menacer encore d'autres bibliothèques, le vandalisme redouble ses efforts....

.... Il y a cinq ans que le pillage commença par les bibliothèques, où beaucoup de moines firent un triage à leur profit. Ce sont eux sans doute qui ont enlevé le manuscrit unique de la Chronique de *Richelius*, à Senones, comme autrefois ils avaient déchiré, dans celui de Geoffroy de Vendôme, la fameuse lettre à Robert d'Arbrissel.

Les libraires, dont l'intérêt s'endort difficilement, profitèrent de la circonstance, et en 1791, beaucoup de livres volés dans les ci-devant monastères de Saint-Jean-de-Laon, de Saint-Faron de Meaux, furent vendus à l'hôtel de Bullion, d'après le catalogue de l'abbé ***, titre supposé pour écarter les soupçons.

.... Comment se défendre d'une juste indignation, quand, pour justifier le brûlement, on vient nous dire que ces livres sont mal reliés ?

Faut-il donc rappeler de nouveau que souvent tous les attributs du luxe typographique étaient prodigués aux écrits dans lesquels on encensait le vice et la tyrannie, tandis que des ouvrages précieux par la pureté des principes, et qui contiennent aussi une poudre révolutionnaire, étaient condamnés à l'obscurité des galetas ?

.... Observons aux brûleurs de livres et aux nouveaux iconoclastes plus fougueux que les anciens, que certains ouvrages ont une grande valeur par leurs accessoires. Le missel de la chapelle de Capet, à Versailles, allait être livré pour faire des gargousses, lorsque la Bibliothèque nationale s'empara de ce livre, dont la matière, le travail, les vignettes et les lettres historiées sont des chefs-d'œuvre.

D'ailleurs des miniatures même peu soignées, des culs-de-lampe mal dessinés, des reliures chargées de figures informes, ont servi souvent à éclaircir des faits historiques, en fixant les dates, en retraçant des instruments de musique, des machines de guerre, des costumes dont on ne trouvait dans les écrits que des descriptions très-imparfaites.

.... La frénésie des barbares fut telle qu'on proposa d'arracher toutes les couvertures des livres armoriés, toutes les dédicaces et les priviléges d'imprimer, c'est-à-dire de détruire tout.

Henriot voulait renouveler ici les exploits d'Omar dans Alexandrie. Il proposait de brûler la Bibliothèque nationale, et l'on répétait sa motion à Marseille.

.... Tirons enfin de la poussière ces milliers de manuscrits entassés dans nos bibliothèques. Ce triage et celui de nos archives éveilleront la curiosité de l'Europe savante.... »

Séance du 8 brumaire, l'an 3me (Mercredi, 29 octobre 1794, vieux style).

Grégoire, au nom du Comité d'instruction publique :

« Citoyens, vous avez mis sous la sauvegarde de la loi tous les monuments des sciences et des arts. Beaucoup de districts se sont empressés de concourir à l'exécution des mesures que vous avez prises pour arrêter les destructions ; mais dans d'autres, nous venons vous le dire avec douleur, les destructions continuent.

Tandis que la sagesse de vos décrets atteste la sollicitude des législateurs pour étouffer l'ignorance et faire triompher les lumières, tandis qu'à votre voix les hommes à talents sortent des cachots, et que le génie relève sa tête humiliée, la barbarie et l'esprit contre-révolutionnaire tiennent sans cesse le poignard levé pour assassiner les arts, une horde de scélérats veut par ces moyens faire haïr la liberté, qu'en dépit de leurs efforts le peuple français ne cessera d'aimer qu'en cessant d'exister.

A Ussel, à Saumur, à Lons-le-Saulnier, les livres, les tableaux et d'autres objets rares ont été vendus à très vil prix.

A Douai, on avait donné l'ordre de brûler tous les livres concernant le culte, ce qui pouvait anéantir la moitié des bibliothèques ; car la limite à cet égard n'étant pas tracée, à quel terme pouvait s'arrêter la fureur ?

A Etain, depuis les anciens inventaires, on a volé dans les bibliothèques des ci-devant Capucins et de la ci-devant Abbaye de Châtillon.

A Chantilly, on a vendu récemment, et toujours à vil prix, la musique très recherchée de Boccherini.

Ici un forté-piano de l'Autrichienne a été cédé pour cent écus ; il avait coûté 6,000 livres.

Enfin, il n'y a pas quinze jours que les affiches annonçaient encore, au milieu de Paris, une vente d'objets nationaux, parmi lesquels étaient indiqués des livres, quoique les décrets s'y opposent.

Dans la commune d'Arles, les livres ont été dilapidés et jetés dans des coins ; la poussière et les rats les dévorent.

C'est faute de lumières, sans doute, qu'à Toulouse on envoyait au parc d'artillerie des ouvrages en parchemin et en velin ; le même abus régnait à La Fère. Une lettre de la Commission temporaire des arts l'a fait cesser, et déjà l'on adresse des ballots de parchemins dont le génie des arts qui, pour féconder la Révolution, a fait tant de prodiges, se propose de tirer parti.

A Issoire, un commissaire des guerres, nommé Henri, sous prétexte qu'il a besoin de matelas, enlève aussi les livres. Voilà un voleur ; on est à sa poursuite ; il faut le sacrifier, s'il est nécessaire, pour écraser les méchants. Votre Comité a juré de se cramponner sur ces êtres pervers ; et s'il est possible de les traîner sous le glaive de la loi, qu'on ne craigne pas de les frapper. Un de nos collègues l'a dit avec raison : ils ne sont pas du peuple ; et celui qui proposait à Metz de faire main-basse sur la littérature ancienne et étrangère, n'est pas plus français que les brigands de la Vendée, qui ont livré aux flammes la bibliothèque de Buzay, près Paimbœuf, la seule richesse scientifique de ce district... »

Séance du quartidi 24 frimaire, l'an 3me (Dimanche, 14 décembre 1794, vieux style).

GRÉGOIRE : Le Comité d'instruction publique a promis de vous rendre compte tous les mois de l'état des monuments ; en son nom, je viens remplir ce devoir.

On doit être effrayé de la rapidité avec laquelle, au moment de tout régénérer, les conspirateurs démoralisaient la nation et nous ramenaient, par la barbarie, à l'esclavage. Dans l'espace d'un an, ils ont failli détruire le produit de plusieurs siècles de civilisation.

.... Il faut transmettre à l'histoire un propos de Dumas, concernant une science dont les bienfaits incalculables s'appliquent à divers arts, et spécialement à celui de la guerre. Lavoisier témoignait le désir de ne monter que quinze jours plus tard à l'échafaud, afin de compléter des expériences utiles à la République. Dumas lui répond : « Nous n'avons plus besoin de chimistes. »

.... Une lettre d'un citoyen très instruit indique à Coutances des destructions de sculpture et de tableaux ; il déplore l'extension donnée aux ventes où l'on porte des objets à conserver. Nous avons, d'ailleurs, le catalogue d'un déficit de la bibliothèque des ci-devant Dominicains.

.... *Ille-et-Vilaine.* — A Port-Malo, les objets d'arts et de sciences sont abandonnés à la vermine, à l'humidité, à l'insouciance.

Tarn. — Les archives des ci-devant chapitres d'Alby renfermaient des pièces extrêmement importantes. L'auteur de l'*Histoire du Languedoc*, Dom Vaissette, et le savant Sainte-Marthe y avaient fait une riche moisson : ces archives ont été brûlées.

Au dépôt du Louvre, on a fait des soustractions dans la collection des minutes du ci-devant conseil des finances.

.... Il y a dix-huit mois qu'à Sens on avait pris un arrêté qui détruisait les Chartes ; déjà l'on en avait envoyé des tonnes. Le citoyen Laire, zélé pour la gloire des arts, fit défoncer les tonnes ; il y trouva des fragments de la célèbre chronique de Vezelay, dont à Sens on possède le seul manuscrit peut-être qui a servi à Dachery et qui est imparfait.

Aisne. — Une lettre de Laon nous dit que les livres échappés aux dilapidations de tout genre, aux larcins de leurs anciens propriétaires, à la rapacité des commissaires infidèles, à la barbarie insouciante, ont été jetés à l'aventure dans les bâtiments du district.

.... *Côtes-du-Nord.* — L'accusateur public au tribunal criminel de ce département me marque que le tableau de ces destructions, présenté à cette tribune, n'est encore qu'ébauché : celui des horreurs commises dans ce genre à Tréguier et à Port-Brieuc est si affreux que la plume se refuse à le transcrire : les coupables existent.

.... *Bas-Rhin* (Strasbourg). — La municipalité, ayant à sa tête Monnet, mettait le scellé sur la bibliothèque publique, une des plus belles de la France et des plus fréquentées.

Sous cette bibliothèque on a emmagasiné de la paille : une étincelle pouvait y causer le même malheur qu'à Saint-Germain-des-Prés.

A côté de la bibliothèque, on a logé des porcs ; il en est résulté une infection telle qu'elle a altéré les couvertures des livres. Malgré les réclamations réitérées, les porcs y étaient encore au nombre de cinquante-deux. Il paraît qu'Alexandre, le directeur des vivres, est coupable. Si de telles horreurs restaient impunies, nous risquerions de les voir répéter ailleurs, et les arts fugitifs seraient contraints de chercher sur des rives étrangères un asile hospitalier. »

A l'aspect de ce tableau esquissé de main de maître des horreurs du vandalisme, dont le travail de M. E. Fleury est une réverbération, on ne peut que s'associer avec lui aux regrets que font naître des pertes irréparables et des lacunes nombreuses dans le domaine des livres et des beaux-arts. Mais si la pensée de Fénélon : « Dieu ne donne aux passions humaines, lors mêmes qu'elles semblent décider de tout, que ce qu'il leur faut pour être les instruments de ses desseins, ainsi l'*homme s'agite, mais Dieu le mène*, est vraie ; » si l'on peut invoquer les expressions d'un poëte, quand il s'écrie :

> Et tous ces grands revers, que notre erreur commune
> Croit nommer justement les jeux de la fortune,
> Sont les jeux de Celui qui, maître de nos cœurs,
> A ses desseins secrets fait servir nos fureurs,
> Et de nos passions réglant la folle ivresse,
> De ses projets par elle accomplit sa sagesse,

Nous croyons que l'on peut sans crainte en faire l'application aux événements qui rentrent pleinement dans notre sujet, c'est-à-dire dans les bibliothèques en proie aux modernes vandales. Les forcenés stupides, obéissant à un mot d'ordre de destruction, les hommes instruits qui l'avaient donné et en surveillaient l'exécution satanique, croyaient anéantir par le feu les témoignages de la conscience humaine et les documents inédits ou non de notre vieille et glorieuse histoire ; mais ils ont été impuissants à produire le résultat qui flattait leurs ignobles passions. De ces livres livrés aux flammes, de ces monuments de sculpture tombés sous les coups de marteau, de ces documents inédits jetés au pilon ou prostitués aux plus vils usages, il en reste encore assez pour reconstituer notre histoire. Demandez à M. P. Levot. N'est-ce pas à l'aide de ces précieux débris échappés aux fureurs des barbares qu'il a su, d'une main patiente, toujours guidé par la conscience, rétablir l'histoire de notre vieille cité, à laquelle il a élevé un monument littéraire qu'il faudra toujours lire et consulter, si l'on veut être complètement initié aux événements dont le Finistère et la ville de Brest ont été le théâtre. Et s'il nous est permis de nous citer nous-même, nous avons pu, malgré les ravages du vandalisme qui s'était surtout acharné à la destruction des pièces datées du commencement du règne de Louis XVI, copier sur les originaux authentiques et inédits, assez de documents pour en composer plusieurs in-folio reliés, et qui n'attendent que l'impression pour jeter un jour éclatant et nouveau sur l'histoire de Louis XVI, sur les travaux immenses accomplis à Brest, dans le but de mettre la France en état d'arracher le sceptre des mers à l'Angleterre, alors son implacable ennemie.

L'effet produit sur toute la surface de la France par le pillage des bibliothèques, des vieux parchemins, des documents précieux et inédits, et par la dispersion de tous ces objets, fut le-même que celui qui résulta de la vente des biens nationaux et du morcellement de la propriété. Les domaines de l'intelligence et de la matière furent mieux cultivés qu'auparavant, et la Providence fit sortir le bien du mal, et se servit même des ruines pour reconstituer l'édifice de la civilisation.

Nous sommes heureux d'avoir essayé, par l'analyse et la synthèse de la première partie du travail de M. E. Fleury, d'attirer l'attention des lecteurs sur la valeur des recherches dont le patient écrivain a enrichi cette Notice. Nous croyons que, s'ils en poursuivent l'examen, ils constateront avec nous l'intérêt piquant de l'autre partie. Grâce à elle, et aux faits qu'il a groupés avec soin, nous pouvons suivre et apprécier les travaux accomplis par des commissaires choisis parmi les hommes les plus éclairés du département pour signaler, conserver, étudier, classer et cataloguer une masse d'objets qui étaient sortis intacts, ou hélas! mutilés, du milieu de cette trombe révolutionnaire dont les ravages s'étaient étendus jusqu'aux extrémités de notre vieille Armorique.

Comme Dieu et la nature même imposent un frein au génie destructeur de l'homme quand il s'abandonne à ses plus vils instincts, on peut constater avec un certain plaisir, d'après le document suivant, que les fureurs du vandalisme épargnèrent un assez grand nombre d'anciens monuments d'architecture religieuse dans les cinq départements formés de la Bretagne.

A la fin des rapports de M. Vitet, on trouve, dit M. Guizot (*Revue des Deux-Mondes*, 1er mars 1874), la liste complète des monuments de la France énumérés et classés provisoirement par départements, en 1862.

Extrait de cette liste :

Côtes-du-Nord, 13, — Finistère, 23. — Ille-et-Vilaine, 10. — Loire-Inférieure, 10. — Morbihan, 18.

M. E. Fleury dresse, d'après Cambry, la statistique des bibliothèques, le nombre des volumes qu'elles contenaient, et remonte même à leur provenance. Nous n'avons point refait ce tableau, mais en puisant aux sources nous le reproduisons avec quelques détails qui ne peuvent être indifférents à nos lecteurs, non seulement au point de vue de la localité, mais encore sous celui de la bibliographie proprement dite. En parcourant les extraits du travail de Cambry intitulé *Catalogue*, ils verront qu'il savait jeter des fleurs sur une aride nomenclature. Ils sentiront en lisant son ouvrage que le souffle d'un artiste ou du moins d'un homme capable de comprendre les beautés de l'art de la sculpture, de la peinture et de la typographie, a passé sur ces pages rapides, étincelantes, et dont cependant il n'avait pas eu le temps de corriger les épreuves.

ÉTAT DES DIVERSES COLLECTIONS DE LIVRES RÉUNIS AU DÉPÔT LITTÉRAIRE
DU DISTRICT DE QUIMPER

Elles proviennent :

Du séminaire.
Du Présidial.
Des Cordeliers.
Des Capucins de Quimper.
Des Carmes du Pont-Labbé.
Du collége.
Des malheureux Administrateurs de l'ancien département.
De Trémaria.
De Larchantel.
De Cosseu.
De l'Ex-Chanoine Dulaurent.
De l'Ex-Jésuite Le Guillou.
Des Émigrés Silguy, Chefontaine, Lansalut.

Le livre le plus rare, le plus précieux qu'elle renferme est sans comparaison le Catholicon en trois langues (le breton, le français, le latin), fait par Auffret Queatquéran, chanoine de Tréguier, imprimé par Calvez, à Tréguier, 1499, in-4°, folio sans numéro, caractères longs, gothiques, bien conservé, complet, papier épais, un peu gris ; il est couvert en bois, recouvert de parchemin.

Grégoire de Rostrenen cite des fragments de cet ouvrage qu'il n'a pas vu complet. On sent combien il est important de conserver toutes les traces de la langue celtique, et de retrouver une multitude de mots qui ne sont plus en usage, ou que le caprice des temps, des idiomes ou du hasard ont tellement défigurés qu'il est impossible de les reconnaître.

Nous pouvons ajouter que M. Le Men, le savant archiviste du département, a rendu service à ceux qui étudient la langue bretonne, en donnant une édition nouvelle de ce livre sous ce titre : *le Catholicon de Jéhan Lagadeuc*, dictionnaire breton, français et latin, d'après l'édition de Me Auffret de Quoetqueuran.

LANDERNEAU

Les livres réunis n'ont formé d'abord qu'une masse de 5 à 600 volumes.

Ils appartenaient :

A Lebihan, prêtre, dont on a trouvé les livres enterrés ;
A La Chapelle, curé émigré ;
Aux Chanoines de Daoulas ;
Une partie d'entr'eux avait été dérobée aux Capucins.

Dans une caisse saisie chez Moëlien, officier de la marine, une centaine de volumes, jolie collection d'un jeune homme, composée des œuvres de Rousseau (J.-B.), de Gresset, de Lafontaine, du roman comique, de Richardet, etc. Petites éditions en vogue avant la Révolution, auxquelles la gravité du moment attache moins de prix, mais qu'on recherchera dans les jours du repos qui la suivront.

Une malle appartenant au même émigré contient, outre les journaux, des chansons et quelques cahiers de musique, environ 80 volumes.

On y trouve quelques manuscrits, que vous devez conserver, dit Cambry aux administrateurs, non qu'ils soient d'un grand intérêt, mais dans le désordre occasionné par la barbarie du moment, ils peuvent conserver des faits dont les historiens pourraient tirer parti *(sic)*.

La Bibliothèque du Bot ou plutôt la partie des livres qu'on a fait parvenir au district jusqu'au 30 nivôse, est composée de 2,000 volumes.

Visites chez les particuliers, dans les maisons où sont établis des séquestres, dans les maisons nationales, dans les églises, hospices, maisons de campagne, etc.

Chez La Rue, ex-curé de Saint-Houardon, paroisse principale de Landerneau, j'ai trouvé, dit Cambry, 2 à 300 volumes de dévotion et de littérature, peu curieux ; le seul ouvrage dont j'aye pris note, est :

C. J. Cæsaris commentariorum, etc. Parisiis, Barbou, 1755, petit in-8°, figures, cartes, doré sur tranche.

Chez le citoyen Duboye, ex-membre du département du Finistère, environ 300 volumes de jurisprudence.

Chez la veuve Moëlien, à Penanru, je n'ai vu de remarquable que quelques tapisseries assez bonnes ; une d'entr'elles est la copie de la tente de Darius, par Le Brun, et la tête d'une Vierge assez passablement peinte pour être conservée dans votre muséum.

On m'apporte de la commune de Plougastel des livres ; c'est le cinquième de la bibliothèque du citoyen Testard. Il est mort, et ce cinquième appartiendrait à deux de ses petits enfants émigrés.

J'allais oublier, ajoute Cambry, de vous parler d'un ouvrage du plus grand mérite, c'est le *Tite-Live* de Vigenère, imprimé chez l'Abel Langelier. Lisez ce livre et vous verrez quelle est la différence des têtes de notre siècle et de celles des quinzième et seizième siècles. Ces hommes savaient tout ; aucune difficulté ne pouvait les arrêter. Tite-Live ne connaissait pas Rome, comme Blaise de Vigenère. Voulez-vous être instruits sur les usages de l'Italie antique, sur les peuples qui l'habitèrent, sur les lois, les sacrifices, sur les dieux de l'empire romain ? Voulez-vous connaître les formalités qui s'observaient dans les mariages, les funérailles, les triomphes, l'architecture de ces célèbres conquérants ? Lisez Blaise de Vigenère. Les monuments, les costumes, l'état des prisons, rien n'échappe aux recherches de ce grand homme dont le nom est presqu'inconnu, malgré ce bel ouvrage, ses commentaires sur Jules César et son édition de Philostrate.

LESNEVEN

Noms des particuliers dont les livres ont été réunis à la bibliothèque de Lesneven :

Barbier (Lescoët), en la demeure de Kerno, en Ploudaniel (émigré).

Parcevaux, émigré, en Cléder.

Veuve Kersauson et l'émigré Tinténiac, de Brézal, en Plounéventer.

L'émigré Puyferré, ex-curé de Plouescat.

L'émigré Favé, ex-curé de Trégarantec.

L'émigré Lesguern, ex-conseiller du Parlement.

L'émigré Lesguen, ex-noble de Lesneven.

La dame Coatanscourt, ex-noble de Kerjean, en Plouzévédé.

Trogoff, ex-commandant à Toulon, de Penhoat, en Saint-Frégant.

Les Ursulines.

DÉTAILS SUR LES BIBLIOTHÈQUES DE MORLAIX

Les livres des diverses bibliothèques de Morlaix réunies ou qu'on doit réunir pour former celle du district, sont tellement confondus qu'il est impossible d'en désigner les propriétaires.

Ils proviennent :

Des Jacobins de Morlaix.	Des Capucins de Roscoff.
Des Bénédictins du Rellec.	Des Minimes de St-Paul-de-Léon.
Des Carmes de St-Paul-de-Léon.	Des Lazaristes de St-Paul-de-Léon.
De Lesquifiou de Morlaix.	De l'Evêque de St-Paul-de-Léon.
Du Chanoine Keroulas.	Des Chanoines de St-Paul-de-Léon.
De Jolivet.	De la Chambre littéraire de Morlaix.
De Dudresnay.	De Quilien.
Des Récollets de Cuburien.	

Maison de Lannigou, cabinet de Penanprat-Drillet.

Ce cabinet appartient à Lannigou, détenu comme père et beau-père d'émigrés.

Environ 2,300 ou 2,400 volumes.

Même maison, bibliothèque dite de Lannigou.

Mais, comme l'indique le revers des couvertures armoiriées et le nom de Penanprat, les livres qui la composent appartenaient au même propriétaire.

Chez Jolivet, présumé émigré, sous scellé :

Une assez grande quantité d'in-4° bien choisis.

Dans la maison du citoyen Le Bozec :

Une bibliothèque appartenant à l'émigré Dumerdy de Quillien, ci-devant officier de dragons.

Elle contient 8 ou 900 volumes bien conservés et bien choisis, de rares éditions, beaucoup d'Elzevirs, un manuscrit sur velin, dont l'écriture gothique est aussi parfaite que les plus beaux caractères de l'imprimerie.

C'est un livre liturgique, il commence par un calendrier. Les principales fêtes y sont seules indiquées. Les peintures et les arabesques, dont cet ouvrage est chargé, ne répondent pas à la perfection de l'écriture.

La première image est celle de Saint-Jean ; il porte un mouton sur un livre, il est vêtu d'une tunique jaune, d'un manteau rouge, sa tête est entourée d'une auréole. Un champ vert et sans perspective s'élève jusqu'au sommet d'une montagne, un autre monticule est couronné de murs, de créneaux, de tourelles. Saint-Nicolas, Saint Sébastien, Sainte Marguerite, Jésus crucifié, le jugement de Salomon, la présentation au Temple, sont les divers sujets de ces tableaux, dont les couleurs sont bonnes, sans approcher de celles des beaux manuscrits de la bibliothèque nationale.

Les vignettes sont confuses, sans ordre, sans goût, sans dessein *(sic)* ; les lettres d'or sont parfaitement conservées.

Ce manuscrit est précieux ; je n'ai pas vu de plus belle écriture, format in-4°, il est réglé à larges marges, du vélin le plus fin et le mieux préparé, d'une conservation parfaite.

Au Calvaire

Une des collections les mieux choisies de Morlaix est celle du ci-devant vicomte du Dresnay.

La reliure, le choix des exemplaires et des éditions est à remarquer dans cette jolie bibliothèque, enrichie d'ailleurs des œuvres de nos meilleurs poëtes, de l'encyclopédie, de romans et de bons dictionnaires.

Dans ce même couvent, on a déposé les livres de l'émigré La Grandière et ceux d'un prêtre.

Maison de Keranroux dont le propriétaire est en arrestation comme père et beau-père d'émigrés.

Quarante-deux ouvrages.

On demandait depuis longtemps des détails sur la vie de Duguesclin, on en trouvera d'étendus dans un manuscrit de 21,632 vers alexandrins, que dans ma visite du Finistère, dit Cambry, j'ai trouvé sous un monceau de livres théologiques de la bibliothèque des Jacobins de Morlaix.

Cet ouvrage, chargé d'abréviations, est fort ancien. Il est écrit sur 123 feuillets, grand in-f°, parchemin. Ces feuilles ont 13 pouces de haut et 10 de large.

D'assez mauvais desseins *(sic)* coloriés au bas de la première page, montrent Duguesclin à la tête d'une multitude de cavaliers portant des lances, des haches d'armes et des casques terminés en pointe ; l'aigle de sa maison est peint sur sa cuirasse.

Tous les vers commencent par une lettre majuscule. La première lettre de chaque chapitre est dorée, ornée de mauvais desseins *(sic)* rouges, de têtes de moines bizarrement coiffées.

Carhaix

Les livres réunis ou qui doivent être réunis au district proviennent des sources indiquées par M. Fleury, et, comme le spécifie Cambry, de la maison de Kerampuil, appartenant à C. Robert Saisy, père de cinq émigrés ;

De celle de Kersalun, en Leuhan, émigré ;

De celle de Dugrégo, émigré, saisis à Trévaré, commune de Laz.

Chateaulin

Outre les livres de Landévennec, on a remis, à la bibliothèque de Châteaulin, ceux des citoyens Le Gall et Le Prédour, administrateurs de l'ancien département du Finistère, et ceux de Leissègues-Rozaven, curé de Plogonnec, près Locronan.

A l'exemple de M. E. Fleury, tirons de l'oubli, où ils ne méritent point d'être ensevelis, les noms de nos intelligents et désintéressés concitoyens qui consacrèrent leur temps et leurs efforts à dresser le catalogue et à faire le classement des livres et des objets échappés au vandalisme dans notre département.

A Landerneau, les citoyens Thomas fils aîné et Roujoux ont été nommés pour faire le catalogue ; déjà ce travail est commencé.

A Lesneven, Le Coniat et Le Guen ont commencé le travail.

Le Clech, de Plouganou, archiviste, travaille à copier le manuscrit de 22,632 vers alexandrins découvert par Cambry.

On doit au citoyen Gratien la conservation de deux tableaux de Valentin.

A Carhaix, le citoyen Théodore Le Gogal offre à la nation, pour la bibliothèque, l'usage de la salle principale de sa maison. A cette obligeance il ajoute l'offre de ses soins pour former le catalogue.

A Quimperlé, le citoyen L'Allemand se charge généreusement de faire le catalogue. Son âge très avancé, les froids excessifs de l'hiver, ne lui ont pas permis de l'achever.

A Châteaulin, lors du premier passage de Cambry dans cette ville, le travail des commissaires nommés pour faire le catalogue de la bibliothèque était commencé. Le citoyen Golias, membre du district, et le citoyen Quilfen, juge du tribunal, s'en occupaient.

A son retour, leur travail était achevé...... Les cartes dans les boëtes prêtes à partir pour le comité d'instruction publique.

Ce sont, ajoute Cambry, les citoyens Le Golias, ex-constituant, Marec et Giraud, juges, qui, *gratis,* ont terminé ce travail.

Si le patient bibliothécaire, par ses savantes recherches, et sans sortir de son sujet, excite notre attention et notre intérêt, nous les sentons augmenter l'une et l'autre, lorsque M. E. Fleury, entrant dans le vif même de la question, nous fait assister à la naissance de la bibliothèque de Brest dont il cite le premier fonctionnaire, l'abbé Béchennec, ancien aumônier de la chapelle du roi à Brest, avocat en droit civil et canon au parlement de Paris, et prêtre de la paroisse de Saint-Louis. Sachons gré à M. Fleury de nous avoir fait connaître quelques particularités curieuses sur ce personnage très sympathique aux bibliographes. Mais il est bon de ne rien oublier de ce qui peut contribuer à relever le mérite du premier de nos prédécesseurs : Nous avons déjà entendu Cambry lui rendre pleine justice dans son *Catalogue des objets échappés au vandalisme dans le Finistère*. Ecoutons ce qu'il dit encore de lui (*Voyage dans le Finistère* page 128, édit. de 1835, in-4°) : « La belle bibliothèque du c. Béchennec mérite d'être visitée ; il en a préparé le catalogue ; il rendrait un service aux lettres en le livrant à l'impression. Le gouvernement pourrait aider cet amateur qui, par ses soins, par son activité, malgré son âge, a sauvé les livres précieux de Brest de la négligence qui les délaissait, de la brutalité qui voulait les détruire. Le citoyen Béchennec possède une jolie collection de coquillages, quelques morceaux d'histoire naturelle, classés avec l'intelligence et l'ordre qui le caractérisent. »

Pour mieux l'apprécier encore, on peut recourir à la notice courte, mais substantielle, que M. P. Levot lui a consacrée dans la *Biographie bretonne* où il fait d'ailleurs la description du catalogue des livres de feu l'abbé Béchennec avec une exactitude et une précision qui ne laissent rien à désirer.

Une lettre inédite que nous allons reproduire, pleine de curieux détails bibliographiques fera connaître au lecteur l'usage que ce savant faisait de ses ressources pécuniaires.

Paris, le 2 thermidor an XII (21 juillet 1804).

FACTURE d'une caisse bien et dûment conditionnée, cordée et emballée, à la consignation d'ordre et pour compte de Monsieur Béchennec à Brest, d'envoi de Ve Tillard et fils.

1 MERIAN, *Insectes d'Europe et de Surinam*, édition originale, 1726 et 1730, 2 vol., pl., fig. coloriées, maroq. rouge, large dentelle, magnifique exemplaire de la bibliothèque de Mme de Pompadour, édition bien supérieure pour la vérité de l'exécution à celle de 1771 et la seule estimée.. 450 l. »

1 *Figures du Temple de Salomon*, par MALLET, consul,
in-folio en feuilles............................ 18 »
reliure du dit volume, dos de veau, dorure
pleine, titre en long .... 5 »   23 »
A cet ouvrage il n'y a point de texte ni d'explication ; ce volume est peu commun.

1 *Aldrovandus de Insectis Bononiæ 1638, editio originalis*,
pl. fig., veau, reliure propre....................... 36 »

Report............... 509 l. »

A reporter............ 509 l. »

1 *Raretés d'Amboine*, 1741, 2ᵉ édition augmentée sur celle de 1705, l'une et l'autre n'ayant le texte qu'en flamand et non en latin, comme sembleraient l'annoncer divers catalogues. Du même, les figures à part, ce sont les dessins de cet ouvrage pl. v. éc. tr. dorées. Exemplaire précieux et digne de figurer dans une bibliothèque choisie comme la vôtre .... 96 »

1 David, *Antiquités d'Herculanum*, 12 vol. in-4°, fig. collection complète, à 40 liv................. 480 »
Lors du catalogue d'après lequel vous avez fait votre demande de cet article, il n'avait encore que 7 vol. ; d'après l'imprimé ci-joint, il y en aurait 11 et nous avons différé de quelques semaines votre envoi pour attendre le douzième et dernier et faire relier le tout ensemble uniforme.

Ledit exemplaire étant d'occasion, nous en réduisons pour vous le prix à.............. 360 »

Reliure en veau écaille filets des 12 t. en 10 v. in-4°, figures compassées avec soin ; les volumes trop minces pour mettre en 12 parties, à 4 l. 10............................... 45 »   405 »

1 *Tentamen ostracologiæ autore*, Klein, 1753 et non 1758 qui n'existe point, 4 fig., veau fauve, filets, bords et bordures, belle reliure de Rome. Nous n'en avons jamais eu avec fig. coloriées, cet exemplaire est celui annoncé à.   21 »

1 *Mémoires de du Bellay*, 6 vol. in-12, veau marbré......... 7 10

                                                                  1.038 l. 10

Caisse et garnitures..................... 5 »
Emballage et chargement................. 4 »   11 10
Timbre et ports de lettres................ 2 10

                                                                  1.050 l. »

Sauf erreur ou obmission, Paris, ce 21 juillet 1804.

Vᵉ Tilliard et Fils.

Nous sommes encore bien assortis dans les autres paragraphes des antiquités parmi lesquels nous trouvons nombre de livres en belle reliure dont nous pourrons vous donner le détail, puisque vous paraissés avoir goût pour ces articles.

Votre protégé le jeune Caignard, notre recommandé, est ainsi qu'il l'annonçait dès son enfance un excellent sujet ; il s'est distingué dans la marine par une action d'éclat qui lui a valu d'être de la légion d'honneur. Il doit maintenant porter la croix de l'ordre de Napoléon.

Mon frère et moi, toujours disposés à vos ordres, nous vous offrons nós services pour tout ce qui pourra vous être agréable et avons l'honneur d'être très parfaitement, Monsieur, vos très humbles serviteurs,

Ve Tilliard et Fils.

Paris, ce 23 juillet 1804.

Monsieur Béchennec à Brest,

Nous rappeler votre ancienne amitié, c'est nous ramener à un sentiment affectueux que nous aimons à éprouver, surtout lorsque nous pouvons vous être utiles.

Nous avons été obligés de différer votre envoi, pour attendre les dernières feuilles du tome 12e, *Antiquités d'Herculanum*, in-4°, cela était d'autant plus nécessaire, outre l'uniformité, que les 11e et 12e réunis ne forment encore qu'un volume très-mince et fort cher ; vous en avez le catalogue cy-inclus p^r v° g°.

En votre qualité de connaisseur et amateur du beau, vous nous auriés sçu mauvais gré sans doute de remplir littéralement votre demande pour les *Insectes de l'Europe et de Surinam*, par Mlle de Merian, de l'édition de 1771. Elle n'est pas à comparer avec la 1re édition, qui vaudrait 1200 livres, si la 2e eût jamais été portée à 450 livres ; nous avons un vrai plaisir à vous annoncer la rencontre d'un de ces beaux Ex. si rares dans le commerce, et de plus revêtu du cachet d'une bibliothèque célèbre, celle de Mme de Pompadour, à laquelle on n'aurait osé présenter un Ex. inférieur ; cependant il faut dire que le volume d'Europe est bien moins beau que celui de Surinam, défaut qui se remarque dans tous les Ex. quelconques, même ceux coloriés sous les yeux de l'auteur ; vous pouvés cependant être sûr qu'il en existe peu d'un aussi beau choix que le vôtre.

A côté de cet article figurera bien je crois celui que nous vous avons destiné pour son mérite, les dessins du cabinet d'Amboine ; c'est encore un de ces bijoux dont les amateurs sont jaloux ; il fallait aussi que ce fût un prince (le prince Charles de Bruxelles) de la vente duquel il nous vient, à qui on en a fait hommage, pour qu'une telle curiosité, dont j'ai fait la découverte dans mes voyages, pût vous parvenir.

Vous avez confondu, dans l'un de nos catalogues, l'annonce du Klein *Tentamen* fig. coloriées et maroq. 21 livres ; ce sont d'autres ouvrages du même auteur que nous avions, le prix et la condition le prouvent.

Sur les *Antiquités d'Herculanum*, nous avons rectifié le prix, et fait établir la reliure toute fraîche. En fermant la caisse il m'est venu l'agréable réflexion que vous seriés dédommagé de notre long retard par l'ensemble d'exemplaires vraiment d'amateur, tellement que si pareille demande nous survenait, à coup sûr nous ne pourrions pas fournir du si beau.

La facture de l'autre part monte sauf erreur à.......... 1050 liv. » s

Sur les 31 louis d'or remis pour v/c le 2 novembre 1802, il nous restait un excédant de................. 14 liv. 6 s

Reçu le 29 décembre les 6 premiers mois an x de votre pension, en francs 25............... 25   6

Plus le 17 aoust 1803 pour les 6 derniers an x, ditto................................... 25   6

Il nous revient pour solde, sauf erreur........ 985 liv. 2 s

Peut-être aimeriés vous encore à ajouter à votre riche collection de livres d'hist. natur. 1 Ex. unique de Tournefort : *Institutiones rei herbariæ Parisiis é typ. Reg.* 1719, 3 vol. in-4°, rel. veau jaspé dentelle.

Les frontispices et toutes les lettres initiales de chaque chapitre sont rehaussés d'or, et de plus toutes les figures coloriées d'un fini précieux. On n'en ferait pas établir un pareil pour 1200 liv.; le voulés vous pour 240 liv.

Si vous possédés le Rœsel. *Hist. des Insectes* en allemand, voici un vol. qu'il serait à propos d'y joindre : Explication en français des planches des 4 vol. manuscrit in-f° écrit à pages alternatives, relié en carton, 48 livres.

Puisque la partie des insectes paraît être l'objet de vos études et amusemens, vous aurés peut-être pour agréable de sçavoir à votre disposition les ouvrages suivans :

Cette nomenclature, trop longue pour être reproduite, démontre non-seulement le choix judicieux qui présidait aux envois du libraire, mais encore il prouve que l'abbé ne reculait pas devant de fortes dépenses lorsqu'il s'agissait de satisfaire ses goûts de bibliophile, séduit qu'il était par la beauté des meilleures éditions et par le luxe et le bon goût de la reliure.

Une note inédite que nous avons sous les yeux prouve la valeur intrinsèque de la bibliothèque de l'abbé Béchennec et de plus qu'il n'était pas dans une situation de fortune aussi malheureuse que semblerait le faire croire *la livre et demi* (sic) *de pain par jour à lui accordée* que l'on transformait en « argent comptant. » (1) M. Brousmiche (François), de Brest, fut chargé de proposer aux héritiers Béchennec, de la part de M. Fain, libraire à Paris, la somme de 22,000 fr. qui fut refusée. Ce fait m'a été raconté par M. Brousmiche lui-même.

La somme qui resta aux héritiers après les frais de la vente aux enchères fut de 16,000 fr. seulement.

Il est bon de faire remarquer que l'abbé Béchennec possédait encore, comme nous le remarquons page 376 de son catalogue, outre sa belle bibliothèque, un superbe coquillier, nombreux et bien choisi, rangé par classe, qui renfermait beaucoup de coquilles rares ou précieuses par leur beauté.

M. E. Fleury a eu grandement raison d'assigner pour le noyau premier autour duquel sont venus se réunir bien lentement les nombreux et beaux volumes qui composent maintenant la bibliothèque de Brest, les ouvrages provenant en grande partie de l'antique abbaye de Saint-Mathieu ; en effet, sur plusieurs de ces livres, que nous avons été heureux de retrouver et de faire relier, nous lisons encore écrits à la main, sur la première page, ces mots : « Saint-Matthieu. *Monasterii S^{ti} Matthœi in finibus terræ congreg. S. Mauri catalogo inscriptus*, ou *ex libris monasterii S^{ti} Matthœi in periculo maris et finibus terræ... catalogo inscriptus...*

Le bibliothécaire parle d'un exemplaire de la *Révolution française*, que Madame Thiers avait été chargée d'offrir à la ville en 1833. Cet exemplaire

---

(1) Il est dû au citoyen Jacques Béchennec, bibliothécaire de la République, commune de Brest, département du Finistère, pour appointements des six derniers mois de l'an quatre de la République ; à raison de 3000 livres par an, la somme de quinze cens livres, ci...................... 1500 liv.

Plus, pour vendemiaire et brumaire, de l'an cinq : la somme de cinq cens livres, ci.. 500
                                                                    ─────
                                                                    2000 liv.

Plus pour la livre et demi de pain par jour, il y eu une erreur de quatorze cens livres à mon préjudice, erreur relevée et reconnue par les citoyens Administrateurs de la commune de Brest, ci..... 1400
                                                                    ─────
                                                                    3400 liv.

figure en effet sur le catalogue et sur les rayons de la bibliothèque. C'est la troisième édition, et on lit sur la première page au-dessus du titre :

« *Offert à la bibliothèque de la ville de Brest de la part de l'auteur.* »

La reliure a un peu mordu dans quelques lettres de la fin des lignes, mais on peut encore parfaitement les lire.

Notre devoir est d'ajouter quelques mots à ceux que M. E. Fleury consacre aux bibliothécaires qui nous ont précédés dans ces honorables fonctions, MM. Violeau et F. Brousmiche. Le choix du premier fait autant d'honneur à celui qui en fut l'objet qu'au Maire, M. Lettré, dont le choix heureux fut ratifié par l'opinion publique. M. Hip. Violeau, écrivain distingué, est l'auteur de plusieurs ouvrages en vers et en prose ; ils sont tous remarquables par l'élégance du style et l'élévation des idées, et respirent la plus pure morale. Ils méritent de figurer dans un rang fort honorable sur les rayons de notre bibliothèque. En voici la nomenclature :

Premiers Loisirs poétiques ; Loisirs poétiques ; Livres des Mères et de la Jeunesse ; Maison du Cap ; Amice du Guermeur ; Veillées bretonnes ; Nouvelles Veillées bretonnes ; Pèlerinages en Bretagne (Morbihan) ; *Paraboles et Légendes ; Soirées de l'Ouvrier.*

On voit par cette simple énumération que M. H. Violeau peut revendiquer, avec un légitime orgueil, une place dans le Dictionnaire des Contemporains.

M. F. Brousmiche, successeur immédiat de M. Violeau, a laissé la réputation d'un homme d'esprit et d'une grande instruction. Nous avons de lui, mais en manuscrit, un ouvrage intitulé *Voyage dans le Finistère*, dont nous avons déjà parlé plus haut, quand nous en avons reproduit quelques extraits. Il contient d'intéressants détails, de judicieuses observations sur les mœurs, les coutumes, les usages, les costumes, l'agriculture, la langue et la poésie des habitants du Finistère ; nous serions même tenté de croire qu'il aurait fourni de précieux renseignements sur ces différents objets à E. Souvestre, qui en aurait largement profité pour la rédaction de son voyage dans cette même contré. M. du Châtelier, auteur de *Brest et le Finistère sous la terreur*, tient *les détails très circonstanciés de ces atroces infamies, que tout Brest a redites et qu'on croirait empruntées à une horde de cannibales,* de l'un des jeunes élèves en chirurgie qui, par les fentes et les anfractures de la porte de la salle de dissection, virent tout ce qui se passa, lors du transfert du cadavre de Mademoiselle de Forsan. M. P. Levot, dans *Brest pendant la terreur*, qui l'emporte en intérêt poignant sur les autres volumes de son histoire de la Ville et du Port, flétrit en termes indignés *l'acte le plus monstrueux, dit-il, qui se puisse imaginer et auquel on se refuserait à croire s'il n'avait été attesté par des témoins dignes de foi...* Nous avons entendu M. Brousmiche, dans le cabinet même de la bibliothèque où nous écrivons ces lignes, confirmer les profanations dont un juge infâme souilla le cadavre encore chaud de sa victime. Du reste, M. Brousmiche, doué d'une heureuse mémoire, dans les cases de laquelle s'étaient logés les souvenirs des choses terribles ou grandioses dont il avait été le témoin, fournissait de précieuses données à ceux qui, comme nous, aimaient à le consulter sur l'histoire de Brest.

Comme M. E. Fleury a été le successeur immédiat de M. Brousmiche et que nous l'avons nous-même remplacé, après avoir été pendant vingt années bibliothécaire-adjoint, ou, si on l'aime mieux, sous-bibliothécaire, non seulement il ne nous en coûte rien, mais encore il est de notre devoir rigoureux de faire ressortir les qualités littéraires dont il était doué ou qu'il avait acquises, et les travaux qu'il a laissés. Comme archiviste, nous ne croyons pouvoir mieux le louer qu'en répétant textuellement ce que dit de lui M. Bizet, maire de Brest, dans l'un de ses comptes moraux présentés au Conseil municipal, où il avait le rare talent de rendre attrayante, par la correction et l'élégance de la forme, la lecture de documents arides, de comptes-rendus hérissés de chiffres : « Chaque année nous ajoutons au dépôt précieux du passé les documents que le temps accumule ; nous observons scrupuleusement les prescriptions ministérielles, afin d'y introduire l'ordre sans lequel les recherches deviennent impossibles et les archives sans intérêt. Le classement des pièces destinées à être conservées s'opère par les soins de M. Fleury, bibliothécaire, dont les goûts, les aptitudes et le savoir se prêtent merveilleusement à ce genre d'utilité. »

L'ouvrage capital de M. Fleury, quoiqu'il soit inédit, est le catalogue de la bibliothèque auquel il consacra plus de vingt-six ans. Il avoue d'ailleurs avec cette modestie, assez rare même chez les savants, qu'il *avait entrepris ce travail, en consultant plutôt son zèle que son expérience*, et que le Maire l'avait chargé *seul de cette longue et épineuse mission*.

Il est encore l'auteur des travaux suivants qui ont eu l'honneur d'être insérés dans les bulletins de la Société académique de Brest dont il était l'archiviste :

Notice sur le Couvent des Carmes de Brest, Excursion dans l'arrondissement de Brest, Notice historique sur le Petit-Couvent, Monographie du Château de Brest, Histoire des Corporations des Arts et Métiers de Brest, la Place Latour-d'Auvergne.

On peut les lire et surtout les consulter avec fruit.

Il a pris soin d'ailleurs de faire relier en un recueil factice ses différentes reproductions qui, sous le numéro 2804 C, figurent sur les rayons de la bibliothèque où nous avons été heureux de les retrouver.

M. E. Fleury a constaté, en judicieux observateur, que les séances du soir à la bibliothèque communale de Brest, attirèrent un nombreux personnel, composé particulièrement des classes ouvrières de la population, de soldats et de marins ; nous pouvons ajouter, sans crainte d'être démenti, que cette ardeur ne s'est point sensiblement ralentie, et que nous y avons remarqué tous les jours, soit le matin, soit dans l'après-midi, soit le soir, la présence de jurisconsultes, d'avocats, de professeurs, de médecins, d'hommes de lettres, d'ecclésiastiques, d'aumôniers de marine, d'officiers de tout grade et de toute arme, de jeunes élèves qui viennent faire dans les trésors bibliographiques, ouverts à tout le monde, des recherches sérieuses, puiser d'utiles renseignements pour leurs travaux, y compléter ou y refaire leur éducation, se préparer à subir les examens dont souvent dépend leur avenir ; car il est bon de signaler à l'attention de nos lecteurs qu'il se rencontre dans notre bibliothèque un grand nombre d'excellents et magnifiques ouvrages qui, malheureusement, sont beaucoup trop chers pour devenir du domaine particulier, et dont le prix dépasse les ressources pécuniaires de la plupart des travailleurs sérieux, mais peu fortunés, qui cependant en ont un besoin urgent : Ils peuvent les trouver dans notre riche et précieux dépôt.

Nous y avons même vu, comme dans certaines bibliothèques de Paris, quelques dames de la plus grande distinction ne point dédaigner de se confondre dans les rangs des simples lecteurs, pour se procurer le plaisir intellectuel de lire ou de consulter un livre qu'il leur était impossible de se procurer ailleurs, et de s'initier aux beautés des chefs-d'œuvre de la typographie ancienne et moderne. Car le temps n'est plus où une femme aurait été entachée de pédantisme et de ridicule et aurait mérité le nom de *Bas-Bleu*, si elle avait voulu pénétrer dans les mystères de l'érudition bibliographique. Ainsi P. Mérimée écrit à la spirituelle et savante *inconnue* : « Si vous trouviez à Venise un vieux livre latin, quel qu'il soit, de l'imprimerie des Alde, grande marge, qui ne coûte pas trop cher, achetez-le moi. Vous le reconnaîtrez aux caractères italiques et à la marque qui est une licorne avec un dauphin qui s'y tortille..... »

Et dans une autre lettre, il lui dit : « Je vous remercie des renseignements sur les Alde..... »

Ce n'est pas non plus sans plaisir que nous avons vu venir dans notre bibliothèque un certain nombre de lecteurs n'affichant aucune prétention à la science, à l'érudition, mais attirés par les charmes d'une lecture amusante. Au lieu d'aller chercher des délassements coûteux et malsains après les rudes travaux du jour, ils viennent retremper leur esprit dans des livres intéressants et instructifs, dans l'étude et la copie de fort beaux dessins, de quelques ouvrages à estampes et à gravures, très-propres à leur inspirer le sentiment du beau et des formes plastiques et à perfectionner leur goût. Quelques autres, auxquels la fortune a fait de longs et doux loisirs, préfèrent à des plaisirs énervants, à des occupations monotones et fastidieuses, les sensations que fait éprouver la lecture des livres d'histoires et de voyages, celle des naufrages, des vieux journaux relatant jour par jour les événements d'une grande et terrible époque, et des romans où l'imagination de l'auteur les transporte dans le domaine du rêve et de la fantaisie. Heureux ceux qui cherchent un noble amusement dans les œuvres où la grande poésie étale ses splendides images, et fait entendre ses sublimes harmonies, et transporte l'esprit dans un monde idéal où il est parfois très-bon de se laisser entraîner pour échapper, ne serait-ce qu'un instant, aux tristes réalités de la vie.

M. E. Fleury termine la notice en attribuant, tout en rendant justice à M. Lettré pour avoir ouvert la voie, la véritable création de la bibliothèque communale de Brest à M. Bizet. Toutes les administrations municipales qui ont succédé à celle dont M. Bizet était l'âme, se sont efforcées de marcher sur ses traces en entourant la bibliothèque de toute leur sollicitude éclairée, en faisant face aux besoins les plus urgents de son entretien dans les mesures des ressources de son budget qui, trop souvent hélas, ne répondaient pas à leur bonne volonté. Ce phare, allumé par les mains intelligentes du progrès, n'a jamais été, faute d'aliments, sur le point de s'éteindre. Comme ces coureurs dont parle le poète Lucrèce, des hommes doués de l'esprit d'initiative, tout en s'arrêtant aux étapes de la vie, se sont transmis le flambeau l'un à l'autre, et la lumière n'a point été interrompue.

Inque brevi spatio mutantur sœcla animantûm.
Et quasi Cursores vitaï lampada tradunt.

Livre II, vers 77.

Dans la ville de Brest, il s'est trouvé toujours des hommes joignant l'élévation des idées à l'énergie qui peut seule les réaliser ; ils se sont fait un point d'honneur de communiquer une vive impulsion au progrès sous sa forme la plus brillante et la plus rapide, celle de la vulgarisation de l'usage des livres. Ils ont marché courageusement dans cette voie, malgré tous les obstacles dont elle était hérissée. Ils ont parfaitement compris que les besoins de l'intelligence, comme ceux du corps devaient être satisfaits, et que l'homme ne vit pas seulement de pain, mais de toute parole qui sort de la bouche de Dieu, et que le précieux dépôt des connaissances humaines, condensées dans une bibliothèque, était confié à leur garde vigilante, comme le soin de veiller au bien-être matériel de leurs concitoyens.

L'ardeur qui s'était manifestée à suivre les séances de la bibliothèque, un peu ralentie par les terribles événements dont nous ressentons encore le funeste contre-coup, s'est rallumée, ou, pour parler plus juste, le chiffre des lecteurs et des travailleurs, sensiblement diminué, parce que la plupart avaient concouru à la lutte contre les envahisseurs du sol sacré de la patrie, est rentré dans des proportions normales. De plus, les travaux et le genre de lecture auxquels se livrent tous les jours ceux qui fréquentent cet utile établissement, prouvent une fois encore que les sacrifices pécuniaires consacrés par la ville à l'achat des livres ont produit un excellent résultat. Le nombre des lecteurs sérieux a sensiblement augmenté.

Non-seulement l'administration, sous MM. Kerros et Lemonnier, et surtout sous la vôtre, M. le Maire, s'est empressée d'enrichir la bibliothèque de quelques-unes de ces grandes collections qui servent de base aux établissements littéraires dignes de ce nom, mais elle a voulu encore s'assurer par elle-même de la nature des ouvrages sur lesquels les bibliothécaires attiraient son choix : une commission spéciale a été nommée pour en dresser une liste, conjointement avec le bibliothécaire et le sous-bibliothécaire, qui, par la nature de leurs fonctions, sont très à même de remarquer les livres dont le besoin se fait sentir, parce qu'ils leur sont souvent demandés et qu'ils manquent sur les tablettes.

Indépendamment des dépenses nécessités par l'achat des livres, l'administration municipale dont M. Kerros était le chef a fait pour quelques centaines de francs l'acquisition d'un grand nombre de documents inédits. La valeur de ces pièces est incontestable au point de vue historique de la France et de notre vieille cité. Elles sont à nos yeux d'un prix inestimable. Comme nous avons déjà parlé de ces documents, nous ne croyons mieux faire pour constater leur importance, bien supérieur à la somme dépensée, que de faire passer sous vos yeux, Monsieur le Maire, l'extrait d'une lettre adressée par moi à M. le Ministre de l'Instruction publique. Elle avait pour but d'obtenir la permission de lui envoyer la copie de ces documents qui semblaient dignes à l'auteur d'être soumis à la commission des travaux historiques qui choisit les documents inédits pour servir à l'histoire de France. D'ailleurs un de vos honorables collègues, Monsieur le Maire, a exprimé de vive voix devant moi le désir d'avoir quelques renseignements sur cet achat, auquel il avait coopéré. Un mot sur la nature de ces papiers, auxquels une certaine somme avait été libéralement affectée, et la reproduction de ce document épargneront des recherches aux savants curieux de les consulter, et attireront l'attention sur ces richesses littéraires que le génie d'un historien pourra féconder.

Brest, 9 Juillet 1873.

MONSIEUR LE MINISTRE DE L'INSTRUCTION PUBLIQUE,

J'ai consacré plusieurs années à compulser et à classer les archives de la ville de Brest et celles de la bibliothèque. Tout en m'acquittant de mes devoirs de sous-bibliothécaire et de bibliothécaire-archiviste, j'ai réuni, classé, transcrit, annoté et collationné un grand nombre de documents inédits, très précieux au point de vue non-seulement de l'histoire locale et de celle de la marine et de la guerre avant 1789, mais encore au point de vue des annales de la France sous le règne de Louis XVI. Tous ces documents, entièrement transcrits de ma main sur les manuscrits conservés à la bibliothèque communale de la ville de Brest, fonds Langeron, ou sur d'autres qui m'ont été confiés, ont été mis en ordre dans deux volumes in-folio reliés, le premier de 540 pages, 308 numéros, avec un sommaire analytique de 28 pages, total 568 pages.

Le deuxième volume de 594 pages, 231 numéros, avec sommaire analytique de 21 pages, total 617 pages.

Ces deux volumes formant 1,260 pages, avec celles qui sont consacrées à l'introduction, aux recherches sur la famille Langeron, à un petit vocabulaire de mots bretons, expliqués en français, pourraient former, réduits à l'impression, un ou deux volumes in-4°.

Les documents contenus dans le premier volume peuvent se décomposer ainsi qu'il suit : Notes, instructions, mémoires, lettres de M. le comte de Langeron, maréchal de camp, commandant à Brest, au nombre de 12.

Notes, instructions, mémoires, lettres de M. le marquis de Langeron, lieutenant-général, commandant en second en Bretagne, au nombre de 19.

Lettres de M. le maréchal de Ségur, ministre de la guerre, au nombre de 15.

Correspondance du comte de Ségur, ambassadeur de France à Saint-Pétersbourg, du comte d'Hector, de Dufresne, du maréchal de Castries, du comte de la Luzerne, de Fleurieu et de Thévenard, ministres de la marine, avec M. Barbé, sous-ingénieur, constructeur-mâteur de la marine de France à Riga, au nombre de 54 pièces.

Lettres ou pièces signées Cremilles, Ségur, Colin, Breton, Sartine, Receveur, d'Antin, Guesnet, Foullon, Bertrand-de-Molleville, Ollivier Rostaing, Minard-Desalleux, Baroille, de Champagné, Miscault, Capdio, Margouët, Lusignan, Reignier, Cassieux, Coatiogan, Castries, Juzancourt, de Blavau, de Caux, La Biche, de Laporte, de Santerre, Damoiseau, Desandrouins, de l'Etang, du Dézerseul, Dumoulin, Dajot, Dupleix, de Goyon, de Rivié, comte de Saint-Germain, prince de Montbarey, Gribeauval, de Sabrevois, Laziès, Mistral, Esmangart, l'évêque de Quimper, l'évêque de Léon, d'Hervilly, comte de Brienne, maréchal d'Aubeterre, Bergevin, Le Sanquer, Chéron, Arot, etc., etc., au nombre de 200...

Ces documents roulent sur les objets suivants : Règlement des difficultés de service, journées de deux anglais d'ôtages, itinéraire de quelques grands personnages, leur séjour à Brest, Lannilis et ses environs, police de Brest, calles, artilleries, ouvrages, gratifications, émoluments, goëmons, état-major, fortifications, terrains, fonds, places, inspections, casernes, arsenal, château de Brest, donjon, réparations, esplanade, Parc-au-Duc, quai, planches, matériaux, le Folgoët, fours-à-chaux, ateliers, pharmacie, hôpitaux, instructions, marchés, corps-de-garde, cabarets, comparaison de différentes poudres, fusils vernissés, manufactures, affûts de côtes, armement des forts, munitions, ouvriers maçons, garnisons, cartes et plans, redoutes, défenses, ouvrages intérieurs et extérieurs, reddition de comptes, fontaines, poudrières et batteries, aumônerie du château de Brest, chapellenie des Perdrix.

Les documents contenus dans le deuxième volume peuvent se décomposer de la manière suivante : Notes, instructions, mémoires, lettres de M. le comte de Langeron, au nombre de 14.

Notes, instructions, mémoires, lettres de M. le marquis de Langeron, au nombre de 11.

Lettres du maréchal de Ségur, ministre de la guerre, au nombre de 39.

Lettres du prince de Montbarey, ministre de la guerre, au nombre de 24.

Lettres du comte de Saint-Germain, ministre de la guerre, au nombre de 5.

Lettres de M. de Sartine, ministre de la marine, au nombre de 5.

Lettres de M. le maréchal d'Aubeterre, lieutenant général commandant en chef de Bretagne, au nombre de 6.

Mémoires, arrêtés, lettres, adressés à M. le comte de Langeron et à son frère le marquis, par MM. Varennes, de Girouville, Monot, Doigneau, Doizon, d'Hervilly, Charrin, Veimerange, Chabrier, Charpit, Delaporte, Thomas, Breton, Girardeau, Dumoulin, Bellin, Ribier, Bettinger, Caze de la Bove, Bertrand-de-Molleville, baron de Breteuil, de Sabrevois, Minard-Desalleux, Eudes, Ganot, de Malherbe, de Caux, Chambon de la Barthe, Mistral, Le Sanquer, Guibert, Tholozan, comte de Brienne, Gribeauval, Leroy de Paulin, Pommereuil, Thierry de Villedevray.

Ces divers documents roulent sur des objets d'une grande importance, tels que : Le château du Taureau, les lignes de Quélern, le camp retranché en avant des forts de Roscanvel, les grands travaux de Brest, l'armée de terre et de mer, l'artillerie, le génie, les fonds, les vivres, l'attaque et la défense de Brest, les côtes de la Bretagne, le Folgoët, les hôpitaux civils et militaires de la généralité de Bretagne, en un mot sur tout ce qui était du ressort des hautes fonctions dont le comte et le marquis de Langeron étaient investis. Ce sont eux qui sont le centre de cette vaste et précieuse correspondance qui part de la Bretagne, de Paris et de Versailles. Toutes ces différentes pièces, Monsieur le Ministre, ont été, autant que possible, classées par ordre chronologique et groupées par ordre de matières. D'ailleurs, un sommaire placé au commencement du premier volume et un autre à la fin du second, avec des numéros d'ordre et de pagination, qui correspondent avec ceux qui sont dans le corps de l'ouvrage, guident le lecteur dans ses recherchent et mettront à même, si les documents étaient jugés dignes de l'impression, de corriger les inadvertances échappées au compilateur ou plutôt au relieur.

L'intérêt et la valeur de ces documents, Monsieur le Ministre, ressortent d'abord de l'importance des positions occupées par les personnages dont ils émanent, puis de la multiplicité des grandes questions qui sont traitées dans ces pièces inédites si nombreuses et si diverses. C'est comme une nouvelle histoire de Brest qui surgit aux regards du lecteur attentif. De ces feuilles éparses et couvertes d'une poussière qui sera bientôt séculaire et maintenant réunies en faisceaux, jaillit une lumière inattendue sur l'histoire de la cité brestoise et même sur l'histoire de France, à l'époque où notre patrie s'apprêtait à disputer le sceptre des mers à la vieille Angleterre. A l'aide de ces documents que vous pouvez, Monsieur le Ministre, sauver de l'oubli en les faisant imprimer, on se figure aisément Brest, sentinelle avancée de la France dans l'Océan, un pied appuyé sur le continent et l'autre sur l'île d'Ouessant, surveillant sa rivale, et prête à répondre par des coups de canon à ses provocations. A l'aide de ces documents, un historien de génie, ou même de simple talent, réussirait facilement à montrer que sous le règne de Louis XVI, auquel on n'a pas assez rendu justice, en raison des énergiques efforts qu'il a consciencieusement tentés pour assurer la gloire et la prépondérance de notre patrie, la France et la ville de Brest ont jeté un éclat aussi grand que celui dont elles ont resplendi sous le ministère de Richelieu et sous celui de Colbert. L'activité, l'aptitude au travail, l'esprit d'initiative et l'amour de la patrie, dont nous trouvons des épreuves évidentes à chaque page de la correspondance de M. le comte de Langeron, et de M. le marquis, son frère, nous induisent à penser qu'il n'a manqué à ces deux hommes éminents qu'un plus vaste théâtre pour montrer qu'ils étaient de l'étoffe dont sont faits les grands hommes.

En conséquence des considérations précédentes, j'ai l'honneur, Monsieur le Ministre, de vous prier d'avoir la bonté de m'autoriser à vous envoyer le recueil de ces documents. Si vous daignez y jeter les yeux, vous verrez que je n'ai en rien exagéré ni le nombre ni l'importance. J'aurais cru commettre une indiscrétion en vous les envoyant avant d'en avoir obtenu l'autorisation. Je sollicite de vous, Monsieur le Ministre, l'honneur pour ces documents d'être imprimés aux frais du ministère, après qu'ils auront subi votre examen et celui du comité des travaux historiques.

Ce serait pour moi, Monsieur le Ministre, un grand honneur, à la fin de ma carrière, que d'avoir, grâce à vous, contribué à préserver de l'oubli des documents authentiques et inédits qui feront, je le crois du moins, resplendir d'un reflet immortel la France ancienne en les attachant à la France nouvelle, qui ne doit jamais renier sa sœur aînée.

A. M. Fleury revient l'honneur de la proposition de l'achat de ces précieux documents, et à l'administration municipale le mérite de l'avoir réalisé. Nous ne revendiquons pour nous qu'un fait bien minime, celui d'avoir, après la lecture d'un catalogue de vente, attiré l'attention du bibliothécaire sur l'importance de ces documents, tout palpitants d'intérêt, non seulement pour Brest, mais pour la France entière.

Pour en revenir à notre sujet, celui de la bibliothèque dont nous ne nous sommes pas beaucoup écarté, puisqu'il s'agissait de papiers qu'elle contient, nous avons l'intime conviction que dans quelques années, grâce à l'heureuse combinaison des intelligents efforts de la municipalité, des dons envoyés par les différents ministères, et même par des particuliers possesseurs de richesses bibliographiques, notre bibliothèque sera bientôt sans rivale dans notre vieille et studieuse Armorique, et pourra soutenir, sans être trop éclipsée, la comparaison avec les plus riches établissements littéraires et scientifiques des autres provinces.

Brest, le 12 Juin 1874.

MAURIÈS,
Bibliothécaire.

Après l'historique si détaillé et si complet que nos prédécesseurs ont fait de la formation de la bibliothèque de Brest et de celle des autres bibliothèques du département, dans une première édition de ce volume, et que nous venons de reproduire, il nous reste, sur ce sujet, bien peu de choses à ajouter. MM. Fleury et Mauriès avaient consacré de longs mois à ces patientes et laborieuses recherches. Ils y avaient apporté tout le soin, tout l'esprit de méthode qui caractérisaient leurs travaux. Ils avaient creusé leur sillon avec l'ardeur et le zèle de bibliophiles passionnés ne laissant à ceux qui essaieraient de marcher dans leur voie que de rares épis à glaner.

Nous ne voulons donc pas fatiguer le lecteur par des redites ou des détails surannés en essayant de refaire l'historique de notre bibliothèque. Nous nous bornerons à dire les accroissements qu'elle a reçus, depuis notre entrée en fonction, comme bibliothécaire, les modifications survenues dans l'aménagement du bâtiment par suite de ces accroissements, l'origine des dons qu'elle a reçus, depuis cette époque, l'esprit qui a présidé aux achats du Comité de la bibliothèque, les mesures libérales dues à la bienveillante sollicitude de l'Administration et du conseil municipal.

Cependant, avant de commencer cet exposé, nous ne pouvons résister au plaisir d'annoncer aux amateurs d'éditions rares et anciennes que les déprédations et les mutilations signalées par Cambry n'ont peut être pas été aussi générales, aussi irrémédiables qu'on pourrait le supposer. Beaucoup d'ouvrages que l'on croit perdus ou disparus ont dû s'égarer dans des bibliothèques privées et viendront, un jour, nous aimons à l'espérer, augmenter les richesses de nos bibliothèques publiques.

Nos recherches particulières dans les archives municipales de Lesneven, notre ville natale, nous ont permis de constater que, si pendant la Terreur, les bibliothèques des émigrés avaient été confisquées, quelques unes firent, après cette période troublée de notre histoire, retour à leurs premiers propriétaires. Nous avons eu sous les yeux une lettre adressée, par M. Barbier de Lescoët, au maire de Lesneven, lettre dans laquelle il lui accuse réception de plus de 2,000 volumes qui avaient été séquestrés quelques années auparavant. Nous n'avons pas, en ce moment, présents à la mémoire la date exacte de cette lettre et le chiffre des volumes mentionnés, mais ce que nous pouvons affirmer, c'est que celui que nous indiquons est inférieur au chiffre réel.

Il est probable qu'une enquête faite, dans le même sens, à Morlaix,

Landerneau, Quimper, etc., donnerait des résultats identiques ; car, si les terroristes se sont montrés ardents au pillage et aux confiscations, les émigrés, à leur retour en France, ont revendiqué, avec une ardeur non moins grande, les propriétés qui leur avaient été enlevées.

Au commencement de l'année 1885, M. Mauriès qui remplissait depuis 1874, les fonctions de bibliothécaire en chef, demanda à faire valoir ses droits à la retraite. Son grand âge et ses infirmités l'obligeaient souvent, depuis deux ans, à interrompre son service pendant plusieurs mois consécutifs, et il reconnaissait lui-même qu'il n'avait plus l'activité physique nécessaire pour faire face aux exigences du Ministère de l'Instruction publique et à la manutention d'une bibliothèque où les dons affluaient chaque jour.

Bibliothécaire-adjoint depuis six ans, nous fûmes désigné au choix du Ministre par l'Administration municipale.

Aucun recensement n'ayant été fait, depuis l'année 1853, c'est-à-dire depuis la création de la bibliothèque, le Comité de la bibliothèque et l'Administration municipale furent d'avis qu'il y avait lieu de procéder à un récolement général de nos richesses bibliographiques.

Cette mesure semblait résulter naturellement du changement de bibliothécaire, et elle paraissait d'autant plus indiquée qu'en 1874, date du décès du premier bibliothécaire, M. Fleury, elle n'avait pas été demandée par son successeur. Le Comité ayant décidé que cet inventaire de plus de 40,000 volumes, n'entraînerait pas la fermeture de la bibliothèque, afin de hâter ce travail, deux membres du Comité furent désignés pour aider les bibliothécaires dans cette opération qui fut commencée séance tenante. Mais, malgré le zèle et l'activité que chacun apportait à l'accomplissement de cette besogne, elle ne pouvait se faire rapidement. Les rayons de notre bibliothèque, sur lesquels se pressaient alors sur deux ou trois rangs les volumes à recenser, en raison même de leur insuffisance, renaiendt ce travail long et difficile. En outre, les ouvrages qui se suivent dans les catalogues méthodiques ont un numéro de classement définitif subordonné à leur format qui oblige à les rechercher sur trois ou quatre rayons différents.

Après quelques jours, nous ne tardâmes pas à nous apercevoir qu'un grand nombre d'ouvrages portés sur les registres d'inventaire avec un numéro d'ordre n'avaient pas de numéro de classement et manquaient, du reste, sur les rayons. Qu'étaient devenus ces ouvrages ? Avaient-ils disparu ou étaient-ils simplement égarés ? Nous opinâmes pour cette dernière supposition et l'évènement vint démontrer que nous ne nous étions pas trompé. La plupart, en effet, des ouvrages qui manquaient à l'appel, appartenaient à un stock de volumes transportés à la Mairie de Brest, en 1866, à la suite de l'incendie du théâtre, une partie des Halles ayant été transformée en salle de théâtre provisoire.

En résumé, tous ces volumes furent retrouvés ; et, en définitive, 32 ans après l'ouverture de la bibliothèque, elle n'avait perdu que 42 volumes.

C'était là un résultat inespéré qui témoigne de l'active surveillance exercée par le personnel de la bibliothèque sur les dépôts littéraires, historiques ou scientifiques, confiés à sa garde. Les ouvrages disparus étaient, du reste, peu importants et faciles à remplacer. Si on réfléchit à la longue période pendant laquelle cette disparition a eu lieu, aux circonstances difficiles par lesquelles avait passé le matériel de la bibliothèque lors du transfert à la Mairie d'une partie des livres, on ne peut que féliciter les bibliothécaires et les gardiens du zèle qu'ils ont apporté dans l'accomplissement de leurs fonctions. C'est, en effet, un contrôle de tous les instants qu'ils doivent exercer, le nombre des lecteurs qui arrivent à la bibliothèque ou en partent à la fois, étant souvent supérieur à dix.

A Brest, comme dans les autres villes, il est arrivé souvent que certains lecteurs, peu soucieux de la conservation des livres qui leur sont prêtés, sans souci des suites que pouvaient avoir pour eux ces déprédations ou ces mutilations, ont lacéré, enlevé ou des volumes ou des articles de dictionnaires, des fragments de traductions ou des gravures d'ouvrages illustrés.

Le récolement terminé, il nous restait à classer et à cataloguer 14,000 volumes provenant de dons récents et des ouvrages égarés en 1866, c'est-à-dire de l'ancien fonds.

Un catalogue sur fiches mobiles fut dressé pour ces derniers ouvrages qui appartenaient à l'ancien fonds. Le même travail fut fait pour les ouvrages récemment acquis ou donnés par l'Etat ou par des particuliers.

Un second catalogue sur des registres spéciaux destinés à être déposés sur les tables, fut établi pour les ouvrages de cette dernière catégorie. Cette manière de faire offrait cet avantage que plusieurs lecteurs pouvaient les consulter à la fois, chaque fonds ou don important étant porté sur un inventaire particulier.

Quelque long que fût ce premier travail de classement, il n'était que provisoire et préparatoire à un autre bien plus considérable, celui du catalogue général dans lequel devaient venir se fondre plus tard ces catalogues particuliers.

Mais, avant de nous occuper de ce travail, nous devons signaler ici les principaux dons faits à la bibliothèque, depuis quinze ans, et dont il n'est pas fait mention dans les notices de MM. Fleury et Mauriès, ces dons étant postérieurs pour la plupart, à l'époque où elles ont été imprimées.

Laissant de côté les dons faits par les différents ministères, nous ne citerons que les dons particuliers, en suivant l'ordre chronologique et non d'après la richesse ou l'importance du don, l'appréciation de cette importance ou de cette richesse étant très difficile. Si, en effet, le grand nombre de volumes, la rareté des éditions ou la beauté des reliures flattent la généralité des lecteurs, il en est d'autres, et des meilleurs, pour lesquels la moindre plaquette, indifférente au grand public, ou un ouvrage très ancien aura plus de valeur.

DONS ET LEGS

Don LACROSSE. — Le don le plus ancien en date, dont nous trouvions la trace dans les archives de la bibliothèque, est celui de Madame la baronne de Lacrosse, veuve d'un ancien député de Brest, Ministre des travaux publique sous le second Empire.

Ce don, fait en 1865, se composait de 134 ouvrages formant 170 volumes et d'un grand nombre de brochures et de livres dépareillés qui, pour cette raison, n'ont pas été catalogués.

Parmi ces ouvrages figurent des publications difficiles à trouver aujourd'hui sur la marine, les colonies françaises ou anglaises, l'abolition de l'esclavage, la marine marchande, etc., et offrant un intérêt particulier pour la clientèle ordinaire de la bibliothèque d'une ville maritime.

Legs DUSEIGNEUR. — Pierre-Louis Colet, plus connu sous le nom de Duseigneur, né en 1806, près de Brest, dans la commune de Lambézellec, ancien pharmacien de la marine, donna sa démission après quelques années de service et partagea ses loisirs entre la littérature et l'histoire.

Ses œuvres principales sont : *Les ducs bretons*, poème historique en quatorze chants, *La Guerre de Crimée*, *Les Emigrations bretonnes*, poèmes épiques.

Il légua sa bibliothèque à la ville de Brest. Ce legs est un des plus importants qui lui aient été faits, tant par le nombre que par le choix des ouvrages. Les poètes de tous les âges et de tous les pays sont, comme on devait s'y attendre, largement représentés ; puis viennent un grand nombre d'ouvrages sur l'histoire naturelle, l'histoire de Bretagne, la théologie et la jurisprudence. En résumé, ce legs contient 119 ouvrages différents formant 272 volumes.

Don MIRIEL. — Ce don, offert à la Ville par le docteur Miriel, Directeur de la Santé, provient en grande partie des bibliothèques de MM. Miriel et Duret, anciens médecins en chef de la marine.

Il se compose de 88 ouvrages ayant, pour la plupart, trait à la chirurgie, à la médecine ou aux sciences qui s'y rapportent.

Ce sont, en général, des éditions des 17e et 18e siècles que l'on ne trouve guère aujourd'hui que dans les bibliothèques des anciennes facultés de médecine. Quelques-unes même sont du 16e siècle et, parmi les œuvres de cette époque, nous devons citer une très belle édition des *Œuvres de Galien* et *Ambroise Paré*.

En dehors de cette bibliothèque médicale souvent consultée, au point de vue historique, nous devons mentionner, parmi les ouvrages de littérature ou d'histoire appartenant au don Miriel, deux belles éditions de *Plutarque de 1575 et de 1619*, un *Dictionnaire de A. Calepin de 1609*, les *Œuvres complètes de Cicéron de 1646*, un *Suétone de 1548 (duodecim Cæsares)* et plusieurs ouvrages de théologie précieux à cause de leur rareté.

Don du Baron DEIN. — Le Baron Dein, ancien président du tribunal civil de Guingamp, membre du Comité de la bibliothèque, a fait don du *Journal du Palais* formant 104 volumes, d'un *Corpus juris canonici de 1631*, de 4 volumes de *Decretales* imprimés en 1572 et 1573.

Quelques-uns de ces ouvrages sont souvent consultés par les nombreux licenciés en droits appartenant à l'administration de la marine qui fréquentent assidûment notre bibliothèque.

Don LE JEUNE. — M. Le Jeune, Charles, ancien avoué à Brest, Juge de paix à Landerneau, donna à la bibliothèque, en 1883, 229 volumes en général reliés et en très bon état de conservation.

Parmi les principaux ouvrages dont se compose le don Le Jeune, nous citerons *Les Moines d'Occident*, par Montalembert, l'*Histoire de France* de Poujoulat, l'*Histoire de l'Empire romain* de Laurentie, l'*Histoire des Croisades* de Michaud, l'*Histoire romaine et le premier Empire* par d'Haussonville, l'*Histoire de la Terreur* de Mortimer-Ternaux, le *Dictionnaire celto-breton* de Legonidec, le même de Troude, la *Révolution française* de Thiers, les *Découvertes scientifiques modernes*, l'*Histoire universelle de l'église* de Rohbacher, les œuvres de Buffon, de Molière, de Bossuet, etc., etc.

Dons du Docteur CAROF. — En 1883, le docteur Carof fait un premier don de 92 volumes. Voici un aperçu de quelques-uns des ouvrages principaux dont se compose ce don :

La Gazette de Leyde, les *Mémoires de Sully*, les *Œuvres de Piron*, la *Nouvelle bibliothèque de campagne*, la *Feuille villageoise*, le *Journal de Perlet*, une *Histoire de la Martinique*, la *Minerve française*, un *Recueil de voyages avec gravures*, etc., etc.

En 1892, le docteur Carof fait un nouveau don de 64 volumes comprenant, entr'autres, un certain nombre d'ouvrages de Voltaire, J. J. Rousseau, Bossuet, Montesquieu et l'*Histoire générale des voyages de l'abbé Prévost.*

Dons du Docteur GESTIN. — Le docteur Gestin, Directeur du service de santé de la marine, à Brest, Conseiller général du Finistère en 1884, donne 220 volumes environ. Parmi les ouvrages les plus importants, nous devons citer le dictionnaire de médecine, en 30 volumes, le dictionnaire de médecine de Fabre, en 9 volumes, celui d'Andral et Bégin, en 15 volumes, et un grand nombre de traités d'anatomie, de physiologie ou de pathologie, enfin des romans ou des histoires en langue anglaise et en langue espagnole.

En 1892, le docteur Gestin offre à la bibliothèque le manuscrit d'un mémoire adressé par lui à l'Académie de médecine sur une épidémie de typhus dans les environs de Brest et un très bel ouvrage qui lui avait été adressé en hommage par l'auteur, la princesse de Lezignano (Mme Stoltz), sur les constitutions de tous les pays civilisés.

Legs RIOU-KERHALET. — De tous les dons faits à la bibliothèque de Brest, le plus considérable, le plus important par le choix des ouvrages, leur nombre, leur variété, la richesse des reliures est, sans contredit, le legs de Madame Riou-Kerhalet. Aussi l'Administration municipale, désirant perpétuer le souvenir de la généreuse donatrice a-t-elle fait placer le fonds Riou-Kerhalet dans le cabinet du bibliothécaire avec une inscription, en lettres d'or, portant le nom de la femme distinguée à laquelle on devait ce cadeau princier.

Ce legs se compose de la bibliothèque particulière de Madame Riou-Kerhalet, de celle de son fils, ingénieur des ponts et chaussées et enfin de celle de son mari conchyliologiste distingué.

Elle comprend plus de 2,200 volumes, parmi lesquels la littérature et l'histoire tiennent la plus grande place, d'une façon générale, on peut dire que tous les grands écrivains du 18e et du 19e siècle, historiens, philosophes ou littérateurs de toutes les nations Européennes y sont représentés.

Les sciences et les beaux-arts remplissent aussi quelques-uns des rayons du fonds Riou-Kerhalet.

En 1887, les héritiers de Mme Riou-Kerhalet, complétèrent ce premier don en offrant à la bibliothèque un grand nombre de rapports, mémoires, manuscrits, rédigés par M. Riou-Kerhalet, fils, alors qu'il était chargé des grands travaux de l'arsenal de Brest comme ingénieur des ponts et chaussées. Ces manuscrits offrent le plus grand intérêt parce qu'ils résument tout ce qui a été fait d'important dans le port de guerre, au point de vue des bâtiments, casernes, etc., sous la haute et habile direction de cet ingénieur, pendant une période de quatre ans, c'est-à-dire de 1856 à 1860.

Cette collection complète aussi la collection du fonds Trouille et renferme les éléments principaux d'une histoire du port de Brest, vers le milieu du second Empire. Elle forme six cartons subdivisés en dossiers, dont la liste sommaire a été publiée, cette année, dans le catalogue général des manuscrits des bibliothèques publiques de France. (Départements. — Tome XXII. — Nantes-Quimper-Brest).

A ces mémoires était jointe une longue et nombreuse correspondance de M. Riou-Kerhalet, père. Cette correspondance est précieuse à plusieurs points de vue. Elle est relative à l'achat de la riche collection de coquillages légués à la ville de Brest par Mme Riou-Kerhalet. Les amateurs de conchyliologie y trouveront des renseignements de premier ordre sur la rareté et la valeur des milliers d'échantillons dont se compose cette collection.

Enfin, avec ces manuscrits, les héritiers de Mme Riou-Kerhalet, nous ont offert un grand nombre de documents administratifs imprimés, intéressant la ville de Brest, notamment soixante-sept pièces sur les budgets de la ville depuis 1832 jusqu'à 1857.

Don SARDOU. — Après le legs Riou-Kerhalet vient, dans l'ordre chronologique, et aussi pour l'importance, le fonds Sardou. Il se compose de 2,200 volumes environ ayant appartenu à M. Sardou, avoué à Brest, et libéralement offerts à sa ville natale par M. Georges Sardou, son fils, officier d'infanterie.

L'Administration municipale a jugé qu'en raison de son importance, le fonds Sardou, comme le précédent, avait droit à une place d'honneur sur nos rayons et à l'inscription, en lettres d'or, du nom du donateur.

Si ces deux fonds, donnés à la Ville, à peu près à la même époque, peuvent se comparer pour le chiffre des volumes, ils offrent, dans leur composition, plusieurs caractères de dissemblance.

Le fonds Riou-Kerhalet se compose d'ouvrages de philosophie, d'histoire, de littérature et de sciences ; ils sont richement reliés.

Le fonds Sardou ne contient qu'un très petit nombre d'ouvrages scientifiques. Il est essentiellement formé d'ouvrages de littérature et d'histoire. Les mémoires du 17e et du 18e siècles, qui manquent presque complètement dans le legs Riou-Kerhalet constituent, pour ainsi dire, le fond du don Sardou. Tous ces volumes ont, en général, un aspect sévère ; ils sont reliés en veau et plus remarquables par la solidité que par l'éclat de leur vêtement extérieur.

En résumé, ces deux bibliothèques se complètent l'une l'autre et renferment, outre les classiques anciens, on peut le dire, les plus belles productions de l'esprit humain dans les derniers siècles.

Don SIMOTTEL. — M. Simottel, propriétaire à Brest, fait don de la bibliothèque de son père, ancien juge de paix à Recouvrance.

Après les fonds Riou-Kerhalet et Sardou, le fonds Simottel tient la première place parmi les dons les plus considérables. Aussi un cabinet annexe, portant le nom du donateur, lui a-t-il été affecté.

Il se compose de 968 volumes parmi lesquels sont deux incunables. On serait tenté de croire que le fonds Simottel doit être surtout une bibliothèque de jurisprudence. Il n'en est rien, les livres de droit ne figurent que pour 227 dans le chiffre total de 968. Les sciences, les belles-lettres et l'histoire forment le reste des volumes.

Don MARION. — La bibliothèque ne possédant pas les ouvrages principaux des anatomistes, des physiologistes, des médecins ou chirurgiens du commencement du siècle, j'ai fait don à la bibliothèque des livres de cette catégorie. Ils forment un total de 165 volumes en y comprenant des ouvrages de littérature, d'histoire et de géographie.

J'y ai ajouté 135 thèses pour le doctorat en médecine ou en chirurgie. La plupart de ces thèses ont été soutenues, depuis un demi-siècle, par des médecins originaires du département du Finistère.

Don LE MOINE. — M. Le Moine, pharmacien en chef de la marine en retraite, nous offre 30 thèses de médecine ou de pharmacie.

Depuis ce premier don, M. Le Moine nous a envoyé un certain nombre d'ouvrages de sciences. On doit à M. Le Moine le fonds Trouille qui se compose de plus de 1,200 pièces manuscrites renfermées dans douze cartons ou porte-feuille. Ce magnifique recueil des œuvres de son aïeul est très précieux pour la ville de Brest.

Don MARÉCHAL. — En 1887, le Dr Maréchal, médecin principal de la marine en retraite, nous fait don d'un premier stock de plus de 500 thèses de médecine ou de chirurgie. Ce sont, en général, des thèses d'agrégation sur les maladies des yeux ou des voies urinaires.

Depuis cette époque, le Dr Maréchal a continué à nous adresser d'intéressantes monographies sur des sujets chirurgicaux et plusieurs volumes du *Congrès pour l'avancement des sciences*.

Don CHAZE. — M. Chaze, pharmacien retraité de la marine, nous a donné 51 volumes de physique, de chimie, d'histoire naturelle ou de pharmacie.

Dons CERF-MAYER. — Le Dr Cerf-Mayer, médecin principal de la marine en retraite, a fait à la bibliothèque, à différentes époques, de nombreux dons se montant à plus de 100 volumes.

Dons CORRE. — Le Dr Corre, médecin de 1re classe de la marine en retraite, a fait hommage, à diverses reprises, à notre établissement d'un grand nombre de volumes de sciences, de littérature ou d'histoire. Il nous a donné, en outre, plusieurs volumes ou plaquettes qu'il a écrits sur la *Médecine,* la *Criminologie* ou la *Médecine légale.*

Dons DESBOUILLONS. — M. Desbouillons, commissaire-adjoint de la marine en retraite fait, en 1890, un des dons les plus importants que notre bibliothèque ait reçus, depuis dix ans. Il se compose de 359 volumes. Parmi les principaux ouvrages, nous citerons la *Biographie universelle de Michaud*, la *Biographie des contemporains,* la *Décade philosophique, politique et littéraire,* la *Revue philosophique,* le *Mercure de France,* la *Phalange,* 15 années de l'*Annuaire du Finistère et de Brest.*

En 1891, la bibliothèque reçoit de M. Desbouillons un nouveau don de 30 ouvrages formant 116 volumes, tous reliés et en parfait état de conservation.

Don BERGER. — Le Dr Berger, adjoint-maire, chargé, depuis dix ans de la bibliothèque et des beaux-arts, nous envoie 237 volumes environ, parmi lesquels sept elzévirs. La plupart de ces ouvrages ont trait à l'économie politique ou sociale ; leur absence sur nos rayons formait une regrettable lacune. Quelques-uns appartiennent à la médecine ou aux sciences qui s'y rattachent.

Don RÉVEILLÈRE. — L'amiral Réveillère, notre éminent concitoyen, nous a offert la plus grande partie des ouvrages qu'il a écrits sous le pseudonyme de Brandat ; ils forment 25 volumes.

Legs MAURIÈS. — Le legs fait à la bibliothèque par notre regretté prédécesseur se compose de douze registres qui sont le résumé de recherches patientes et laborieuses ou de compositions originales en vers ou en prose, dont plusieurs ont été couronnés.

On y trouve condensés, en douze volumes, des documents pour la plupart inédits sur l'histoire de la Bretagne et des Ponts-de-Cé, de nombreux articles de critique littéraire ou bibliographique publiés par lui dans les journaux de la localité, un travail original sur la reliure, un manuscrit sur St-Mathieu, un poème sur David d'Angers, etc.

Les travailleurs qui s'occupent de l'histoire de la Bretagne ou de l'Anjou, pays d'origine de M. Mauriès, y trouveront de précieux documents.

Legs VATTIER D'AMBOYSE. — Mme Vattier d'Amboyse, née à Brest-Recouvrance, officier de l'Instruction publique, auteur d'un très grand nombre de volumes écrits plus spécialement pour les dames, a légué à sa ville natale un exemplaire richement relié et le manuscrit original de son principal et dernier ouvrage : *Le littoral de la France.* Le portrait de cette femme distinguée se trouve au Musée de Brest.

Legs LE DALL. — Pour remplir les intentions souvent manifestées, pendant sa vie, par M. Le Dall, professeur de dessin au Lycée de Brest, sa famille a offert à la bibliothèque le *Dictionnaire raisonné du mobilier de Viollet-le-Duc,* celui de *l'Architecture française du XIe au XVIe siècle, l'Architecture de Gailhabaud, du Ve au XVIIe siècle,* la *Monographie de Notre-Dame de Paris de Viollet-le-Duc,* et celle de *Notre-Dame de Brou de Dupasquier.*

Legs AUFFRAY. — M. Auffray, un de nos concitoyens, avait eu la bonne pensée de léguer sa bibliothèque au Lycée de jeunes filles. Elle se composait d'un grand nombre d'ouvrages richement reliés. Mais l'Administration pensa que 117 volumes de ce magnifique don ne pouvaient, en raison des matières, convenir à une bibliothèque de jeunes filles ; ils furent données à la bibliothèque communale.

Don de Mme VIOLEAU. — Madame Violeau, veuve de l'éminent poète brestois Hippolyte Violeau, ancien bibliothécaire, a fait don de 6 volumes des ouvrages de son mari, qui n'existaient pas dans notre bibliothèque.

Don DU CHATELLIER. — Monsieur Du Chatellier, fils, nous a offert dix volumes des œuvres de son père et trois volumes ou plaquettes de ses œuvres personnelles sur des sujets d'archéologie bretonne.

Don DELORISSE. — Mademoiselle Delorisse donne, en 1892, 46 volumes provenant de la bibliothèque de ses oncles.

Don COUISSIN. — Monsieur Couissin, conducteur des ponts et chaussées, offre, en 1893, 44 volumes sur des sujets divers.

Dons du Ministère de l'Instruction publique et des Beaux-Arts. — Le Ministère de l'Instruction publique nous a envoyé, chaque année, depuis environ 8 ans, une moyenne de 3 à 400 volumes ou plaquettes.

Achats de la Mairie. — Le Comité de la bibliothèque consacre tous les ans, en moyenne, 1,000 francs à l'achat de 2 ou 300 volumes et à l'abonnement aux journaux ou aux revues périodiques.

Pour l'acquisition de livres nouveaux il s'est inspiré des désirs exprimés, soit verbalement, soit par écrit, sur un registre *ad hoc* par les lecteurs les plus assidus et les plus compétens.

Exceptionnellement et, sur sa proposition, le Conseil municipal a voté, il y a cinq ans, 2,400 francs pour l'achat d'un fonds nobiliaire et héraldique ayant appartenu à M. Malmanche.

Reliure. — Un tiers du crédit annuel de la bibliothèque, c'est-à-dire 500 francs environ, est employé à la reliure.

En 1892, sur la proposition du Comité de la bibliothèque, le Conseil municipal a voté un crédit supplémentaire de 1,000 francs.

Agrandissement de la Bibliothèque. — La bibliothèque s'étant enrichie, depuis dix ans, soit par suite de dons, soit par voie d'achats, d'environ dix mille volumes, il a fallu créer quatre nouvelles salles annexes pour les recevoir provisoirement, c'est-à-dire en attendant qu'un nouveau bâtiment, plus en rapport avec l'importance toujours croissante de nos richesses bibliographiques, soit enfin créé. Les plans du nouvel établissement sont en ce moment soumis à l'examen et à l'approbation de M. le Ministre compétent.

Catalogue. — Un crédit important avait été voté, depuis vingt ans, pour l'impression du cataloge général de la bibliothèque.

En 1874, M. Mauriès fit imprimer le catalogue de *Théologie* et de *Jurisprudence* dressé par M. Fleury et en, 1880, le tome deuxième, c'est-à-dire celui des *Sciences et Arts*.

Mais, en 1885, ces deux volumes, par suite de l'arrivée des fonds Riou-Kerhalet, Sardou et Simottel, n'étaient plus à jour et il était dès lors évident que leur réimpression, à brève échéance, s'imposait.

Quant au catalogue des *Belles-Lettres* et d'*Histoire*, beaucoup plus nombreux que les deux autres, le besoin de les refaire et de les livrer à l'impression était d'autant plus urgent que, d'une part, plus de 10,000 volumes nouveaux ou plaquettes devaient y figurer et que, d'autre part, les anciens catalogues manuscrits, manipulés cent fois par jour par cinquante ou soixante lecteurs, étaient dans un état de mutilation déplorable.

C'est, en nous inspirant de ce besoin et de l'impatience de l'Administration et des lecteurs que nous avons travaillé, sans relâche, depuis 7 ans, à la confection et à l'impression de ces cinq volumes formant plus de 1,868 pages de texte et de feuilles liminaires.

Si les bibliographes y trouvent de nombreux défauts de classement ou des fautes d'impression, qu'ils ne l'attribuent qu'à notre désir de satisfaire avant tout la masse des travailleurs qui attache plus d'importance à une table méthodique claire et à un répertoire alphabétique complet qui leur permettent de trouver le plus rapidement possible le renseignement ou le sujet d'étude dont ils ont besoin.

Tels ont été notre but et notre seule ambition ; puissions-nous avoir réussi ! Ce sera là notre meilleure récompense.

Brest, le 15 Juillet 1893.

Le Bibliothécaire,
A. MARION.

THÉOLOGIE

I. — ÉCRITURE SAINTE.

II. — LITURGIE.

III. — CONCILES.

IV. — SAINTS PÈRES.

V. — THÉOLOGIENS.

VI. — OPINIONS SINGULIÈRES.

VII. — RELIGION JUDAÏQUE.

VIII. — RELIGIONS DES INDES ORIENTALES ET OCCIDENTALES.

IX. — APPENDICE.

THÉOLOGIE

Table des Divisions du Catalogue

I. — ECRITURE SAINTE. — 1. Textes et Versions. 1
A. — Bibles entières. 1
    a. Textes hébraïques. — *b.* Versions latines. 1
    c. Versions françaises. — *d.* Versions en différentes langues. . 2
B. — Livres séparés de l'ancien testament, en différentes langues. . 3
C. — Textes du nouveau testament et de ses livres séparés, et Versions en différentes langues. 5
D. — Harmonies et concorde des évangiles. 7
E. — Histoire abrégée de la bible et biographies bibliques. 7
2. — Interprètes de l'Ecriture Sainte. 8
3. — Philologie sacrée. 10
II. — LITURGIE. 12
III. — CONCILES. 16
IV. — SAINTS PÈRES. — 1. Collections, Extraits et Fragments d'ouvrages des Saints Pères. 17
2. — Interprètes Juif. — Ouvrages des Saints Pères Grecs. 17
3. — Ouvrages des Saints Pères Latins et de quelques autres Ecrivains ecclésiastiques. 18
V. — THÉOLOGIENS. — 1. Théologie scolastique et dogmatique. . 20
2. — Théologie morale. 21
3. — Théologie catéchétique. 24
4. — Théologie parénétique ou Sermons, Prônes, Conférences. . . 25
5. — Théologie ascétique ou mystique. 26
A. — Mystiques latins. 26
B. — Mystiques français, italiens, espagnols, etc. 28

C. — Traités particuliers de théologie ascétique.	29
D. — Pratiques et Exercices de Piété, Méditations, Pensées et Instructions chrétiennes, Préparation a la mort.	30
E. — Règles et Devoirs religieux de différents Etats.	34
6. — Théologie polémique.	34
A. — Vérité de la Religion chrétienne.	34
B. — Défense de la Religion catholique contre les Gentils, les Juifs, les Schismatiques, les Hérétiques, les Incrédules, etc.	36
7. — Théologiens chrétiens séparés de l'Eglise romaine.	39
VI. — OPINIONS SINGULIÈRES.	42
VII. — RELIGION JUDAIQUE.	43
VIII. — RELIGION DES INDES ORIENTALES ET OCCIDENTALES.	44
IX. — APPENDICE A LA THÉOLOGIE. — Ouvrages philosophiques sur la Divinité et sur les Cultes religieux, Déisme, Scepticisme, Libre-Examen, Libre-Pensée.	45

JURISPRUDENCE

Table des divisions du catalogue

INTRODUCTION

Histoire de la législation et des tribunaux. — Etude et Philosophie du Droit... 51
I. — DROIT DE LA NATURE ET DES GENS. — 1. Traités généraux.. 53
2. — Droits des Gens entre les Nations.............. 54
3. — Ouvrages spéciaux qui se rapportent au Droit des Gens... 55
II. — DROIT POLITIQUE............................... 56
III. — DROIT CIVIL ET CRIMINEL. — 1. Généralités........ 58
2. — Droit romain.................................... 58
A. — INTRODUCTION ET HISTOIRE.................... 58
B. — DROIT ROMAIN AVANT JUSTINIEN ET DROIT DE JUSTINIEN, AVEC SES COMMENTATEURS ET ABRÉVIATEURS.... 59
C. — JURISCONSULTES qui ont écrit pour l'intelligence du Droit romain. 62
D. — TRAITÉS SPÉCIAUX ET DROIT ROMAIN appliqué au Droit français.. 63
3. — Droit français................................... 63

Première partie. — Droit ancien

A. — HISTOIRE, TRAITÉS GÉNÉRAUX ET DICTIONNAIRES......... 63
B. — DROIT FRANÇAIS JUSQU'EN 1789.................. 65
a. — Recueil d'Ordonnances; Ordonnances particulières et leurs Commentaires................................. 65
b. — Coutumes.. 68
c. — Lois des Colonies............................... 72
d. — Arrêts, Plaidoyers et Mémoires.................. 72
e. — Traités sur toutes les matières de Droit, et Collections d'œuvres de Jurisconsultes................................ 77
f. — Traités spéciaux................................ 77
g. — Police et Contributions......................... 79
h. — Jurisprudence des Fiefs et Matières féodales.... 80
i. — Procédure civile et Procédure criminelle........ 81
k. — Ancien Droit criminel........................... 81

Deuxième partie. — Droit nouveau depuis 1789

- A. — INTRODUCTIONS ET TRAITÉS ÉLÉMENTAIRES... 82
- B. — COLLECTIONS DE LOIS sur toutes sortes de matières... 83
- C. — CODES... 84
  - a. — Code civil. — Texte et commentaires généraux... 84
  - b. — Traités spéciaux sur différents titres du Code civil, avec les Traités sur les mêmes titres, antérieurs à la promulgation du Code... 86
  - c. — Code de Procédure civile. — Texte, Commentaires et Traités y relatifs... 89
  - d. — Code de commerce. — Texte, Commentaires et Traités y relatifs... 92
  - e. — Code pénal et Instruction criminelle... 95
  - f. — Code rural... 96
  - g. — Codes divers... 97
- D. — RÉPERTOIRES, DICTIONNAIRES ET MÉLANGES relatifs à toutes les branches de la nouvelle Jurisprudence... 98
- E. — OUVRAGES SUR L'AUTORITÉ JUDICIAIRE, MINISTÈRE PUBLIC, JUSTICE DE PAIX, etc... 100
- F. — JURISPRUDENCE DE LA COUR DE CASSATION ET DES AUTRES COURS DE FRANCE... 101
- G. — CAUSES CÉLÈBRES, PLAIDOYERS, MÉMOIRES... 103
- H. — CONSEIL D'ETAT... 108
- I. — JURISPRUDENCE ADMINISTRATIVE. — Attributions municipales et de Police. — Contributions, Domaines, Douanes... 108
- K. — NOTARIAT. — MINISTÈRE DES HUISSIERS, etc... 113
- L. — JURISPRUDENCE MILITAIRE... 115
- 4. — Droit maritime (avant et après 1789)... 116
- 5. — Droit étranger... 121
- IV. — DROIT CANONIQUE OU ECCLÉSIASTIQUE. — 1. Introduction, Traités élémentaires, Dictionnaires... 123
- 2. — Lettres des Papes, Canons, Décrétales, Bulles... 124
- 3. — Traités généraux sur le Droit ecclésiastique et Traités particuliers sur des matières canoniques... 125
- 4. — Traités relatifs à l'autorité ecclésiastique... 126
- 5. — Droit ecclésiastique de France... 127
- 6. — Droit ecclésiastique étranger... 129

THÉOLOGIE

I. — ÉCRITURE SAINTE

1. — TEXTES ET VERSIONS

A. — Bibles entières

a. — Texte hébraïque

1. — BIBLE (la), traduction nouvelle, avec l'hébreu en regard, accompagné des points-voyelles et des accents toniques, avec des notes philologiques, géographiques et littéraires, par S. Cahen. — Paris, *Treuttel et Wurtz, 1831, in-8°, 11 vol.*

b. — Versions latines

2. — BIBLIA ad vetustissima exemplaria castigata. — Antverpiæ, *Christ. Plantin, 1565, in-8°, v. marb.*

3. — BIBLIA sacra vulgatæ editionis, Sixti V, Pont. Max., jussu recognita atque edita versiculis distincta. — Lugduni, *P. Guillimin, 1686, in-8° rel.*

4. — BIBLIA sacra vulgatæ editionis, Sixti V et Clementis VIII, Pont. Max. auctoritate recognita, ed. nova, notis chronologicis, etc., illustrata. — Parisiis, *excudebat Ant. Vitré, apud Ant. Dezallier, 1702, in-4°, v. br.*

5. — D°, annotationibus, prolegomenis, tabulis chronologicis, historicis et geographicis illustrata. « Jo. Bapt. Duhamel et J. Blanchini, ed. noviss. » — Venetiis, *ex-typog. Balleoniana, 1779, in-4°, 2 vol. rel.*

6. — BIBLIA sacra (Bible ancienne, dont le frontispice manque ainsi que quelques feuillets de l'Index, à la fin du volume), *in-8° rel.*

c. — Versions françaises

7. — BIBLE (la Sainte), qui contient le vieux et le nouveau Testament expliqués par des notes, etc., sur la version ordinaire des Eglises réformées, revue et retouchée dans le langage, avec des préfaces particulières sur chacun des Livres, par David Martin (Cart. et Pl.) — Amsterdam, *Desbordes, 1707, in-f°, 2 vol. rel.*

8. — D°. — Nouvelle édit., par Pierre Roques. — Basle, *J.-B. Imhoff, 1760, in-8° rel.*

9. — BIBLE (la Sainte), contenant l'ancien et le nouveau Testament. Trad. en français sur la vulgate, par Le Maistre de Sacy. — Paris, *G. Desprez, 1711, in-18, 8 vol. rel.*

10. — SACY (Le Maistre de). — La Sainte Bible, contenant l'ancien et le nouveau Testament, en latin et en français. — Paris, *Desprez, 1742, 21 vol. p^t in-8° rel.*

11. — BIBLE (la Sainte), ou le vieux et le nouveau Testament, trad. en français sur les textes hébreu et grec par les pasteurs et les professeurs de l'Eglise de l'Académie de Genève. — Genève, *Paschoud, 1805, 3 vol.*

12. — D°. — Qui contient le vieux et le nouveau testament. Imprimée sur l'éd. de Paris, de l'année 1805. Edit. stéréotype, revue et corrigée avec soin d'après les textes hébreu et grec. — Londres, *T. Rutt, Shacklewel, 1811, in-12 compact.* Texte à 2 col. rel.

13. — LE MAISTRE de SACY (la Sainte Bible, traduite par). — Paris, *Furne et Cie, 1846, in-4° rel.*

14. — D°. — Paris, *Furne et Cie, 1846, g^d in-8° rel.* (Grav.)

15. — BIBLE (La). — *In-f° rel.* La page du titre manque.

d. — Versions en différentes langues

16. — BIBLIA det er Hell-Skriftes Boger, ved hans Kongl. Majests vor allernaadigste Arve-Herres Kong Christian VI Christelige Omsorg, med Fliid og efter Grund-Texten efterseete og rettedo ; saa og med mange paralleler og udforlige summarier forsynede.

Selges her i Kisbenhavn — Copenhague — for fire Mark og otte Skill-Danske. — Det Siette Oplag. — Kiskenhavn, *udi det Kongel. Wàysenhuses Bogtrykerie, og paa dets Forlag, Trykt af Gottmann Fréderich Kisél. Aar 1844.*

17. — BIBLE lettique, comprenant :

1° Ta Swehta Grahmata jeb Deewa Swehtais wards Breeksch un pehr ta kunga Jesus-Christus swehtas Peedsimschanas noteem Swehteem seewa zilwekeen Praweeschen, Evangelisteen jeb Preezas-Mahzitajeen um Apustuleem usrakstihts, Tahm latweeschahm Seewa Srandsibahm par labbu istaisita ou *Pentateuque*. — *Riga, gedruckt bei Johann Georg. Wilcken, Konigl. Buchdrucker, 1689*. — 2° Tee Praweschi wissi Latwisti — les prophètes — *Riga gedruckt bei Johann Georg. Wilcken konigl. Buchdrucker, 1689*. — 3° Apochrypha tee irr grahmatas etc., ou livres apocryphes, *ibid. 1689*. — 4° Tas Jaùns Testaments, *nouveau Testament, ibid, 1685*. Le tout en un seul volume, relié en bois, couvert en peau.

Ces divers ouvrages sont en langue lettique, lettonienne, ou mieux encore lithuanienne, en usage dans la Lithuanie et plus particulièrement dans la Livonie. La Swehta Grahmata est précédée d'une dédicace en langue allemande, au roi de Suède, Charles XI, par le traducteur Joh.— Fischer, surintendant général du Lieffland.

18. — BIBL santel, pe levr ar Skritur Sakr, lekeat e brezounek, gant ann Aotrou Le Gonidec (Bible traduite en breton, par Le Gonidec, publiée par MM. Troude et Milin). — E San-Briek, *moulet e ti L. Prud'homme, 1866, g*^{d} *in-8°*, 2 vol. rel. — (Offert à la bibliothèque communale de Brest, par un des correcteurs, A. Troude, colonel en retraite.

19. — TELLER (G. A.) — Eclaircissements sur la nouvelle Exégèse, trad. de l'allemand. — Berlin, *Fr. de La Garde, 1801*.

B. — Livres séparés de l'Ancien Testament en différentes langues

20. — LIVRES (les quatre) des Rois, traduits en français du xiie siècle, suivis d'un fragment de moralités sur Job et d'un choix de sermons de saint Bernard, publiés par M. Le Roux de Lincy. — Paris, *imp. royale, 1841, in-4° cart.*

21. — DAVID. — Les sept Pseaumes de la pénitence de David, en hebreu et en françois, par Claude Perrault, 1674. (Manuscrit illustré d'un dessin au lavis, par Perrault). — P^t *in-4°, mar., rel.*

22. — D°. — Psalmorum Davidis et aliorum prophetarum libri quinque argumentis et latina paraphrasi illustrati, ac etiam vario carminum genere latine expressi, Theodoro Beza Vezelio auctore. — Genevæ, *1579*, p^t *in-8° parch.*

23. — DAVID. — Les 150 Pseaumes de David, paraphrasés par Guillebert. — Paris, *P. Rocolet, 1647, in-8° rel.*

24. — Dº. — Les Pseaumes, mis en françois, selon l'esprit de David, dans un sens suivi et propre à édifier, par Nau. — Paris, *Florentin et Delaulne, 1699, in-12 rel.*

25. — Dº. — Le Pseautier en français, trad. nouvelle, avec des notes, par J.-F. Laharpe. — Paris, *Migneret, an VI, 1898, in-12.*

26. — Dº. — Le Pseautier en français, trad. nouvelle, avec des notes, etc., par J.-F. Laharpe, nouv. édit. — Lyon, *Rusand, 1822, in-12 rel.*

27. — Dº. — Les Pseaumes de David, mis en rime françoise par Clément Marot et Théodore de Béze, avec la prose mise à costé. — Charenton, *Ant. Cellier, 1664, in-12 rel.*

28. — SALOMON. — Celtic hexapla, Being the song of Salomon in all the living dialects of the gaelic and Cambrian languages. Impensis Ludovici Luciani Bonaparte. — London, *Georges Barclay, 1858, in-4° de 64 pp.,* non compris le titre ni la table, *rel.*

Volume tiré à 250 exemplaires numérotés, aux frais du prince Louis Bonaparte ; il contient les versions angloise, irlandaise, gaëllic, manx, française, welsh, bretonne et vannetaise, ces deux dernières exécutées tout exprès pour ce recueil.

29. — SAVARY (A.) — Prophéties d'Isaïe. Trad. complète en vers sur le texte hébreu. — La Rochelle, *typ. de Siret, 1859, in-8°.*

30. — Dº. — Œuvres du prophète Jérémie. Trad. de l'hébreu en vers et prose. — Paris, *H. Vedrenne, 1855, in-8°,*

31. — PSALMORUM et Canticorum versio vulgata et versio nova ad hebraïcam veritatem facta, ed. altera (A. Carolo, P. Houbigant). — Parisiis, *Le Mercier, 1755, in-12 rel.*

32. — PSEAUMES (les) et les principaux Cantiques, mis en vers par nos meilleurs poètes. Recueillis par E.-J. Monchablon, nouv. édit., corrigée et augmentée. — Paris, *Desaint et Saillaint, 1762, in-12 rel.*

33. — PROPHÉTIES (les) ou prédictions des prophètes. — Sans date ni lieu d'impression. (Le 2º de la Bible). — *In-fº rel.*

34. — SACY (Le Maistre de) — La Genèse traduite en français, avec l'explication du sens littéral et du sens spirituel, tirée des Ssaints-Pères et des auteurs ecclésiastiques. — Bruxelles, *H. Fricx, 1700, in-12 rel.* Avec fleuron, légende : ardet amans spe nixa fides.

35. — JOB. — (Le titre manque, nous l'empruntons au titre courant), trad. par M. de Sacy, comme nous l'apprennent l'approbation et le privilège, avec une explication tirée des Saints-Pères et des autheurs ecclésiastiques. — *In-8° rel.*

36. — LE LIVRE DE JOB, trad. de l'hébreu par Ernest Renan, membre de l'Institut. Etude sur l'âge et le caractère du poème, 2ᵉ édition. — Paris, *Michel Lévy frères, libr.-édit., 1860, in-8°.*

37. — LE CANTIQUE des Cantiques, trad. de l'hébreu avec une étude sur le plan, l'âge et le caractère du poème, par Ernest Renan, membre de l'Institut. — Paris, *Michel Lévy frères, 1860, in-8°.*

C. — Texte du nouveau Testament et de ses Livres séparés et Versions en différentes langues

38. — NOVUM TESTAMENTUM græcè, cum vulgata interpretatione latina græci contextus lineis inserta. Editio postrema, multò quàm antehac emendatior, cum præfatione Ben. Ariæ Montani, etc. — *Ex-Officina Commeliniana, 1599, in-8° rel.*

39. — NOVUM TESTAMENTUM græcè, cum vulgata interpretatione latina græci contextus lineis inserta. Ben. Ariæ Montani Hispalensis operà è verbo reddita, etc. Editio postrema, multò quàm autehac emendatior, cum præfatione eiusdem. — *Ex-typographia Iacobi Stoer, 1627, in-8° rel.*

40. — NOVUM TESTAMENTUM Græcum. Ce titre, qui manque au volume, est rétabli d'après la préface donnée en 1734, *anno MDCCXXXIV, data.* C'est effectivement la date de la 1ʳᵉ édit. qui eut lieu à Tubinge, comme nous l'apprend l'éditeur dans l'avertissement ajouté à celle-ci qui est la 3ᵉ. *(Admonitio A. MDCCLIII, adjecta, 1753,* mais qui comme la seconde eut lieu à Stuttgard. *Inserviente Jo. Alb. Bengelio).* On lit au verso de l'avant-dernière page de l'Index : *Stutgardiæ, excudebat Christoph. Gottofr. Mœntlerus.* Ce vol. *in-8°*, à tranches dorées, est encore remarquable par l'élégance des ornements qui figurent sur les plats.

41. — NOVUM TESTAMENTUM, Domini nostri Jusu Christi. — Parisiis, *Jos. Barbou, 1753, in-8° rel.*

42. — TESTAMENTUM NOVUM-JESU-CHRISTI, testamentum ad exemplar Vaticanum accuratè revisum, cum indice geographico. — Parisiis, *A. Delalain, 1811, in-18 rel.*

43. — D°. — Vulgatœ editionis Sixti V jussu recognitum atque editum. — Parisiis, *A. Delalain, 1816, p*ᵗ *in-12 cart.*

44. — TESTAMENT (le nouveau) de Notre Seigneur Jésus-Christ, trad. en français, avec le latin de la Vulgate ajoûté à côté. Nouv. édition. — Lyon, *J.-B. Bourlier et L. Aubin, 1675, in-12.* Titre rouge et noir, texte à 2 colonnes, *rel. parch.*

45. — TESTAMENT (le nouveau) de Notre Seigneur Jésus-Christ. — Paris, *Muguet, 1686, in-12 rel.*

46. — TESTAMENT (le nouveau) de Notre Seigneur Jésus-Christ, en latin et en français, avec les différences du grec et de la Vulgate, 25ᵉ édit. — Mons. *Gaspard Migeot, 1784, in-12, 2 vol. rel.*

47. — D°. — Nouvelle édition. — Paris, *C.-J.-B. Hérissant, 1709, in-12, 2 vol. rel.*

48. — TESTAMENT (le nouveau), nouvellement traduit en français, selon la Vulgate, par Charles Huré. — Paris, *J. Demilly, 1709, in-12 rel.*

49. — TESTAMENT (le nouveau), traduit en français sur la Vulgate, par Le Maistre de Sacy. — Paris, *G. Desprez, 1813, in-12 rel.*

50. — D°. — Traduit en français avec des notes littérales pour en faciliter l'intelligence, par Mesenguy. — Paris, *veuve Lottin, 1754, in-12 rel.*

51. — TESTAMENT (le nouveau) de Notre Seigneur Jésus-Christ, imprimé sur l'édition de Paris, de l'année 1805. — *Ed. stéréotype ;* Londres, *A. Wilson, 1807, in-8° rel.*

52. — TESTAMENT (le nouveau) de Notre Seigneur Jésus-Christ. — Paris, *P. Chevalier, 1621, in-f*ᵒ (pl.)

53. — TESTAMENT (le nouveau) de Notre Seigneur Jésus-Christ, trad. sur la Vulgate, par Le Maistre de Sacy. — Paris, *J. Smith, 1828, in-16 rel.*

54. — TESTAMENT (le nouveau) de Notre Seigneur Jésus-Christ, trad. sur la Vulgate, par Le Maistre de Sacy. Imprimée d'après le texte de l'édit. publiée à Paris en 1759, avec approbation et privilège du Roi, par G. Desprez. — Paris, *Firmin Didot frères, 1831, in-8° rel.* (Texte à 2 col.)

55. — TESTAMENTUM (novum) Domini nostri Jesus-Christi Vulgatæ editionis juxta exemplar Vaticanum anni 1592. — Parisiis, *apud Lacroix, 1838, in-16 rel.*

56. — TESTAMENT NEVEZ hon autrou Jezuz-Krist, troet e brezounek gant J.-F. MM. A. Legonidec. — Angoulêm, *F. Tremeau, 1827*, *in-8° rel.* (2 exempl.)

57. — SAINT-MATHIEU, l'Evangile selon St-Mathieu, traduit en breton de Vannes, par C. Terrien. — *Lundayn, 1857, p^t in-8°.*

58. — EVANGILES (les Saints). — Traduction de Le Maistre de Sacy. — Paris, *imp. impér.*, 1862, g^d *in-f° rel.* (pl.)

59. — EVANGILES (les). — Trad. nouv. par F. Lamennais, 4e édit. (Gravures). — Paris, *Pagnerre, 1848, in-8°.*

60. — D°. — Nouvelle édition. — Lyon, *Périsse frères, 1831.*

61. — ACTES (les) des Apôtres, par Huré. — Paris, *1725, in-12 rel.*

62. — ACTES DES APOTRES (les). — Tome II (faux titre), le titre manque. — *In-12 rel.* (S. l. ni d.)

D. — Harmonies et concorde des Evangiles

63. — LEROUX. — Concorde des quatre Evangélistes. — Paris, *J. Anisson, 1669, in-8° rel.*

E. — Histoire abrégée de la Bible et Biographies bibliques

64. — MESENGUY (l'abbé F^r Ph.) — Abrégé de l'histoire et de la morale de l'Ancien-Testament, 6e édit. — Paris, *J. Desaint, 1735, in-12 rel.*

65. — MESENGUY (l'abbé F^r Ph.) — Abrégé de l'histoire et de la morale de l'Ancien-Testament, 7e édit. — Paris, *Desaint, 1737, in-12 rel.*

66. — ROYAUMONT (de). — L'histoire du vieux et du nouveau Testament, avec des explications édifiantes, tirées des Saints-Pères pour régler les mœurs dans toutes les conditions. — Paris, *P. Lepetit, 1678, in-12 rel.*

67. — FONTAINE (Nic.) — L'histoire du vieux et du nouveau Testament, avec des explications édifiantes tirées des Saints-Pères pour régler les mœurs dans toutes sortes de conditions, par le sieur de Royaumont (pseudonyme de Nic. Fontaine). Nouv. édition. — Lyon, *1713, in-12 rel.*

68. — D°. — La même, nouv. édition. — Paris, *P. Petit, 1713, in-12 rel.*

69. — ROYAUMONT (de). — Histoire du vieux et du nouveau Testament. — Saint-Brieuc, *Prud'homme, 1821, in-12 rel.*

70. — VITA (de) et morte Mosis, libri tres, cum observationibus, Gilb. Gaulmi, etc. — Hamburgi, *Christ. Lieberzeit, 1714, in-8° rel.*

71. — HUGO (L. C.) — L'histoire de Moïse tirée de la Sainte-Ecriture, des Saints-Pères, etc. — Liège, *J.-F. Bronckart, 1699, in-8° rel.*

72. — PASTORET (le marquis Em. Cl. J. P. de). — Moyse considéré comme législateur et comme moraliste. — Paris, *Buisson, 1788, in-8° rel.*

73. — HISTOIRE de la vie de Notre Seigneur Jésus-Christ. — Paris, *Hélie Josset, 1693, in-12 rel.*

74. — BRISPOT (l'abbé). — La vie de Notre Seigneur Jésus-Christ, écrite par les quatre Evangélistes, coordonnée, expliquée et développée par les Saints-Pères, les docteurs et les orateurs les plus célèbres et les hommes les plus éminents qui aient paru dans l'Eglise, depuis les temps apostoliques jusqu'à nos jours, rédigée et présentée aux gens du monde comme aux âmes pieuses, illustrée par une série de 130 gravures. — Paris, *Pilon et Cie, 1853, in-f°, 2 vol.*

75. — GÉQUELLEU (J.) — Histoer a vuhe Jesus-Chrouist. — Lorient, *Lecoat Saint-Haouen, 1818, petit in-8°.*

76. — RENAN. — Vie de Jésus. — Paris, *Lévy frères, in-8°.*

77. — RENAN (Ernest). — Vie de Jésus, 9e édit. — Paris, *Michel Lévy, 1864, in-12 br.*

78. — STRAUSS (D.-F.) — Nouvelle vie de Jésus, trad. de l'allemand, par A. Nefftzer et Ch. Dolfus. — Paris, *J. Hetzel, 1864, in-8°, 2 vol. rel.*

2. — INTERPRÈTES DE L'ÉCRITURE SAINTE

79. — MARTIANAY (Le R. P. Dom J.) — Harmonie analytique de plusieurs sens cachés et rapports inconnus de l'ancien et du nouveau Testament... — Paris, *Laurent Lecomte, 1708, in-12 rel.*

80. — LÉONARD (l'abbé Martin-Aug.) — Traité du sens littéral et du sens mystique des Saintes Ecritures, selon la doctrine des Pères. — Paris, *J. Vincent, 1727, in-12 rel.*

81. — CARRIÈRES (le P. Louis de). — Commentaire littéral sur la Sainte-Bible. — Paris, J.-F. Moreau, 1740, in-12 rel., 3 vol.

82. — BIBLE (la Sainte), en latin et en français, avec des notes littérales, critiques et historiques, des préfaces et des dissertations tirées du commentaire de Dom A. Calmet, de l'abbé de Vence, etc... (dite Bible de Vence), 2° édition, cart. et fig., augmentée par L.-E. Rondet. — Paris et Avignon, 1767-73, in-4°, 17 vol. rel.

83. — PEZRON (Dom Paul). — Essai d'un commentaire sur les Prophètes. — Paris, J. Boudot, 1693, in-12.

84. — D°. — Un autre exemplaire relié.

85. — PROPHÈTES (les douze petits), traduits en français, avec l'explication du sens littéral et du sens spirituel. 2° édition. — Paris, Lambert-Roulland, 1688, in-8° rel.

86. — EZECHIEL, traduit en français par Le Maistre de Sacy, avec une explication tirée des Saints-Pères et des auteurs ecclésiastiques. — Paris, G. Desprez, 1692, in-8° rel.

87. — DEPOIX (Louis). — Essai sur le Livre de Job. — Paris, Hérissant, 1768, in-12, 2 vol. rel. Au commencement du premier volume se trouvent un mémoire dans lequel on propose un établissement qui, sans être à charge à l'Etat, rendra des services essentiels à l'Eglise, etc..., et les prières de Narsés, patriarche des Arméniens, à la gloire de Dieu.

88. — LYRA (Nicolas de). — Postilla seu expositio litteralis et moralis super Epistolas et Evangelia quadragesimalia cum questionibus fratris Anthonii Betontini. Incipit feliciter (à la fin du livre). Postille excellentissimi sacrarum litterarum professoris Nicolaï de Lyra ordinis minor, super Epistolas et Evangelia quadragesimalia cum questionibus fratris Antonii Betontini ejusdem ordinis ; nec non et Alexandri de Ales ; que antea pluribus in locis depravate fuere : vigilanti studio revise emendate que iussu et impensis magistri Johannis de Vingle, *anno nativitatis Domini LXXXXVI (1496) XXVI die Augusti*, p^t in-8°, goth. à 2 col., couv. en parch.

89. — LA CHETARDIE (Joachim Trotti de). — L'Apocalypse expliquée par l'histoire ecclésiastique, 4° édition. — Paris, P. Giffart, 1707, in-4° rel. (Fig.)

90. — RUBENN (L.) — Les Evangélistes. — Paris, Arthus Bertrand, 1862, in-8°.

3. — PHILOLOGIE SACRÉE

91. — HOTTINGER (Joh. Henr.) — Thesaurus philologicus seu clavis scripturœ, etc., editio secunda. — Tiguri, *J. Jacobi Bodmeri, 1659*, et exercitationes anti morinianœ : de Pentateucho Samaritano, etc., ejusdem. — Tiguri, *J.-J. Bodmeri, 1644, in-4° rel.*

92. — SIMON (Richard). — Histoire critique du vieux Testament suivant la copie imprimée à Paris. — *1680, in-4°.*

93. — D°. — Nouv. édition avec les pièces qui y sont relatives. — Rotterdam, *Reinier Leers, 1685, in-4° rel.*

94. — LECLERC (Jean). — Sentiments de quelques théologiens de Hollande, sur l'histoire critique du vieux Testament. — Amsterdam, *H. Desbordes, 1685, in-12 rel.*

95. — D°. — Défense des sentiments de quelques théologiens de Hollande contre la réponse du prieur de Bolliville, R. Simon. — Amsterdam, *H. Desbordes, 1686, in-12 rel.*

96. — SIMON (Richard). — Histoire critique du texte du nouveau Testament où l'on établit la vérité des actes sur lesquels la religion chrétienne est fondée, 2ᵉ édition. — Rotterdam, *Reinier Leers, 1689, in-4° rel.*

97. — HUBERT (Ulric). — Ulrici Huberi de concursu rationis et sacræ scripturæ liber. — Francquerœ, *apud Henricum Amama et Zachariam Tœdama, 1687, pᵗ in-8°.*

98. — DUVOISIN (l'abbé J.-B.) — L'autorité des livres de Moyse établie et défendue contre les incrédules. — Paris, *C.-P. Berton, 1778, in-12 rel.*

99. — D°. — L'autorité des livres du nouveau Testament contre les incrédules. — Paris, *C.-P. Berton, 1775, in-12 rel.*

100. — FABRICY (le P. Gabriel). — Des titres primitifs de la révélation, ou considérations critiques sur la pureté et l'intégrité du texte original des livres saints de l'ancien Testament. — Rome, *P. Durand, 1772, in-8°, 2 vol. rel.*

101. — CALMET (Dom. Aug.) — Dictionnaire historique, critique, chronologique, géographique et littéral de la Bible, enrichi de plus de 300 figures, nouv. édition. — Paris, *Emery, 1730, in-f°, 4 vol. rel.*

102. — CHOMPRÉ (P. C. de). — Dictionnaire abrégé de la Bible. — Paris, *Desaint et Saillant, 1755, in-12 rel.*

103. — SERIEYS (l'abbé Antoine de). — Dictionnaire généalogique, historique et critique de l'Ecriture-Sainte, revu par l'abbé Sicard. — Paris, *Bertrandet, 1804, in-4° rel.*

104. — MORIN (Jean). — Exercitationes ecclesiasticæ in utrumque Samaritanorum pentateuchum, de illorum religione et moribus. De antiquis hebræorum literis, etc., etc. — Parisiis, *Ant. Vitray, 1631, in-4°.*

105. — DELORMEL (J.) — Explication des prophéties de Daniel, sous le rapport de la grande période. — Paris, *1806, in-8°.* Relié avec :

106. — GOSSELIN) Ch. Rob.) — L'antiquité dévoilée au moyen de la Genèse, source et origine de la mythologie et de tous les cultes religieux. — Paris, *A. Egron, 1807, in-8°.*

107. — CUNEUS (Pierre). — La République des Hébreux, etc., nouv. édit., par Basnage. — Amsterdam, *Châtelain, 1713, in-8°, 3 vol. rel.*

108. — BASNAGE DE BEAUVAL (Jacq.) — Antiquités judaïques, ou remarques critiques sur la République des Hébreux. — Amsterdam, *Châtelain, 1713, in-8°, 2 vol. rel.*

109. — DU BOIS AYMÉ. — Notice sur le séjour des Hébreux en Egypte et sur leur fuite dans le désert. — *Impr. royale, 1816, in-f° rel.* (avec des fac-simile de chartes latines sur Papyrus de l'année 876 et du vi° siècle).

110. — HUET (P. Daniel). — Traité sur la situation du Paradis terrestre. — Paris, *J. Anisson, 1691, in-12.*

II. — LITURGIE

111. — LITURGIES des Saints-Pères, Jacques-le-Mineur, apôtre, Basile-le-Grand, Jean-Chrisostôme, etc, etc. (en grec). — Parisiis, *1560, apud Guil. Morelium, in grœcis typographum regium, privilegio regis*, p^t in-f°.

112. — PSALTERIUM romanum, sacro-sancti concilii Tridentini decreto restitutum, ex-breviario recognito auctoritate Clément VIII et Urbani VIII, etc. — Lugduni, *A. Delaroche, 1764*, in-f° rel.

113. — BREVIARIUM romanum. — Paris, *Denis Thierry, 1678*, in-f° rel. (Le titre est déchiré).

114. — MANUSCRIT sur vélin, lettres gothiques et lettres ornées, avec quatre miniatures. — (Livre de prières).

115. — MISSALE romanum. — Ex-decreto sacro-sancti concilii Tridentini restitutum Pii V. Pont-Max., jussu editum, etc. — Parisiis, *P.-A. Lemercier, 1736, in-12* rel.

116. — EPITOMÆ antiphonarii romani, seu Vesperale pro Dominicis et Festis. — Nannetis, *P. Issac Brun, 1748, in-12* rel.

117. — DOMINICA ad vesperas. — *In-12* rel.

118. — PAROISSIEN (le petit) complet. — Paris, *Mame, 1811, in-12*. (Fig.)

119. — HEURES MILITAIRES dédiées à la noblesse, contenant des pièces et instructions à l'usage des gens de guerre. — Paris, *1765*, in-18 rel.

120. — LIVRES D'HEURES, ayant appartenu à un prince de la famille d'Orléans. — S. d. ni lieu d'imp., *in-8°* rel.

121. — EPITRES ET EVANGILES des dimanches et des fêtes de l'année. — Paris, *L. Rondet, 1774, in-12* rel.

122. — EPITRES ET EVANGILES. — Saint-Brieuc, *L.-J. Prudhomme, 1792*, rel.

123. — OFFICE (L') de la Semaine-Sainte, français et latin, etc., par le sieur A. D. D. E. T. — Lyon, *B. Martin, 1689, in-12* rel.

124. — SEMAINE SAINTE. — *In-32* rel.

125. — BOOK (The) of common prayer and administration of the sacraments and other rites and ceremonies of the church, etc. — Londres, *published for John Rewes, 1813, in-32 rel.*

126. — LE BRIS (Ch.) — Heuryou brezonec ha latin, composet quen e pros quen e guers. — Quemper, *Y.-I.-L. Derrien, 1817, p^t in-8° rel.*

127. — LE LIVRE DE PRIÈRES de M. de Fénelon, archevêque de Cambray. Nouv. édit. avec figures. — Paris, *Ch. Villet, libraire, 1820, p^t in-8° rel.*

128. — PRIÈRES OU MANUEL DE PIÉTÉ proposé à tous les fidèles et particulièrement aux jeunes personnes et aux maisons d'éducation. Nouv. édition, revue et augmentée, avec approbation de son Eminence Monseigneur le Cardinal archevêque de Paris. — Paris, *Maradan, libraire, 1821, in-12.*

129. — EUCOLOGE OU LIVRE D'ÉGLISE à l'usage de Paris, contenant l'office de tous les dimanches et fêtes de l'année. Nouv. édit., augmentée des offices du Sacré-Cœur, de St-Vincent de Paul et autres, conformément à la nouvelle édition du Bréviaire et du Missel parisien, imprimé par ordre de Monseigneur l'archevêque. — Paris, *imp. d'Adrien Le Clerc,* mdcccxxiv, *in-12 rel.*

130. — RECUEIL de cantiques à l'usage des missions et retraites, D. M. D. G. — Avignon, *Seguin aîné, 1825;* Quimper, *Blot, 1827, in-8° br.*

130 (bis). — HEURYOU brezonec ha latin, composet quen e pros quen e guers. — Quemper, *Y.-I.-L. Derrien, 1817, petit in-8° rel.*

131. — LE BRIS (Ch.) — Ar memes. — Brest, *Lefournier et Deperiers, 1828, in-12 rel.*

132. — TAULENNOU ac Oræsounou eus an oféren santel, gant ar pedennou d'eus ar mintin ha d'eus an nôs, etc. — Brest, *Lefournier et Deperiers, 1825, in-18 cart.*

133. — PEDENNEU aveit sanctifïein eu deuêh, eit clehuein en overen, ha reeu guet devotion er sacremant a benigeu, etc. Edition neué. — Lorient, *Charles, 1828, in-18 rel.*

134. — JOURNÉE (la nouvelle) du chrétien, contenant les messes, vêpres et antiennes de toutes les fêtes de l'année, augmentée des offices de Saint-Louis et de Saint-Corentin, et de plusieurs hymnes, cantiques et proses omis dans les éditions précédentes. — Brest, *Lefournier et Deperiers, 1829, in-12 rel.*

135. — PROPRIUM Sanctorum diœcesis Leonensis romano usui accommodatum ex mandato, D. D. J. L. de la Bourdonnaye. Edit. nova. — Leoniæ, J. J. Le Sieur, 1736, in-12 rel.

136. — D°. — Corisopitense, Corisopiti. — Y. I. L. Derrien, 1789, in-8°.

137. — D°. — D°, d°, d°.

138. — BREVIARIUM (supplementum ad) et missale, sive festa recentiora cum missis propriis, In diœcesi corisopitensi recitanda, de mandato, T. F. J. Conen de St-Luc. — Corisopiti, M. Blot, 1775, p^t in-8° rel.

139. — ORDO divini officii recitandi et missas celebrandi, ad usum diœcesis Corisopitensis, cum festis ipsi propriis. De mandato J. M. D. de Poulpiquet de Brescanvel. — Corisopiti, 1829, 30, 31, 32, etc., in-18.

140. — BREF du diocèse de Quimper, imprimé par ordre de M. J. M. D. de Poulpiquet de Brescanvel. — Quimper, 1839-40, etc., in-18.

141. — SANCTORALE macloviense seu officia propria diœcesis Macloviensis. — Maclovii, 1768, p^t in-8° rel.

142. — OFFICIA propria Societatis Jesu juxta ritum Breviarii romani. etc. — Venetiis, 1758, in-18.

143. — CATHOLIC (the) Christian's Daily companion, or, a choice of devout prayers, etc. — Dublin, R. Cross, 1805, in-18 rel.

144. — LE BRIS (Ch.) — Heuriou brezonnec ha latin, composet quen en guers, en faver bibl simpl, gant an autrou Briz, belec, hac augmentet a nevez eus ar c'housperou, St-Briec, St-Eozen, St-Guillerm, St-Caourintin, St-Paol, a Leon ha s Tudual. — E Brest, e ty J. B. Lefournier, 1838, in-12 rel.

145. — MANUEL de piété à l'usage des élèves du Sacré-Cœur. — Paris, J. Lecoffre et Cie, 1856, in-8° br.

146. — MICHEL (Francisque). — Le livre des psaumes, ancienne traduction française, publiée pour la première fois d'après les manuscrits de Cambridge et de Paris, par F. Michel, correspondant de l'Institut de France, etc. — Paris, imp. nationale, 1876, in-4° rel.

147. — PONTIFICAL d'Amiens, publié d'après un manuscrit original du XIe siècle, avec notes et commentaires, par Victor de Beauvillé et Hector Josse, de la Société des antiquaires de Picardie. — Amiens, T. Jeunet, 1885, in-4° br.

148. — LIBER (Le) pontificalis. — Texte, introduction et commentaire, par M. l'abbé Duchesne, membre de l'Institut catholique de Paris.

2ᵉ Série. — 1ᵉʳ fascicule, juillet 1884.
               2ᵉ id. juin 1885.
               3ᵉ id. juillet 1886.
               4ᵉ id. juin 1888.
               5ᵉ id. décembre 1889.
               6ᵉ id. juin 1891.

PARIS, *Ern. Thorin, de 1884 à 91, in-4° br.*

149. — PAROISSIEN (Le) des Dames, contenant l'office du matin et celui du soir, à l'usage de Paris et de Rome. — PARIS, *Janet, s. d., in-12 rel.*

III. — CONCILES

150. — OSMONT DU SELLIER. — Eclaircissement de plusieurs difficultés touchant les conciles généraux, etc. — Amsterdam, *Z. Chatelain, 1734, in-12.*

151. — CONCILIORUM omnium generalium et provincialium collectio regia. — Parisiis, *1664, in-f°, 37 vol. rel.*

152. — CONCILIORUM quatuor generalium, Niceni, Constantinopolitani, Ephesini et Calcedonensis, etc. — Paris, *F. Regnault, 1535, in-8° rel.*

153. — CHIFFLET (Phil.) — Sacrosancti et Œcumenici concilii Tridentini, Paulo III, Julio III et Pio IV, P. P. M. M. celebrati, canones et decreta. Ed. noviss. — Lugduni, *J.-B. Deville, 1675, in-12 rel.*

154. — D°. — D°. — Parisiis, *typ. Fred. Léonard, 1697, in-18 rel.*

155. — CANONS et DÉCRETS du concile national de France, tenu à Paris en 1797, commencé le 15 août (28 termidor an v), et terminé le 12 novembre (22 brumaire an vi), mis en ordre par les évêques réunis à Paris. — Paris, *imprimerie-librairie chrétienne, an de J.-C., 1798, an VI de la République, in-18.*

156. — ACTES et DÉCRETS du 11e concile provincial d'Utrecht, tenu le 13 septembre 1763. — Utrecht, *1764, in-12 rel.*

157. — SPELMAN (Henri). — Concilia Magnæ Britanniæ et Hiberniæ. — Londini, *R. Gosling, 1737, in-f°, 4 vol. rel.*

158. — MANNING (Mgr). — Histoire du concile du Vatican. Nouv. édit., augmentée d'une introduction et de tous les documents, par M. J. Chantrel. — Paris, *V. Palmé, 1872, in-8° br.*

IV. — SAINTS-PÈRES

1. — COLLECTIONS, EXTRAITS ET FRAGMENTS D'OUVRAGES DES SAINTS-PÈRES

159. — TRICALET (l'abbé P.-J.) — Bibliothèque portative des Pères de l'Eglise. — Paris, *A.-M. Lottin, 1758, in-8°, 9 vol. rel.*

160. — CANISIUS (Henri). — Thesaurus monumentorum ecclesiasticorum, etc., quibus præfationes historicas, etc., adjecit Jacobus Basnage. — Antverpiœ, *apud Rudolphum et Gerhardum Westenios, 1725, in-f°, 4 vol., reliure allemande en vélin.*

161. — DOUJAT (Fr). — Pensées morales et réflexions chrétiennes tirées des Pères de l'Eglise, etc. — Paris, *N. Le Gras, 1708, in-12 rel.*

162. — GÉNEVAUX (Denys). — Histoires choisies ou livre d'exemples tirez de l'écriture, des Saints-Pères et des auteurs ecclésiastiques les mieux avérés, avec quelques réflexions morales, etc. — Paris, *Gabriel Ch. Berton, 1753, in-12 rel.*

2. — INTERPRÊTES JUIFS. — OUVRAGES DES SAINTS-PÈRES GRECS

163. — PHILON (Juif). — Œuvres translatées de grec en français, par Pierre Bellier, revues, etc., par Fréd. Morel. — Paris, *Ch. Chappelain, 1612, in-8°, 2 exempl., l'un rel. en parch.*

164. — CLÉMENT (Saint), d'Alexandrie. — Clementis Alexandrini omnia quæ quidem extant opera, etc. — Parisiis, *G. Guillard et Th. Belot, 1566, p^t in-8° rel.*

165. — CYRILLE (le Saint-Père). — Vingt et trois Catechèses ou instructions verbales, etc. — Paris, *Sébastien Nivelle, 1564, in-18 parch.*

166. — JEAN CHRYSOSTOME (Saint). — D. Joannis Chrysostomi contra Judæos homiliæ VI Græcè nunc primum, etc. — Augustœ, *Joann. Prætorius, 1602, in-8° parch.*

3. — OUVRAGES DES SAINTS-PÈRES LATINS ET DE QUELQUES AUTRES ÉCRIVAINS ECCLÉSIASTIQUES

167. — MINUCIUS (Félix). — M. Minucii Felicis Octavius ex iterata recensione Joann. Davisii cum ejusdem animadversionibus ac notis Des. Heraldi et Nic. Rigaltii, etc. — Cantabrigiæ, *typis academicis, Cornelii Crownfield, 1712, in-8° rel.*

168. — D°. — L'Octavivs de la traduction de M. d'Ablancourt. — Paris, *T. Jolly, 1664, in-12.*

169. — TERTULIEN. — Apologétique. — Paris, *J. Collombat, 1715, in-12 rel.*

170. — D°. — De la patience et de l'oraison. — Paris, *V. G. Camusat, 1640, in-12.*

171. — D°. — Des prescriptions contre les hérétiques, de l'habillement des femmes, de leur ajustement et du voile des vierges, de la traduction de M. H. — Paris, *Simon Trouvin, 1683.*

172. — LACTANCE. — L. Cœlii sive Cœcilii Lactantii Firmiani opera omnia quæ exstant ad optimas editiones collata, prœmittitur notitia literaria studiis societatis Bipontinæ. Ed. accurata. — Biponti, *1786, in-8°, 2 vol.*

173. — D°. — Traité de Lactance, de la mort des persécuteurs de l'Eglise, mis en français par M. Maucroix. — Paris, *F. Muguet, 1680, in-12 rel.*

174. — D°. — Traduction nouvelle par J.-F. Godescard. — Paris, *Le Clerc, 1797, in-8°.*

175. — AUGUSTIN (Saint). — D. Aurelii Augustini libri xiii confessionum opera et studio R. P. H. Sommalii. — Lugduni, *apud Dan. Elzevirium, 1675, p^t in-12 rel.*

176. — D°. — Les Confessions, traduction nouvelle sur l'édition latine des pères bénédictins de Saint-Maur, avec des notes par M. du Bois. — Paris, *J. B. Coignard, 1712, in-12 rel.*

177. — D°. — Confessions de St-Augustin, traduit en français par M. Du Bois, de l'Académie française. — Paris, *P. G. Le Mercier, 1737, in-8° rel.*

178. — D°. — Les Confessions, traduction par M. Arnaud d'Andilly. — Paris, *G. Desprez, 1735, in-12 rel.*

178 bis. — D°. — La cité de Dieu, trad. par L. Moreau, 3ᵉ édit. — Paris, J. Lecoffre et Cⁱᵉ, 1554, in-12, 3 vol. br.

179. — CHRYSOLOGUE (Saint Pierre). — Divi Petri Chrysologi, etc. Insigne et pervetvstvm opvs homiliarvm nvnc primvm in lvcem editvm. — Parisiis, J. de Marnef et G. Cavellat, 1574, in-8° rel.

180. — CASSIODORE (Aurélien). — M. Aureliani Cassiodori opera omnia quæ exstant ex fide manuscr. auctiora et locupletiora, etc. — Coloniæ Allobrogum, Ph. Gamonet, 1656, in-4°.

181. — ABAILARD (P.) — Ouvrages inédits d'Abailard pour servir à l'histoire de la philosophie scolastique en France, publiés par V. Cousin. — Imprim. roy., 1836, in-4°.

182. — BERNARD (Saint). — Ses Sermons sur le Pseavme *qui habitat in adjutorio*, etc., avec les deux sermons de saint Augustin sur le même pseaume, trad. en français par G. Leroy. — Paris, *Ch. Savreux, 1658*, in-8° rel.

183. — ARNOBI Afri adversùs Gentes libri vii. Cum recensione viri celeberrimi, et integris omnium commentariis. Editio novissima, atque omnium accuratissima. — Lugduni *Batavorum, ex officinâ Johannis Maire, 1651, in-4° rel.* (Fleuron). Devise : fac et spera.

V. — THÉOLOGIENS

1. — THÉOLOGIE SCOLASTIQUE ET DOGMATIQUE

184. — RICHARD (le P. Ch. L.) — Dictionnaire universel des sciences ecclésiastiques. — Parisiis, *J. Rollin, 1759, et suivantes, in-f°, 6 vol. rel.*

185. — BREZILLAC (Dom J.-F. de). — Dictionnaire ecclésiastique et canonique portatif, ou abrégé méthodique de toutes les connaissances nécessaires aux ministres de l'Église, etc., par une société de religieux et de jurisconsultes. — Parisiis, *Dehansy, 1765, petit in-8°, 2 vol. rel.*

186. — ALLETZ (Pons. Aug.) — Dictionnaire théologique contenant l'exposition et les preuves de la Révélation, etc. — Paris, *Musier fils, 1767, petit in-8° rel.*

187. — COLLET (Pierre). — Institutiones Theologicæ. Ed. quarta. — Parisiis, *J.-B. Garnier, 1754, in-12, 3 vol. rel.*

188. — INSTITUTIONES THEOLOGICÆ, etc. — Parisiis, *J.-B. Garnier, 1754, 2 vol. rel.*

189. — THEOLOGIA DOGMATICA ET MORALIS, etc. — Parisiis, *S.-P. Billot, 1708, in-12 rel.*

190. — THOMAS D'AQUIN (Saint). — Prima secundæ partis svmmæ theologicæ. — Antverpiæ, *C. Plantin, 1569, in-4° rel.*

191. — THOMAS DE JESUS. — Les souffrances de N.-S. Jésus-Christ. Ouvrage écrit en portugais et traduit par le P. G. Alleaume. Nouvelle édition. — Lyon, *Bruyset, 1731, in-12, 2 vol. rel.*

192. — PETITPIED (Nicolas). — Règles de l'équité naturelle et du bon sens pour l'examen de la Constitution du 8 septembre 1713, etc. — *1717, in-12 rel.* avec :

193. — LABORDE (le P. Vidien). — Dissertation dans laquelle on établit les principes généraux pour juger de la Constitution et où l'on démontre d'une manière géométrique qu'on ne peut la recevoir absolument. — *S. l. d'impr., 1714.*

194. — ROUAULT (l'abbé). — Les quatre fins de l'homme, etc. — Paris, *Montalant, 1734, in-12 rel.*

195. — D°. — Nouvelle édition par Collet. — Caen, *P. Chalopin, 1804, in-12 rel.*

196. — REFLEXIONEU ar er pedair fin dehuéhan. — E Guénet, *J.-M. Galles, 1831, in-18 rel.*

197. — SOUGIT-ER-VAD, pe reflexionou var ar pevar fin diveza, gant eur Chabistr var an devotion d'ar Verc'hes santel, etc. — Brest, *Lefournier ha Dépesrier, 1824, in-18 cart.*, 2 exempl.

198. — LEBRIS (Charles). — Reflexionou profitabl var ar finvezou diveza eus an den, etc. — Quemper, *S.-M. Perier, 1771*, relié avec :

CRASSET (le P. J.) — Preparationou d'ar maro, composet e gallec gant an Tad Crasset, Jesuit, ha troet e brezonec, hac augmentet eus a Gantic ar maro hac eus ar Seiz-Salm e guerziou, etc., gant Dom Charles ar Bris, belec a Leon. — Quemper, *Y.-I.-L. Derrien, in-8° rel.*

199. — LA CHAMBRE (l'abbé F. Ilharat de). — Traité de l'Eglise de Jésus-Christ, dans lequel on examine quelle est la nature de cette société sainte. — Paris, *1743, in-12, 6 vol. rel.*

200. — PELISSON FONTANIER (Paul). — Traité de l'Eucharistie. — Paris, *Anisson, 1694, in-12 rel.*

201. — VILLE-THIERRY (Girard de). — La vie de Jésus-Christ dans l'Eucharistie, etc. — Paris, *Chaubert, 1730, in-8° rel.*

202. — THIERS (J.-B.) — Traité des superstitions qui regardent les Sacrements, selon l'Ecriture sainte, etc., 4ᵉ édition. — Paris, *1741, in-12, 4 vol. rel.*

---

2. — THÉOLOGIE MORALE

203. — MARCHANT (Jacques). — Hortvs Pastorvm sacræ doctrinæ floribvs polymitvs, etc., nunc recens a mendis expurgatus. Stvdio et opera Michaelis, Alix. Ed. septima. — Parisns, *Gervasius Aliot, 1647, in-f°.*

204. — EXPOSITION DE LA MORALE DE LA DOCTRINE CHRÉTIENNE. — Traduction de l'allemand. — Lyon, *Rusand, 1817, in-12, 2 vol. cart.*

205. — LE SEMELLIER (le P.) — Conférences ecclésiastiques sur le Décalogue. Ouvrage posthume. — Bruxelles, *les Frères associés, 1759, in-12, 4 vol. rel.*

206. — NICOLE (Pierre). — Instructions théologiques et morales sur l'oraison dominicale, la salutation angélique, la sainte messe, etc. — Paris, *C. Osmont, 1718, in-12 rel.*

207. — BOUTAUD (le P.) — Les Conseils de la Sagesse ou recueil des maximes de Salomon, les plus nécessaires à l'homme pour se conduire sagement, avec des réflexions sur ces maximes. — Paris, *Sébastien Mabre-Cramoisy, 1695, in-12 rel.*

208. — D°. — Les mêmes, 7ᵉ édition. — Paris, *1736, in-12 rel.*

209. — CARACCIOLI (S. A. de). — Le langage de la raison. — Paris, *Nyon, 1763, in-12 rel.*

210. — D°. — La jouissance de soi-même. — Paris, *Nyon, 1765, in-12 rel.*

211. — PICHON (Jean). — L'Esprit de Jésus-Christ et de l'Eglise sur la fréquente communion. — Paris, *H. L. Guérin, 1745, in-12 rel.*

212. — LAMET et FROMAGEAU. — Dictionnaire des cas de conscience. — Paris, *J. H. Coignard, 1733, in-f°, 2 vol. rel.*

213. — MORÉNAS (Fr.) — Dictionnaire portatif des cas de conscience. Nouv. édit. — Lyon, *J. M. Bruyset, 1776, in-8°, 3 vol. rel.*

214. — LENGLET DU FRESNOY (l'abbé Nic.) — Traité historique et dogmatique du secret inviolable de la confession. — Paris, *Ch. Et. Hochereau, 1715, in-12 rel.*

215. — FÉNELON (F. Salignac de la Motte). — Direction pour la conscience d'un Roi. — Paris, *Lebègue, 1821, in-12.*

216. — THIERS (J. B.) — Traité des jeux et des divertissements qui peuvent être permis ou qui doivent être défendus aux chrétiens. — Paris, *Ant. Dezallier, 1686, in-12 rel.*

217. — PEGURIER (l'abbé Laurent). — Décision faite en Sorbonne touchant la comédie, avec une réfutation des sentiments relâchés d'un nouveau théologien sur le même sujet. — Paris, *J. B. Coignard, 1694, in-12 rel.*

218. — DESPREZ DE BOISSY (Ch.) — Lettres sur les spectacles avec une histoire des ouvrages pour et contre les théâtres, 4ᵉ édition. — Paris, *Butard, 1771, in-12 rel.*

THÉOLOGIE

219. — HULOT (l'abbé). — Instruction sur les spectacles, 2ᵉ édition. — Paris, A. Leclerc et Cⁱᵉ, 1826, in-18.

220. — BOILEAU (l'abbé J.) — De l'abus des nudités de gorge, attribué à l'abbé J. Boileau. — Paris, Delahays, 1858, in-8°.

221. — LE SEMELLIER (le P.) — Conférences ecclésiastiques de Paris sur l'usure. — Paris, les frères Estienne, 1773, in-12, 4 vol.

222. — LA PORTE (l'abbé J.-B. de). — Le défenseur de l'usure confondu, ou réfutation de l'ouvrage intitulé Théorie de l'intérêt de l'argent. — Paris, Morin, 1781, in 12 relié.

223. — RULIÉ (l'abbé Pierre). — Théorie de l'intérêt de l'argent, tirée des principes du droit naturel, de la théologie et de la politique, contre l'abus de l'imputation d'usure. — Paris, Barrois l'aîné, 1780, in-12 rel.

224. — CAPMAS. — Théorie de l'intérêt de l'argent démontré véritablement usuraire par les principes du droit naturel, de la théologie et de la politique, ou réfutation d'un article intitulé : Théorie de l'intérêt de l'argent, par Rulié. — Paris, 1782, in-12 rel.

225. — PASCAL (Blaise). — Les provinciales ou lettres écrites par Louis de Montalte à un provincial de ses amis et aux R. R. P. P. jésuites. — Cologne, Schoute, 1690, in-18 rel.

226. — LES PROVINCIALES OU LETTRES écrites par M. Louis de Montalte à un provincial de ses amis. — Cologne, Schoute, 1690, in-18.

227. — PASCAL (Blaise). — Lettres provinciales. Nouvelle édition. — 1753, in-12 rel.

228. — Dº. — Les mêmes. Nouvelle édition. — 1754, in-12 rel.

229. — Dº. — Les provinciales ou lettres écrites par Louis de Montalte à un provincial de ses amis et aux R. R. P. P. jésuites. Nouvelle édition. — Clermont, les frères Lefranc, 1756, in-12 rel.

230. — Dº. — Les mêmes, revues avec soin sur les différentes éditions, par P.-B. Auguis. — Paris, Froment, 1822, in-18, 2 vol. rel.

231. — Dº. — Lettres écrites à un provincial par un de ses amis. — Paris, Didot, in-8° br. (La page de garde manque).

232. — Dº. — Autre, précédées d'un éloge de Pascal, par M. Bordas-Dumoulin. — Paris, Didot frères, 1846, in-8°.

233. — PASCAL (Blaise). — Lettres écrites à un provincial par Blaise, Pascal, précédées d'un éloge de Pascal, par M. Bordas-Dumoulin et suivies d'un essai sur les provinciales et le style de Pascal. — Paris, *Didot frères, 1846, in-8° br.*

234. — DANIEL (le P. Gabr.) — Réponse aux lettres provinciales ou entretiens de Cléandre et d'Eudoxe. — Cologne, *P. Marteau, 1696, in-12 rel.*

235. — PETIT-DIDIER (Dom Mathieu). — Apologie des lettres provinciales contre la dernière réponse des P. P. Jésuites, intitulée : Entretiens de Cléandre et d'Eudoxe. — Rouen, *Van Rhin, 1698, in-12 rel.*

3. — THÉOLOGIE CATÉCHÉTIQUE

236. — CATÉCHISME du Concile de Trente, latin et français. — Mons, *G. Migeot, 1685, in-12, 2 vol. rel.*

237. — LA CHÉTARDIE (Joach. Trotti de). — Catéchisme de Bourges, 5ᵉ édition. — Bourges, *J. Toubeau, 1703, in-8° rel.*

238. — MESNARD (J. de la Noë). — Catéchisme du diocèse de Nantes. — Nantes, *J. Mareschal, 1707, in-8° rel.*

239. — Dº. — Le même. — Nantes, *Nicolas Verger, 1723, in-12 rel.*

240. — CATÉCHISMES de Léon et de Quimper, en français et en breton.

241. — Dº. — De Saint-Brieux. — Saint-Brieux, *Prud'homme, 1824, in-12 cart.*

242. — MAUPIED (le Dʳ F.-L.-M.), missionnaire apostolique. — Petit catéchisme pour les temps présents, par un Alsacien catholique, 1801. — Saint-Brieuc, *Prud'homme, 1861, in-12° broch.*

243. — BOUGEANT (le P. G. Hyac.) — Exposition de la doctrine chrétienne, par demandes et par réponses, divisée en trois catéchismes : 1° historique ; 2° dogmatique ; 3° pratique. — Paris, *Rollin, 1746, in-12, 4 vol. rel.*

244. — COUTURIER (J.) — Abrege pratic eus an doctrin gristen, troet e brezonec eus an hini gallec gant an autrou Couturier, evit utilite ha descadurez an dud divar ar meaz. — Montroulez, *Lédan, 1834, in-18 cart.*

245. — LA SAUSSE (l'abbé J.-B.) — Explication du catéchisme, à l'usage de toutes les églises de l'empire français, 3ᵉ édition. — Paris, *Mame, 1808, in-12 rel.*

246. — C'HOULENNOU (ar) hac ar responchou an importanta eus ar C'hatechis nevez, lequet e Guers brezonnec ha distribuet et canticou, gant ur Belec yaouanc eus a escopty Quemper (guechall Leon), etc. — Quemper, *P.-M. Barazer, 1810, in-18.*

247. — DOULEVY (Andrew). — The Catechism, or christian doctrine by Way of question and answer. — Paris, *James Guérin, 1742, in-8° rel.* (Anglais et Irlandais).

---

4. — THÉOLOGIE PARANÉTIQUE OU SERMONS

248. — GRITSCH (Job.) — Quadragesimale fratris Jobis Gritsch ord. fratrum minorum. — *Petit in-4° goth. à 2 col.*

249. — GIROUST (le P. Jacq.) — Sermons, 3ᵉ édition. — Bruxelles, *E. H. Frick, 1742, in-12, 3 vol. rel.*

250. — BOURDALOUE (le P.) — Sermons pour le carême. — Lyon, *les frères Bruyset, in-12 rel.*

251. — Dº. — Sermons pour les dimanches. Tome 2ᵉ.

252. — MASSILLON (J. B.) — Le petit carême. — Paris, *Baudouin frères, 1826, in-32.*

253. — Dº. — Œuvres. — Paris, *Lefèvre, 1833, port. g^d in-8°, 2 vol. en un seul, rel.*

254. — LE GRIS DUVAL (l'abbé René-Michel). — Sermons précédés d'une notice sur sa vie, par M. E.-C. de B. (le cardinal de Bausset). — Paris, *Ad. Leclerc, 1820, in-12, 2 vol. rel.*

255. — MENOT (Fr. Michel). — Sermons sur la Madeleine, avec une notice et des notes par Jehan Labouderie, président de la Société royale des antiquaires de France. — Paris, *H. Fournier jeune, 1832, in-8° rel.*

256. — ROUNAT (le R. P. C.) — Sermons pour l'Octave des morts, prêchés à Paris dans l'Eglise Saint-Nicolas-des-Champs. — Lyon, *F. Comba, 1678, in-8° rel.*

257. — JOLI (Claude). — Prônes sur différents sujets de morale. — Paris, E. Couterot, 1694, in-8°, 8 vol. rel. sur lesquels il en manque deux.

258. — COURS DE PRONES à l'usage des curés de la campagne. — Rouen, J. Racine, 1786, in-12, 2 vol. rel.

259. — D°. — Avignon, F. Chambeau, 1803, in-12, 2 vol. rel.

260. — DISCOURS MORAUX sur les Evangiles de tous les dimanches de l'année, etc. — Paris, F. Couterot et E. Guérin, 1684, in-12, 12 vol. rel.

261. — BAUDRAND. — Morceaux choisis, ou recueil de ce que cet orateur a de plus remarquable sous le rapport de la morale et du style, par Durand, précédés d'une notice sur Baudrand, extraite du Dictionnaire de Feller. — Paris, 1828, in-18.

262. — LACORDAIRE (le R. P. Henri-Dominique). — Conférences de Notre-Dame de Paris, de 1835 à 1851. — In-8°, 4 vol.

263. — VENTURA DE RAULICA (le T. R. P.) — La raison philosophique et la raison catholique ; conférences prêchées à Paris, dans l'année 1851 et l'année 1854, 3ᵉ édition. — Paris, Gaume frères 1853, 54, 55, in-8°, 4 vol.

5. — THÉOLOGIE ASCÉTIQUE OU MYSTIQUE

A. — Mystiques latins

264. — KEMPIS (Thomas A.) — De Imitatione Chisti libri quatuor. Recensiti ad fidem autographi anni mccccxli per Heribertum Rosweydum. — Lugduni, P. Valfray, 1686, in-32 rel.

265. — IMITATION DE J.-C. — De Imitatione Christi. — Parisiis, J.-B. Barbou, 1773, pᵗ in-12 rel.

266. — D°. — Les livres de l'Imitation de Jésus-Christ, par le P. Girard. — Paris, Cl. de Hansy, 1713, in-18.

267. — D°. — De l'Imitation de Jésus-Christ. Traduction nouvelle. — Paris, J.-B. Coignard, 1720, in-8° rel. (Grav.)

268. — D°. — L'Imitation de Jésus-Christ, nouvellement traduite par de Bonnaire, prêtre. — Paris, 1767, in-18 rel.

269. — Dº. — Les qvatre livres de l'Imitation de Jésus-Christ, traduits et paraphrasés en vers français, par P. Corneille. — Rouen, *imp. par L. Maurz pour Robert Ballard, 1656, in-4º rel.* (Grav.)

270. — Dº. — L'Imitation de Jésus-Christ, traduite et paraphrasée en vers français par P. Corneille. — Bruxelles, *Fr. Foppens, 1684, in-12 rel.*

271. — Dº. — Traduction nouvelle, précédée de l'Ordinaire de la Messe, et suivie des Vêpres et complies, des 7 psaumes de la pénitence et autres prières. — Orléans, *Coirret de Villeneuve, 1779, in-8º br.*

272. — VALART (l'abbé). — Imitation de Jésus-Christ, traduction nouvelle sur l'édition latine de 1764, par l'abbé Valart. — Paris, *Barbou, 1782, in-18 rel.*

273. — IMITATION DE JÉSUS-CHRIST, traduite par le R. P. Gonnelieu avec pratiques et prières. — Paris, *Belin Le Prieur, 1833, in-32 rel.* Frontisp. grav. sépar. du texte.

274. — Dº. — Traduction nouvelle, avec des réflexions à la fin de chaque chapitre et précédée de prières avant la Messe. — Paris, *Pagnerre, 1845, in-12 rel.*

275. — GUICHON DE GRANDPONT. — L'imitation de Jésus-Christ, trad. en vers français. — Draguignan, *Guimbert et fils, 1875, in-12.*

276. — IMITATION JEZUZ-KRIST, lekeat et brezounek gant ann daou aotrou A. Troude, ar C'horonal, ha G. Milin. — Brest, *Lefournier, 1864, in-18 rel.*

277. — Dº. — Imitation hor Zalver Jesus-Christ, leqet et brezonec, gant ur bêleg eus a escopti Querne. — E Montroulez, *Lédan, 1836, in-18 rel.*

278. — Dº. — The Following of Christ. Translated in the Malayan Language. — Kaikotan Elmeseh, *Tersalin dalam Bahasa Malayu, di Bendar Pulo Pinang, 1846, in-18 rel.*

279. — BELLARMIN (le P. Robert). — De arte bene moriendi libri duo. — Parisiis, *apud Natalem Carolum, 1625, in-12 rel.*, avec Caroli de la Rue e societate Jesu Idyllia, tertia editiô auctior.

280. — DREXELIUS (Hier.) — Trismegistus Christianus. (Le titre manque), *in-18 rel.*

281. — HORSTIUT (Jacques Merlo, dit). — Paradisvs animæ christianæ, etc., ex novissima auctoris recognitione. — Col., *Agrippinæ, Sumpt. Balth. ab Egmondt et Sociorum, 1670, in-8º rel.* (Grav.)

282. — BONA (Joan). — Manuductio ad cœlum, medullam continens sanctorum Patrum, et veterum philosophorum. — Parisiis, *Rob. Pepie, 1692, in-18 rel.*

283. — D°. — Le chemin du ciel et le testament, ou préparation à la mort, de feu M. le cardinal Bona, écrit en latin et traduit nouvellement en français. — Avignon, *veuve Chambeau, 1768, in-12 rel.*

B. — Mystiques français, italiens, espagnols, etc.

284. — FRANÇOIS DE SALES (Saint). — Introduction à la vie dévote, dernière édition. — *1608, in-12 rel.* (Le titre manque).

285. — D°. — Esprit de Saint-François de Sales, recueilli de divers écrits de M. J.-D. Camus, par P. C. (Collot). — *Les frères Etienne, 1747, in-8° rel.* (Grav.)

286. — BAUDRANT (le Père Barth.) — Morceaux choisis par A.-M. Durand. — Paris, *1828, in-18.*

287. — D°. — Histoires édifiantes et curieuses, tirées des meilleurs auteurs, avec des réflexions morales sur les différents sujets. — Lyon, *Périssé frères, 1837, g^d in-12 rel.*

288. — AGREDA (Marie d'). — La cité mistique *(sic)* de Dieu, miracle de sa toute puissance, etc. Trad. de l'espagnol, par le P. Th. Croset. — Bruxelles, *F. Foppens, 1717, in-8°, 8 vol. rel.*

289. — GRENADE (le R. P. Louis de). — Le guide des pécheurs, composée en espagnol par le R. P. Louis de Grenade, de l'ordre de Saint-Dominique. Trad. de nouveau en français par M. Girard. — Paris, *Barth. Girin, 1701, g^d in-8° rel.*

290. — SAINTE-MARIE (Honoré de). — Problème proposé aux sçavants touchant les livres attribuez à St-Denis l'Aréopagite, où l'on demande s'il faut dire que cet auteur a tiré des principes, une partie de sa doctrine et le traité de sa théologie mystique, de St-Clément d'Alexandrie et de St-Grégoire de Nysse. — Paris, *veuve de Nully, 1708, in-8° br.*

291. — LA VALLIÈRE (Duchesse de). — Réflexions sur la miséricorde de Dieu, suivies de ses lettres et des sermons pour sa vêture et sa profession, par Messieurs d'Aire et de Condom. — Paris, *Techener, 1860, in-8° br.*

292. — QUADRUPANI (le R. P.) — Instructions pour éclairer les âmes pieuses dans leurs doutes et pour les rassurer dans leurs craintes, par le R. P. Quadrupani, barnabite, traduites de l'italien par le chevalier Duchambon de Mésikiac, 14ᵉ édit., corrigée et augmentée de nouvelle addition. — Paris, à la librairie de piété et d'éducation d'A. Vaton, 1860, in-24 rel.

293. — ÉVÊQUE DE SOISSONS, de l'Académie française. — Traité de la confiance en la miséricorde de Dieu, pour la consolation des âmes que la crainte jette dans le découragement. — Paris, veuve Mazières et J.-B. Garnier, in-8° rel.

294. — LANGUET. — Traité de la miséricorde de Dieu. Suite d'un traité du faux bonheur des gens du monde et du vrai bonheur de la vie chrétienne. — Paris, Gaume frères, 1827, in-12 rel.

295. — SALVIAN (Evesque de Marseille). — Œuvres contenant huit livres de la Providence, les iv livres contenant l'avarice, avec plusieurs épistres du même autheur ; traduites de novveav et illvstrées de plusieurs belles notes, par le P. Pierre Gorse, de la compagnie de Jésus. — Paris, Gaspard Metvras, 1655, in-4°.

C. — Traités particuliers de Théologie ascétique

296. — CLERMONT (J.-L.-D.) — L'amovr movrant, ou les entretiens de l'âme sur le mystère de la Passion de Jésus-Christ (en vers). — Paris, J. Boude, 1666, pᵗ in-f° rel.

297. — HUBY (le P. Vincent). — Pratique de l'amour de Dieu et de N.-S J.-C. — Vannes, veuve Galles, 1672, in-18 rel.

298. — SANCTI FRANCISCI-XAVERII epistolarum libri quatuor. — Cadomi, apud viduam Joannis Poisson, mdcxciii, rel.

299. — FRANÇOIS-XAVIER (Saint). — Lettres choisies. Traduction nouvelle avec latin à côté. — Limoges, P. Barbou, 1699, in-12 rel.

300. — GONDON (Gilles). — La trompete du ciel qui réveille les pécheurs et qui les excite à se convertir. — Vannes, Z. de Heuqueville, 1692, in-8° rel.

301. — LAURA (Pierre). — Le trésor des âmes du Purgatoire. — Lyon, Benoit M. Mauteville, 1718, in-12 rel.

302. — LA VALLIÈRE (Mme la duchesse DE). — Réflexions sur la miséricorde de Dieu. — PARIS, *Christophe David, 1740, in-12.*

303. — RECUEIL de divers ouvrages propres à instruire, consoler et affermir dans les temps d'épreuves et de persécutions :

1° HAMON. — La consolation véritable des épouses de J.-C.

2° D°. — Principes de conduite dans la défense de la vérité, etc., etc. — *In-12 rel.*

304. — SENTIMENTS d'une âme chrétienne qui désire vivre de Jésus-Christ. Traduits du latin par l'abbé de Tricoure. — PARIS, *Ch.-P. Berton, 1774, in-12 rel.*

305. — BESOMBES DE SAINT-GENIÈS (P. L. DE). — Le triomphe de l'Homme-Dieu ou le passage d'une âme qui va reprendre le saint joug de J.-C. Trad. du latin par le P. C. Brunet. — POITIERS, *Chevrier, 1792, in-12, 2 vol. rel.*

306. — TRIOMPHE (le) de la pureté sous les auspices de J.-C., etc. — BREST, *Lefournier et Despériers, 1816, in-18 rel.*

307. — LIGUORI (le bienheureux ALPH. MAR. DE). — Horloge de la passion ou réflexions et affections sur les souffrances de J.-C. Trad. de l'italien par l'abbé J. G. Gaume, 2ᵉ édition. — PARIS, *Gaume frères, 1833, in-18.*

308. — INEAN (En) pénitant pé er chonget erhat néhué, dré ur person a escopti Guénet. — GUÉNET, *de Lamarzelle, 1836, in-18 rel.*

309. — VOYAGE misterius de inis er vertu. — GUÉNET, *J.-M. Galles, in-18 cart.* (Sans date).

310. — MERCIER (JACQUES LE). — Histoire de la larme sainte de N.-S. Jésus-Christ, révérée dans l'abbaye de Saint-Pierre les Selincourt, ordre Prémontré, au Diocèse d'Amiens, avec une instruction pour faire usage des larmes, etc., etc. — AMIENS, *Ch. Caron-Hubault, 1707, in-8° br.* (Réimpression).

D. — Pratiques et Exercices de Piété, Méditations, Pensées et Instructions chrétiennes, préparation à la Mort

311. — EXERCICE spiritvel où le chrestien peut apprendre la manière d'employer le jour au service de Dieu, par V. C. P. — PARIS, *P. Rocolet, 1648, in-8° rel.*

312. — EXERCICE spirituel contenant la manière d'employer toutes les heures du jour au service de Dieu, par V. C. P. — Paris, *1737, in-8° rel.*

313. — OCCUPATION intérieure pour les âmes associées à l'adoration perpétuelle du Très-Saint-Sacrement de l'Autel, 4ᵉ édition. — Paris, *Josse, 1713, in-12 rel.*

314. — HÉROUVILLE (l'abbé). — Exercices de piété pour passer saintement la veille et le jour de la fête du Sacré-Cœur de Jésus. — Avignon, *A. Offray, 1770, in-18 rel.*

315. — NICOLET (Gabriel-Fr.) — Le parfait adorateur du Sacré-Cœur de Jésus ou exercice pour les associés, etc. — Paris, *L. Barbou, 1802, in-12 rel.*

316. — INDULGENCES et Prières avec quelques instructions pour les Confréres et Sœurs associés sous l'invocation du Sacré-Cœur de Jésus, établie à Brest dans la chapelle des filles du Sacré-Cœur de Jésus de l'Union chrétienne. — Brest, *R. Malassis, 1752, in-18.*

317. — DÉVOTION (la) au Sacré-Cœur de N.-S. Jésus-Christ, etc. — Nancy, *Hœner et Delahaye, in-8° rel.*

318. — NOUVEAU RECUEIL de Cantiques spirituels à l'usage des retraites qui se donnent chez les Dames de l'Union chrétienne. — Brest, *R. Malassis, 1768, in-12 br.*

319. — BOSSUET (S.-B.) — Son Jubilé. Méditations et Prières pour l'année sainte 1751. — Paris, *Baudouin frères, 1826, in-32 rel.*

320. — COLLET. — Instruction pour le saint temps du Jubilé, 4ᵉ édit. — Paris, *Baudouin, 1826, in-32.*

321. — ASSOCIATION pour la défense de la Religion catholique. — Paris, *1828, in-32.*

322. — BUSÉE (le R. P.) — Méditations pour l'Avent. Trad. du latin par Fr. Macé. — Paris, *Ant. Dezallier, 1684, in-12 rel.*

323. — EXPLICATIONS en forme de méditations familières et de Prières sur chaque verset des psaumes, etc. — Saumur, *F. P. J. M. de Gouy, 1773, in-12 rel.*

324. — CARON (le jeune). — Pensées ecclésiastiques pour tous les jours de l'année. — Paris, *Giguet et Cⁱᵉ, 1801, in-12, 4 vol.*

325. — CONDUITE chrétienne dans le service de Dieu et de l'Eglise. — Paris, *J. Collombat, 1699, in-18 rel.*

326. — CARACCIOLI (L. A. de). — Le Chrétien du Temps, confondu par les premiers chrétiens. — Paris, Nyon, 1766, in-12 rel.

327. — GOBINET (Ch.) — Instruction de la jeunesse en la piété chrétienne. — Paris, J. L. Nyon, 1732, in-12 rel.

328. — HUMBERT (l'abbé). — Instructions chrétiennes pour les jeunes gens, mêlées de plusieurs traits d'histoires et d'exemples édifiants, utiles à toutes sortes de personnes. — Lyon, L. Buisson, 1773, in-8° rel.

329. — BOURDALOUE (le P.) — Exhortations et instructions chrestiennes, — Lyon, les frères Bruyset, 1750, in-12, 2 vol. rel.

330. — GOURLIN (l'abbé P. S.) — Instruction pastorale de M. de Rastignac, sur la justice chrétienne par rapport au Sacrement de Pénitence. — Paris, G. Desprez, 1750, in-12 rel.

331. — LE ROUX (le P.) — Le parfait missionnaire ou instructions très utiles à tous les prêtres. — Quimper, Gaultier Buitingh, 1696, in-8° rel.

332. — D°. — Instructions de la Mission sur les Sacrements, etc. — Quimper, G. Buitingh, 1698, in-12 rel.

333. — DU PLESSIS (le P.) — Avis et pratiques pour profiter de la mission. — Paris, H. L. Guérin, 1745, in-12 rel.

334. — CROISET (le P. J.) — Retraite spirituelle pour un jour de chaque mois. — Paris, Edme Couterot, 1717, in-12, 2 vol. rel.

335. — LE ROUX (le P.) — Moyens de persévérance pour maintenir et augmenter le fruit des missions et des retraites. — Quimper, J. Perier, 1703, in-12 rel. (2 exempl.)

336. — MÉDITATIONS sur la mort et la passion de Notre Seigneur Jésus-Christ. — 1708, in-12 rel.

337. — CRASSET (L. R. P.) — Préparation à la mort. — Lyon, veuve Syden, 1706, in-18 rel.

338. — INSTRUCTIO CHRISTIANA HIBERNICE, secunda editio. — Romæ, typis. S. Congreg. de propag. fide, 1707, in-8°.

339. — EXERCIÇOU (an spirituel eus ar vues christen, evit ar mission, composet gant un tad missionner capucin). — Brest. R. Malassis, 1767, p^t in-8° rel.

340. — BOQUET (Ar) spirituel eus ar mission hac eus ar retret, etc. — Brest, *R. Malassis, 1784*, p^t *in-8°*. Relié avec :

INSTRUCCIONOU, praticou ha pedonnou evit an devocion d'ar Galon Sacr. a Jesus. — Brest, *R. Malassis, 1785*, p^t *in-8°*, et encore avec :

MELLEZOUR AR C'HALONOU, pe examen a goustianc, instruction profitabl evit en em brepari da ober eur Gonfession-vat. — Brest, *R. Malassis* (sans date), p^t *in-8°*.

341. — LE BRIS (Ch.) — Instruction var an excellanç, ar froez, an indulgeançou bras an Deveryou ar Vreuriez ar Rosera, gant meditationou, etc. — Quimper, *Y. J. L. Derrien* (sans date), p^t *in-8° rel.*

342. — D°. — Collocou ar C'halvar, peautramant e Antretienou ha meditationou var passion hon Autrou Jesus-Christ. — Assambles gant Stationou hor Salver en e Bassion, lequet ha corriget e brezonec, gant Ch. Ar Britz. — Quenta quevren. — Quemper, *T. Perier et Simon Mari Perier, 1737, in-8° rel.*

343. — D°. — Ar memes. — Quemper, *Y. J. L. Derrien, 1784, in-8° rel.*

344. — ROPARS. — Instructionou christen, pe ar boquet eus ar mission, etc., laquet e brezonec gant an Autrou Roparts. — Quemper, *S. Blot, 1824*, p^t *in-8° rel.*

345. — GUIR CRISTEN (Ar), cunduet hac enchet en oll circonstançou eus e vuez. — Montroulez, *F. Guilmer, 1819, in-16 rel.*

346. — DEVEZ (An) mad, pe feçon da zantifia an devez, laqet e brezonec evit utilite an ol, mes ispicial evit an dud divar ar mêz. — Montroulez, *Lédan, 1822, in-18 rel.*

347. — GALVEZ. — An ene fervant pe exerciçou ha praticou sprituel evit ar pedennou dioc'h ar mintin. — Brest, *J.-B. Lefournier, 1838, in-18.*

348. — DEVOTION (En) de Galun Sacret Jesus-Christ. — Guénet, *é ty er vugale Galles, in-18 rel.*

349. — CURUNEN AR VERC'HES, pedennou, exerciçou spirituel ha praticou a zevotion, evit usach ar merc'het yaouanc hac ar graguez santel. — Montroulez, *Lédan, 1826, in-18 rel.*

350. — DEBUSSI (l'abbé). — Mis mae, Mis ar Verc'hes Vari, great e gallec gat an Autrou'n Abbat Debussi, a laqeat e brezonec gat G. L. (Lelez). Evit brassa gloar Jesus a Mari. Augmentet a zaou gantiq en henor d'ar Verc'hes, a cun exerciç evit an ofern ac a psalmou ar gousperou. — Brest, *J.-B. Lefournier, 1836, in-18.*

351. — LE GONIDEC (Aotrou). — Bizitou d'ar Sacramant sakr ha d'ar Werc'hez santel lekeat e brezonek. — SAN-BRICK, *Prud'homme, 1867, in-8° br.*

352. — LIGUORI (ALPHONSE DE). — Visites au Saint-Sacrement et à la Sainte Vierge pour chaque jour du mois, avec des prières pour la confession et la communion, par Mgr Liguori. — VANNES, *Galles aîné, 1822, in-18 rel.*

E. — Règles et Devoirs religieux de différents Etats

353. — LE BOUTHILLIER DE RANCÉ (le R. P. Dom A. J.) — De la sainteté et des devoirs de la vie monastique, 2ᵉ édition. — PARIS, *F. Muguet, 1683, in-12, 2 vol. rel.*

354. — SAINTETÉ (de la) et des devoirs de l'épiscopat, selon les saints Pères et les canons de l'Eglise. — PARIS, *J.-F. Baslieu, 1781, in-12, 3 vol. rel.*

355. — GIRARD DE VILLE-THIERRY (JEAN). — La vie des gens mariéz, ou obligations de ceux qui s'engagent dans le mariage, prouvées par l'Ecriture, par les saints Pères et par les Conciles. Nouvelle édition. — PARIS, *Ant. Damonneville, 1721, in-12 rel.*

356. — PACCORI (AMBROISE). — Règles pour vivre chrétiennement dans l'engagement du mariage et dans la conduite d'une famille. — PARIS, *G. Desprez et P. G. Cavelier, 1741, in-12 rel.*

357. — COLLET (PIERRE). — Traité des devoirs des gens du monde et surtout des chefs de famille. — PARIS, *J. Debure l'aîné, 1763, in-12 rel.*

6. — THÉOLOGIE POLÉMIQUE

A. — Vérité de la Religion chrétienne

358. — PASCAL (BLAISE). — Pensées sur la religion. — PARIS, *G. Desprez, 1702, in-12 rel.*

959. — Dᵒ. — Les mêmes. Nouvelle édition. — PARIS, *G. Desprez, 1748, in-12 rel.*

360. — BOSSUET (J.-B.) — Exposition de la doctrine de l'église catholique sur les matières de controverse. — Paris, G. Desprez, 1750, in-12 rel.

361. — BELLEGARDE (l'abbé J.-B.) — Sentiments que doit avoir un homme de bien sur les vérités de la religion et de la morale, tirés des plus beaux passages de l'Ecriture-Sainte. — Paris, G. Guignard, 1699, in-8° rel.

362. — MÉRAULT (l'abbé J.-B.) — Voltaire apologiste de la religion chrétienne. — Paris, Méquignon Junior, 1826, in-8° rel.

363. — GERDIL (le R. P. Hyac. Sigismond). — Exposition abrégée des caractères de la vraie religion. Trad. de l'italien par le P. Delivoy. — Paris, Hérissant, 1770, in-12 rel.

364. — LE P. DELIVOY (L. P. Timothée). — Lettres à M. de S. R., sur les réflexions morales, mises en ordre par M. Amelot de la Houssaye. — Paris, 1769, in-12 rel.

365. — INSTRUCTION pastorale sur quelques vérités de la Religion, par M. l'archevêque de Besançon. — 1811, in-8°. (Avec le mandement; celui-ci est détérioré).

366. — CATÉCHISME du sens commun, par M. R. — Paris, 1825, in-12.

367. — GROTIUS (Hugo). — De veritate religionis christianæ. — Amstelodami, ex officinâ Elseviriauâ, 1677, p^t in-12 rel.

368. — ABBADIE (Jacq). — Traité de la vérité de la religion chrétienne. — Lahaye, J. Neaulme, 1763, in-12, 4 vol. rel.

369. — WOLLASTON (William). — Ebauche de la religion naturelle. Trad. de l'anglais, avec un supplément, par Garrigue. — La Haye, J. Swart, 1726, in-4° rel.

370. — NIEUWENTY (Bernard). — L'existence de Dieu démontrée par les merveilles de la nature. Fig. en T. D. — Paris, J. Vincent, 1725, in-4° rel.

371. — PIÉTRI (l'abbé C. de). — De l'existence de Dieu et de l'immortalité de l'âme, d'après les sciences physiques et morales. — Paris, Garnier d'Annonay, 1842, in-8°.

372. — NICOLAS (Auguste). — Etudes philosophiques sur le christianisme. — Paris, Aug. Vaton, 1856, in-18, 4 vol. rel.

373. — AVAL (C. d'). — Christi-ana, ou Recueil complet des maximes et pensées morales du christianisme extraites de la vie, discours et paraboles de J.-C. — Paris, *Vatar Jouanet, an X, 1802.*

374. — CHATEAUBRIAND. — Génie du christianisme ou beautés de la religion chrétienne, par F.-A. de Châteaubriand, 6ᵉ édition. — Paris, *Le Normand, 1816, 5 vol. in-8°.*

375. — RECUEIL de lettres, épîtres et autres pièces qui ont été imprimées et adressées à MM. les Missionnaires, pendant le cours de la Mission, à la Rochelle, en janvier et février 1818, ou le Pour et le Contre. — *In-8° br.*

376. — STURM. — Considérations sur les œuvres de Dieu, dans le règne de la nature et de la providence pour tous les jours de l'année. — Maestricht, *1794, 3 vol. in-12 rel.*

377. — Dº. — Considérations sur les œuvres de Dieu, dans le règne de la nature et de la providence pour tous les jours de l'année, ouvrage traduit de l'allemand de M. C. C. Sturm. — Genève, *François Dufart, imprimeur-libraire ;* Paris, *Poinçot, libraire,* m. dcc. lxxxviii, *3 vol. in-12 rel.* (Les deux premiers manquent).

B. — Défense de la Religion catholique contre les Gentils, les Juifs, les Schismatiques, les Hérétiques, les Incrédules, etc.

378. — TRICALET (l'abbé P. J.) — Les motifs de crédilité rapprochés, dans une courte exposition, prouvés par le témoignage des Juifs et des Payens. — Paris, *M. Lambert, 1763, in-12, 2 vol. rel.*

379. — BERNARDIN (le R. P.) — Thèses royales adressées à M. M. de la religion prétendue réformée. — Poitiers, *J. Fleuriau, 1658, pᵗ in-8° rel.*

380. — MAUPEOU (René de). — Absurditez, impiétez, athéismes et irreligion de la prétendue religion qui se dit réformée. — Paris, *veuve Bvon et D. Thierry, 1644, in-4° parch.*

381. — RIKEL (Denis le Chartreux, dit Denis). — Dionysii Carthusiani contra Alchoranum et sectam mahometicam. — Coloniæ, *apud Petrum Quentel, 1533, in-8° rel.*

382. — FERRAND (Louis). — Réponse à l'apologie pour la réformation. — *Louis E. Michallet, 1685, in-12 rel.*

383. — GÉRARD (L'abbé L. P.) — Le comte de Valmont ou les égarements de la raison, 3ᵉ édition. — Paris, *Moutard, 1774, in-12, 5 vol. rel.*

383 bis. — Autre exemplaire, *1776.*

384. — BARRUEL (L'abbé Aug.) — Les Helviennes ou lettres provinciales philosophiques. — Amsterdam et Paris, *Moutard et Briand, 1785, in-12, 5 vol.*

385 — Dº. — Les Helviennes ou lettres provinciales philosophiques, 5ᵉ édit. — Paris, *Méquignon fils aîné, 1812, in-12, 4 vol. rel.*

386. — BERGIER (Nic. Sylv.) — La certitude des preuves du Christianisme, 2ᵉ édit. — Paris, *Humblot, 1768, in-12, 2 t. en un seul, rel.*

387. — Dº. — Apologie de la religion chrétienne. — Paris, *Humblot, 1769, in-12, 2 vol. rel.*

388. — Dº. — La même, 2ᵉ édition. — Paris, *Humblot, 1770, in-12, 2 vol. rel.*

389. — Dº. — Examen du Matérialisme ou réfutation du système de la nature. — Paris, *Humblot, 1771, in-12, 2 vol. rel.*

390. — GUÉNÉE (l'abbé Ant.) — Lettres de quelques juifs portugais, allemands et polonais, à M. de Voltaire, 9ᵉ édition. — Paris, *Méquignon Junior, 1717, in-12 rel., 3 vol.*

391. — BONHOMME (le P.) — Anti-Uranie ou le Déisme, comparé au Christianisme, Epîtres, à M. de Voltaire, suivies de réflexions critiques sur plusieurs ouvrages de ce célèbre auteur. — Avignon et Paris, *1763, in-8º.*

392. — GUYON (L'abbé Cl. M.) — L'oracle des nouveaux philosophes, pour servir de suite et d'éclaircissement aux œuvres de M. de Voltaire. — Berne, *1760, in-8º rel.*

392 bis. — Dº. — Suite de l'oracle des nouveaux philosophes. — Berne, *1760, in-8º.*

393. — NONNOTTE (L'abbé). — Les erreurs de Voltaire, 4ᵉ édition. — Lyon, *1770, in-12, 2 vol. rel.*

394. — FRANÇOIS (l'abbé Laurent). — Preuves de la religion de J.-C., contre les spinosistes et les déistes. — Paris, *1754, in-12, 8 vol. rel.*

395. — Dº. — Examen des faits qui servent de fondement à la religion chrétienne, précédé d'un cours traité contre les athées, les matérialistes, les fatalistes. — Paris, *Lacombe, 1766, in-12, 3 vol. rel.*

396. — ROUSSEL (L'abbé Cl.) — Principes de religion, ou préservatif contre l'incrédulité, 2ᵉ édit. — Paris, *Prault, 1753, in-12 rel.*

397. — MONNET (L'abbé). — Lettre d'une mère à son fils, pour lui prouver la vérité de la religion chrétienne. — Paris, *Nyon, 1776, 3 vol. rel.*

398. — BEURIER (V. Toussaint) — Conférences ou discours contre les ennemis de notre sainte religion, savoir : les athées, les déistes, etc. — Paris, *E. Onfray, an ix, 1801, in-8° rel.*

399. — DUPIN. — Jésus devant Caïphe et Pilate, ou procès de Jésus-Christ, suivi d'un choix de textes contenant les principaux fondement de la religion chrétienne, extraits des Saintes Ecritures. — Paris, *1863, in-18.*

400. — ROUEN (L. de). — Baron d'Alvimare. Recueil de réfutations des principales objections tirées des sciences et dirigées contre les bases de la religion chrétienne par l'incrédulité moderne, 3ᵉ édition. — Paris, *Bachelier, 1843, in-8°.*

401. — TRAITÉ de la Divinité de Notre-Seigneur Jésus-Christ. — Rotterdam, *Reinier Leers, 1689, in-8° rel.*

402. — NICOLAS (A.) — La divinité de Jésus-Christ. Démonstrations nouvelles tirées des nouvelles attaques de l'incrédulité, 2ᵉ édition. — Paris, *A. Vaton, 1864, gᵈ in-18.*

403. — QUESTIONS DIVERSES sur l'incrédulité, 2ᵉ édition. — Paris, *Ch. Aubert, 1753, in-12 rel.*

404. — GRATRY (A.) — Jésus-Christ, réponse à M. Renan, 3ᵉ édition. — Paris, *Plon, 1864, gᵈ in-18.*

405. — MICHON (L'abbé). — Vie de Jésus-Christ suivie des évangiles parallèles. — Paris, *Dentu, 1866, in-8°, 2 vol.*

406. — LE MASSON DES GRANGES. — Le Philosophe moderne ou l'incrédulité condamnée au tribunal de la raison, par l'abbé Le M. D. G. — Paris, *Despilly, 1765, in-12 rel.*

407. — WALLON (H.) — La vie de Jésus et son nouvel historien. — Paris, *E. Hachette, 1864, gᵈ in-18.*

408. — CARO (E.) — L'idée de Dieu et ses nouveaux critiques, 3ᵉ édit. — Paris, *E. Hachette, 1865, in-18.*

409. — Dº. — L'idée de Dieu dans la critique contemporaine. Ouvrage couronné par l'Académie française, 4ᵉ édit. — Paris, *L. Hachette et Cⁱᵉ, 1868, in-18.*

410. — BOSSUET. — De la connaissance de Dieu et de soi-même. — Paris, *Maire-Nyur*, *1828, in-12.*

411. — LE GUILLOU (L'abbé C.-M.) — La Foi, l'Espérance et la Charité opposés à l'indifférence, au désespoir et à l'égoïsme du siècle, comme seul remède aux maux qui rongent la société, par M. l'abbé C.-M. Le Guillou, aumônier de l'hôpital de la Charité (Paris). — Paris, *chez Jeanthon, libraire-éditeur et Débécourt, libraire, 1837, p^t in-8°.*

412. — HÉRÉSIE (L') de Dante, démontrée par Francesca de Rimini, etc. — Paris, *Renouard, 1857, in-8° br.*

413. — SÉGUR (L. G. de). — Réponses courtes et familières aux objections les plus répandues contre la Religion. — Paris, *Lecoffre et Cie, 1860, in-12 br.*

414. — SÉGUR (Mgr de). — Causeries sur le protestantisme d'aujourd'hui, par Mgr de Ségur, 14e édition entièrement refondue. — Paris, *librairie St-Joseph Tobra et Haton, libr.-édit., 1863, p^t in-8° br.*

---

7. — THÉOLOGIENS CHRÉTIENS SÉPARÉS DE L'ÉGLISE ROMAINE

415. — CALVIN (Jean). — Institvtio totivs chistianœ religionis, etc. — Genevœ, *Joan Gerardi, 1550, in-4° rel.*

416. — D°. — Institvtion de la Religion chrestienne. — Genève, *F^r Perrin, 1566, in-f° rel.*

417. — L'ESPINE (I. de). — Excellens discovrs tovchant le repos et contentement de l'esprit. Plus y est adiovsté un traité de la Providence de Dieu, le tout reveu et recorrigé par l'auteur. — La Rochelle, *Hiérosme Haultin, 1591, in-18.*

418. — BAYSSIÈRE (P.) — Lettre à mes enfants au sujet de ma conversion à la véritable religion chrétienne et des motifs qui m'ont fait passer de la communion romaine dans la communion protestante. — Agen, *Guillot, 1827, in-8° rel.*

419. — SPENCER (J.) — Dissertatio de Urim et Thummin in Devteron, c. 33, v. 8. — Cantabrigiœ, *G. Kettilby, 1760, in-8° rel.*

420. — GOODMAN (J.) — The penitent pardoned : or, a discourse of the nature of sin and the efficacy of repentance, under the parabole of the prodigal son. With an additional sermon lately preache'd before the lord Mayor. — The second Ed. (Fig.) — London, *1683, p^t in-4° rel.*

421. — HEAVEN OPEN. — To all men, or, a theological treatise in which, without unsettling the practice of religion, is solidly prov'd, by scripture and reason, that all men shall be saved, or made finally happy. — London, *J. Robinsoin, 1743, in-8° rel.*

422. — PENN (Guil.) — Point de Croix, point de Couronne : ou traité sur la nature ou la discipline de la Sainte Croix du Christ, etc. Trad. de l'anglais par Cl. Gay, 2ᵉ édition. — Bristol, *Samuel Farley, 1746, in-8° rel.*

423. — SWINDEN (T.) — Recherches sur la nature du feu de l'enfer et du lieu où il est situé. Trad. de l'anglais, par M. Bion. (Fig.) — Amsterdam, *1757, in-8° rel.* (2 exempl.)

424. — FORDYCE (James). — Sermons pour les jeunes dames et les jeunes demoiselles. Trad. de l'anglais, par Robert Etienne. — Paris, *les frères Estienne, 1778, in-12 rel.*

425. — DODD (W.) — Reflections on death. — *1818, in-18 rel.*

426. — DUPINET (Ant.) — Taxes des parties casuelles de la boutique du pape, rédigées par Jean XXII et publiées par Léon X, selon lesquelles on absout, argent comptant, les assassins, les parricides, les empoisonneurs, les hérétiques, les adultères, les incestueux, etc..., avec la fleur des cas de conscience décidés par les Jésuites. Publié par Julien de St-Acheul. — Paris, *1820, rel.*

427. — AYMON (Jean). — Tableau de la cour de Rome, dans lequel sont présentés au naturel sa politique et son gouvernement, tant spirituel que temporel, 2ᵉ édit. — La Haye, *J. Neaulme, 1726, in-12 cart.*

428. — EICHOFF (A.) — Vérité catholique ou le Messie démontré par l'Ecriture dans la personne du Christ, en français, anglais et allemand. — A Brest, *chez l'auteur, in-8°.*

429. — D°. — D°. Trad. en anglais par W. K. Macleod.

430. — D°. — D°. Traduit en allemand.

431. — EICHOFF (A.) — Une virgule mal placée par l'homme dans le livre de Dieu. — Brest, *A. Proux, 1842, in-8°.*

432. — D°. — Réponse aux Evangiles de Gustave d'Eichtal, et à la Vie de Jésus, de E. Renan. — Paris, *Dentu, 1864, in-8°.*

433. — ROUSSEL (Napoléon). — Les nations catholiques et les nations protestantes comparées sous le triple rapport du bien-être, des lumières et de la moralité. — Paris, *Meyrueis et Cie, 1854, 2 vol.*

434. — PASCHOUD (Joseph-Martin). — Le disciple de Jésus-Christ. Recueil mensuel publié par Joseph-Martin Paschoud, années 1855-56-57-58-60. — Paris, *J. Cherbuliez, 1860, in-8° rel., 5 vol.*

VI. — OPINIONS SINGULIÈRES

435. — LA PEYRÈRE (Isaac de). — Dv rappel des Juifs. — *1843, in-8°.*

436. — BROWN (Thomas). — La religion du médecin. Traduite du latin en fançais, avec des remarques, par Nic. Lefèvre. — Hollande, *1643, p^t in-12 rel.*

437. — CONNOR (Bernard). — Evangelium medici : seu medicina mystica : de suspensis naturæ legibus, sine de miraculis, etc. — Londini, R. Wellinton, *1697, in-8°.*

438. — CHEMIN-DUPONTÈS (J.-B.) — Code religieux et moral des théophilantropes ou adorateurs de Dieu et amis des hommes (Fig.) — Paris, *chez l'auteur, an vi, in-18 rel.*

439. — SWEDENBORG (Emmanuel de). — Les merveilles du ciel et de l'enfer et des terres planétaires et astrales. Trad. du latin, par A. J. P. (Dom Ant. J. Pernety). — Berlin, *G. J. Decker, 1786, in-8° rel., 2 vol.*

440. — D°. — Nouvelle Jérusalem et doctrine céleste. Traduction Welsh, un des dialectes usités dans la vieille Armorique. — Londres, *1815, in-8°.* (2 exempl.)

441. — D°. — Œuvres complètes. — Théologie, 54 vol., dont :

    29 volumes *in-8°.* — Arcanes célestes. Apocalypse. Nouvelle Jérusalem.

    14 volumes *in-12.* — La vraie religion chrétienne.

    11 volumes p^t *in-12* et *in-18.* — Doctrine de la nouvelle Jérusalem. Doctrine de la charité.

442. — D°. — Du jugement dernier et de la Babylone détruite. — Saint-Amand, *Porte ;* Paris, *Minot, 1850, in-8° br.*

443. — LE BOYS DES GUAYS (J. F. L.) — Lettres à un homme du monde qui voudrait croire, publiées par un disciple de la vraie religion chrétienne. — Saint-Amand, *1852, in-12, 1re série, 1er vol.* (2 exempl.)

444. — BLANCHET (S. A.) — Exposition populaire de la vraie religion chrétienne. — Saint-Amand, *1842-46.*

VII. — RELIGION JUDAÏQUE

445. — SEFER TORA. — Le livre de la loi. Manuscrit hébreux, écrit sur peaux cousues ensemble, au nombre de 15, roulé sur deux bâtons. C'est un des livres de la loi que les Hébreux renferment dans l'Arche.

446. — LÉON DE MODÈNE. — Cérémonies et coutumes qui s'observent aujourd'hui parmy les Juifs et de la discipline de l'Eglise, par le Sr de Simonville. — Paris, *veuve Charles Osmont, 1781, in-12 rel.*

447. — DISSERTATIONS et THÈSES sur divers points de l'histoire et surtout de la religion des Hébreux. — *Petit in-4°, 16 vol. rel.*

448. — MAÏMONIDE (Moïse ben Maïmoun, dit). — Le guide des égarés. — Traité de théologie et de philosophie, publié pour la première fois dans l'original arabe, et accompagné d'une traduction française et de notes critiques, littéraires et explicatives, par S. Munk. — Paris, *A. Franck, 1856, g^d in-8°, 3 vol.*

VIII. — RELIGION DES INDES ORIENTALES ET OCCIDENTALES

449. — PASTORET (le Marquis de). — Zoroastre, Confucius et Mahomet, comparés comme sectaires, législateurs et moralistes ; avec le tableau de leurs dogmes, de leurs lois et de leur morale. — Paris, *Buisson, 1787*, in-8° rel.

450. — COMMENTAIRES sur l'Alcoran. — *Manuscrits arabes, in-4°*, 2 vol. rel.

451. — MAHOMET. — L'Alcoran, trad. de l'arabe, par André du Ryer. Nouv. édit. — Amsterdam et Leipzig, *Arkstée et Merkus, 1775, in-12*, 2 vol. rel.

452. — KASIMIRSKI. — Le Koran. Trad. nouvelle faite sur le texte arabe, par Kasimirski. — Paris, *Charpentier, 1852*.

453. — SAINTE-CROIX (G. L. Guilhem de Clermont-Lodève de). — L'Ezour-Vedam, ou ancien commentaire du Vedam, contenant l'exposition des opinions religieuses et philosophiques des Indiens, trad. du Samscretan, par un brame. — Yverdon, *De Felice, 1778, in-12*, 2 vol. rel.

454. — RIG VEDA ou le livre des hymnes, traduit du sanscrit, par M. Langlois. — Paris, *F. Didot frères, 1848-50, in-8°*, 4 vol. rel.

455. — CONFUCIUS. — Le Chou-King, un des livres sacrés des chinois, traduit par Gaubil, et revu et corrigé par de Guignes. — Paris, *Tillard, 1770, in-4°*. (Fig.)

456. — RGYA TCH'ER ROL PA ou développement des jeux contenant l'histoire de Bouddha Çakya-Mouni, trad. par Ph. Ed. Foucaux. — Paris, *imp. royale, 1847-48, in-4°*, 2 vol. (Pl.)

457. — POPOL VUH. — Le livre sacré et les mythes de l'antiquité américaine, avec les livres héroïques et historiques des Quichés. Ouvrage orignal des indigènes de Guatemala, texte Quiché et traduction française en regard, accompagnée de notes philologiques et d'un commentaire sur la mythologie et les migrations des peuples anciens de l'Amérique, etc. Composé sur des documents originaux et inédits, par l'abbé Brasseur de Bourbourg. — Paris, *A. Durand, 1861, g*^{d} *in-8°*.

IX. — APPENDICE A LA THÉOLOGIE

Ouvrages philosophiques sur la Divinité
et sur les Cultes religieux
Déisme, Septicisme, Libre-Examen, Libre-Pensée

458. — VANINI (Jul. Cæs.) — Amphitheatrvm æternæ providentiæ divino magicvm, Christiano physicum, nec non astrologo-catholicvm. — Lvgdvni, Ant. de Harsy, 1815, in-8°.

459. — BURNOUF (E.) — La science des religions, 2ᵉ édition. — Paris, Maisonneuve et Cⁱᵉ, 1872, in-8°.

460. — BAYLE (P.) — Pensées diverses écrites à un docteur de Sorbonne, à l'occasion de la comète de 1680, 5ᵉ édition. — Amsterdam, H. Witwerf, 1722, in-12, 4 vol. rel.

461. — FRÉRET (Nic.) — Lettre de Thrasibule à Leucippe. Ouvrage posthume. — In-12 rel. (2 exempl.)

462. — BOULANGER (Nic.-Ant.) — Recherches sur l'origine du despotisme oriental. Ouvrage posthume. — 1761, in-12 rel.

463. — D°. — Les mêmes. — Paris, 1763, in-12 rel.

464. — VOLTAIRE. — La Bible enfin expliquée par plusieurs aumôniers de S. M. le R. de P. — Londres, 1776, in-8°.

465. — D°. — Le dîner du comte de Boulainvilliers, par Saint-Hyacinthe. — 1728, petit in-8° rel.

466. — REYNAUD (Jean). — Terre et Ciel, 4ᵉ édition. — Paris, Furne, 1864, gᵈ in-18.

467. — D°. — Terre et Ciel. — Paris, Furne, 1854, in-8°.

468. — TOUQUET. — L'Evangile. — Paris, 1826, in-32.

469. — BONNET (Ch.) — Recherches philosophiques sur les preuves du Christianisme. — Genève, Cl. Philibert et B. Chirol, 1770, in-8° rel.

470. — PEYRAT (A.) — Histoire élémentaire et critique de Jésus, 2ᵉ édition. — Paris, M. Lévy, 1864, in-8° rel.

471. — MARÉCHAL (Sylvain). — Dictionnaire des athées anciens et modernes. — Paris, Grabet, an VIII, in-8° rel.

472. — D°. — Pensées libres sur les Prêtres. — Rome et Paris, an Ier de la raison et VIe de la République, in-12.

473. — D°. — Pour et contre la Bible. — Jérusalem, 1801, in-8° rel.

474. — FLAMMARION (Camille). — Dieu dans la nature. — Paris, Didier, 1869, g^d in-18.

475. — TRAITÉ des trois Imposteurs. — Yverdon, Félice, 1768, petit in-8° rel.

476. — D°. — En Suisse, 1693, in-12.

477. — VOLNEY (Le Comte de). — Histoire de Samuel, inventeur du sacre des rois. — Paris, Bossange frères, 1820, in-12.

478. — HOLBALCH (P.-T. Baron d'). — Le bon sens ou idées naturelles opposées aux idées surnaturelles. — Londres, 1772, in-8° rel.

479. — D°. — Théologie portative ou Dictionnaire abrégé de la Religion chrétienne, par l'abbé Bernier. — Rome, 1776, in-12 rel.

480. — PEYRARD (F^r). — De la nature et de ses lois, 4e édition. — Paris, Louis, an II, in-18. (Fig.)

481. — LANFREY (P.) — L'Eglise et les Philosophes au XVIIIe siècle, 2e édition. — Paris, Pagnerre, 1857, in-18.

482. — BON SENS (le) puisé dans la nature, suivi du testament du curé Meslier. — Paris, Bouqueton, l'an I, rel.

483. — FABRICIUS (Le D^r). — Lettres d'un matérialiste à Mgr Dupanloup. — Paris, Delahaye, 1868, in-12 br.

JURISPRUDENCE

INTRODUCTION

I. — DROIT DE LA NATURE ET DES GENS.

II. — DROIT POLITIQUE.

III. — DROIT CIVIL ET COMMERCIAL.

IV. — DROIT CANONIQUE OU ECCLÉSIASTIQUE.

JURISPRUDENCE

INTRODUCTION

Histoire de la Législation et des Tribunaux
Etude et Philosophie du Droit

1. — DESESSARTS (N. Lemoine, connu sous le nom de). — Essai sur l'histoire générale des tribunaux des peuples tant anciens que modernes, ou Dictionnaire historique et judiciaire, contenant les anecdotes piquantes et les jugements fameux de tous les temps et de toutes les nations. — Paris, *Durand neveu, 1778, in-8°, 6 vol. rel.*

2. — FYOT DE LA MARCHE (Cl. Bon de Montponts). — Les qualités nécessaires au juge, avec la résolution des questions les plus importantes sur les devoirs de sa profession. — Paris, *P. Emery, 1700, in-12 rel.*

3. — PERCHAMBAULT DE LA BIGOTIÈRE (René). — Du devoir des Juges et de tous ceux qui sont dans les fonctions publiques, 4e édition. — Paris, *Ant. Dezallier, 1696, in-12 rel.*

4. — BIARNOY DE MERVILLE. — Règles pour former un Avocat, tirées des plus fameux auteurs anciens et modernes. — Paris, *Jollet, 1711, in-12 rel.*

5. — Do. — Les mêmes, avec une Histoire abrégée de l'Ordre des Avocats, par A. G. Boucher d'Argis. Nouvelle édition publiée par Drouet. — Paris, *Durand, 1778, in-12 rel.*

6. — GABRIEL (Avocat, de Metz). — Essai sur la nature, les différentes espèces et les divers degrés de force des preuves. — Bouillon, *de l'imprimerie ducale, 1790, pt in-8° rel., 2 vol. en un seul.*

7. — AUBÉ (D.) — Essai sur les principes du Droit et de Morale. — Paris, *T. Brunet fils, 1743, in-4° rel.*

8. — ESPRIT (de l') des Lois ou du Rapport que les lois doivent avoir avec la Constitution de chaque gouvernement, les mœurs, le climat, la religion, le commerce, à quoi l'auteur a ajouté des recherches sur les lois romaines, etc. — Genève, *Barillat, 1750, 3 vol. in-8° rel.*

9. — EXTRAIT DU LIVRE de l'*Esprit des Lois*, avec des remarques sur quelques endroits particuliers de ce livre, et une idée de toutes les critiques qui en ont été faites. — Amsterdam, *Arkstée et Merkus, 1753, in-8° rel.*

10. — PECQUET (Ant.) — Analyse raisonnée de l'esprit des lois. — Paris, *Nyon, 1768, in-12 rel.*

11. — DESTUTT DE TRACY (le Comte Ant. L. Cl.) — Commentaire sur l'esprit des lois, suivi d'observations inédites de Condorcet, sur le 29e livre du même ouvrage. — Paris, *de Launay et Mongie, 1819, in-8° rel.*

12. — FILANGIERI (Gaetan). — La Science de la Législation. Trad. de l'italien, par Ant. Gauvin Gallois, d'après l'édition de Naples, de 1784, 2e édition. — Paris, *Dufort, an vii (1799), in-8°, 7 vol. rel.*

13. — BONALD (le Vte L. G. A. de). — Législation primitive considérée, dans les derniers temps, par les seules lumières de la raison, suivie de plusieurs traités et discours politiques. — Paris, *Le Clerc, an xi (1802), in-8°, 3 vol. rel.*

14. — MABLY (l'abbé Gabriel Bonnot de). — De la législation, ou principes des Lois. — Amsterdam, *1776, in-12 rel., 2 vol. en un seul.*

15. — DUVAL (Yves). — Le Droit dans les Maximes ou Essai sur la Théorie, la Logique et la Classification des Maximes, ou des Règles générales du Droit. — Paris, *E. Legrand et R. Bergounioux, 1837, in-8° rel.*

16. — DUPIN (A. M. J. J.) — Règles de Droit et de Morale, tirées de l'Ecriture Sainte. — Paris, *H. Plon, 1858, g^d in-18.*

17. — GIRARDIN (Emile de). — Le Droit. — Paris, *Librairie nouvelle, in-8° br.*

I. — DROIT DE LA NATURE ET DES GENS

1. — TRAITÉS GÉNÉRAUX

18. — PUFENDORF (le Baron Samuel de). — Le droit de la nature et des gens, ou système général des principes les plus importants de la morale, de la jurisprudence et de la politique. Traduit du latin par J. de Barbeyrac. — Amsterdam, *H. Schelte, 1706, in-4°, 2 vol. rel.*

19. — D°. — Les devoirs de l'homme et du citoyen, tels qu'ils lui sont prescrits par la loi naturelle. Trad. du latin par J. de Barbeyrac. — Londres, *J. Nourse, 1741, in-12, 2 vol. rel.*

20. — BINKERSHOEK (Cornelius van). — Quæstionum juris publici libri duo. — Lugduni Batavorum, *Joan. van Kerckhem, 1737, in-4° rel.*

21. — BURLAMAQUI (J. J.) — Principes du droit naturel. — Genève, *Barillot, 1747, in-4° rel.*

22. — D°. — Les mêmes, en anglais. Trad. par Nugent. The principles of natural-law translated into English by M. Nugent. — The third in Dublin, *Sheppard, 1769, in-12 rel.*

23. — FELICE (Fortuné Barth. de). — Leçons de droit de la nature et des gens. — Lyon, *J.-M. Bruyset, 1769, in-8° rel., 4 vol. en deux.*

24. — PESTEL (Fréder. Fr. Luc.) — Les fondements de la jurisprudence naturelle. Trad. du latin sur la 2ᵉ édition, par Blonde. — Utrecht, *J. van Schaonhaven et Cⁱᵉ, 1774, in-8° cart.*

25. — VATTEL (Emer. de). — Le droit des Gens, ou principes de la loi naturelle appliqués à la conduite et aux affaires des nations et des souverains. Nouvelle édition. — Amsterdam, *van Harrevelt, 1775, in-4°, 2 t. en un seul, rel.*

2. — DROIT DES GENS ENTRE LES NATIONS

26. — MARTENS (le Baron Ch. de). — Guide diplomatique, contenant un précis des droits et des devoirs des ministres publics, agents diplomatiques et consulaires, précédé de considérations sur l'étude de la diplomatie, suivi d'un traité sur le style des compositions en matières politiques. — Paris, *Heideloff, 1832, in-8°, 2 vol.*

27. — D°. — Précis du droit des Gens moderne de l'Europe, fondé sur les traités et les usages. Nouvelle édition avec des notes de M. S. Pinheiro Ferreira, ancien ministre des affaires étrangères du Portugal. — Paris, *J. P. Ailland, 1831, in-8°, 2 vol.*

28. — ARNOULD (Ambr. Mar.) — Système maritime et politique des Européens pendant le 18ᵉ siècle. — Paris, *1797, in-8° rel.*

29. — DROIT (du) de la paix et de la guerre, ou recueil des discours prononcés à l'Assemblée pendant la semaine mémorable où cette question a été agitée. — Paris, *Garnery, l'an 2 de la Liberté, in-8° rel.*

30. — DISCOURS sur le traité de Prague, fait entre l'Empereur et le Duc de Saxe, en mai 1635. Trad. du latin. On lit dans l'Extrait du privilége : *Dissertatio de pace Pragensi, Authore Justo Asterio, ICTO,* c'est-à-dire Jurisconsulte. — Paris, *Seb. Cramoisy, 1637, pᵗ in-8° cart.*

31. — ACTES ET MÉMOIRES des négociations de la paix de Riswick, recueillis par Adrian Moetjens. — La Haye, *Moetjens, 1699, in-12, 4 vol. rel.*

32. — ACTES, Mémoires et autres pièces authentiques concernant la paix d'Utrecht, depuis l'année 1706, jusqu'à présent. — Utrecht, *G. van de Water et J. van Poolsum, 1712, in-12, 4 vol. rel.*

33. — ROUSSET DE MISSY (J.) — Les intérêts des puissances de l'Europe, fondés sur les traités conclus depuis la paix d'Utrecht. — La Haye, *Ad. Moetjens, 1734, in-12, 17 vol. rel.*

34. — LAUGIER (l'abbé Marc. Ant.) — Histoire des négociations pour la paix conclue à Belgrade, le 17 septembre 1739, entre l'Empereur de la Russie et la Porte-Ottomane, par la médiation et sous la garantie de la France. — Paris, *veuve Duchesne, 1768, in-12, 2 vol. rel.*

3. — OUVRAGES SPÉCIAUX QUI SE RAPPORTENT AU DROIT DES GENS

35. — SELDEN (Jean). — Joannis Seldeni mare clausum seu de Dominio maris. — Londinense, *Will. Stanesbeii pro Richardo Meighem, 1636,* p^t *in-12 rel.*

36. — HUBNER (Martin). — De la saisie des bâtiments neutres ou du droit qu'ont les nations belligérantes d'arrêter les navires des peuples amis. — La Haye, *1759, in-12, 2 vol. rel.*

37. — LAMPREDI (Giov. Mar.) — Du commerce des neutres en temps de guerre, ouvrage élémentaire destiné à fixer les principes des conventions maritimes et commerciales entre les nations. Trad. de l'italien par Peuchet. — Paris, *H. Agasse, an x, 1802, in-8° rel.*

38. — GOERTZ (Le Comte S.-Eustache de). — Mémoire sur la neutralité armée maritime, pour la liberté des mers et la sûreté du commerce, suivi de pièces justificatives. — Paris, *Levrault, 1805, in-8°.*

39. — HAUTEFEUILLE (L.-B.) — Des droits et des devoirs des nations neutres en temps de guerre maritime. — Paris, *1848, 4 vol. rel.*

39 bis. — ŒLRICHS (G.) — Collectio dissertationum juris naturæ et Gentium in Academicis Belgicis curante Gerhardo Œlrichs. — Bremæ, *sumptibus G. Ludov. Forsteri, Bibliop. Brein, 1777, in-4° rel.*

II. — DROIT POLITIQUE

40. — BURLAMAQUI (J. J.) — Principes du droit politique. — Amsterdam, Z. Châtelain, 1751, in-8° rel.

41. — FÉDÉRALISME (le) ou collection de quelques écrits en faveur de la Constitution proposée aux Etats-Unis de l'Amérique, par la convention convoquée en 1787. Publiés dans les Etats-Unis par MM. Hamilton, Madisson et Gay, citoyens de l'Etat de New-York. — Paris, *Buisson*, 1792, in-8°, 2 vol. rel.

42. — ADAMS (John). — Défense des constitutions américaines, ou de la nécessité d'une balance dans les pouvoirs d'un gouvernement libre. — Paris, *Buisson*, 1792, 2 vol. in-8°. (2 exempl.)

43. — DELACROIX (Jacq. Vincent). — Constitution des principaux Etats de l'Europe et des Etats-Unis de l'Amérique, 3ᵉ édition. — Paris, *Buisson*, 1793, in-8°, 6 vol. rel.

44. — LESIGNANO (Pᶜᵉˢˢᵉ de), Mᵐᵉ Rosina STOLTZ. — Les Constitutions de tous les pays civilisés, recueillies, mises en ordre et annotées par la Princesse de Lesignano. — Bruxelles, *F. Ayez, 1880, gᵈ in-4°* rel. (Don de M. Gestin).

45. — CONSTITUTION de la République française, de l'an 3, avec des notes instructives et les lois y relatives, ainsi que celles qui concernent les assemblées primaires et électorales. — Paris, *Dupart, an 5*, in-12 rel.

46. — CONSTITUTION de la République française. — Paris, *Imprimerie nationale, an IV*, in-32 br.

47. — GRÉGOIRE. — De la Constitution française de l'an 1814, 3ᵉ édit. — Paris, *A. Egron*, in-8°.

48. — CONSTANT DE REBECQUE (Benjamin de). — Collection complète de ses ouvrages sur le gouvernement représentatif et la constitution actuelle, ou cours de politique constitutionnelle. — Paris, *Plancher*, 1818, in-8°, 4 vol.

49. — D°. — Principes de politique applicables à tous les gouvernements représentatifs et particulièrement à la constitution actuelle de la France. — Paris, *A. Eymery, 1815*, in-8°. Relié avec :

1° QUESTIONS sur la législation actuelle de la presse en France et sur la doctrine du ministère public, relativement à la saisie des écrits, 2e édition. — Paris, *Delaunay, 1817 ;*

2° RESPONSABILITÉ (de la) des ministres. — Paris, *H. Nicole, 1815, in-8° ;*

3° BAILLEUL (J.-Ch.) — Sur les écrits de M. Benjamin de Constant, relatifs à la liberté de la presse et la responsabilité des ministres. — Paris, *A. Bailleul, 1817.* (Le tout en un volume).

50. — THIESSÉ (Léon). — Constitutions françaises, depuis l'origine de la Révolution. — Paris, *1821, in-12, 2 vol.*

51. — LANJUINAIS (le Comte J.-Denis de). — Constitutions de la nation française, avec un Essai de traité historique et politique sur la Charte. — Paris, *Baudouin frères, 1819, in-8°, 2 vol.*

52. — GRÉGOIRE (le Comte Henri). — De la Constitution française de l'an 1814, 3e édition. — Paris, *A. Egron, 1814, in-8°.*

53. — HELLO (C.-F.) — Essais sur le régime constitutionnel, ou introduction à l'étude de la charte. — Paris, *Ponthieu et Cie, 1817, in-8°.*

54. — LABOULAYE (Edouard). — Considérations sur la constitution. — Paris, *A. Durand, Franck, 1848, in-8° br.*

55. — LATOUR DU MOULIN. — Lettres à un membre du parlement d'Angleterre sur la Constitution de 1852. (Les Ministres, le Conseil d'Etat, le Corps législatif, le Sénat). — Paris, *Amyot, 1861, in-8° br.*

56. — LOIS relatives à la Constitution. — Paris, *imp. nat., 2 vol. in-16 br.*

57. — DE LOLME (J.-L.) — Constitution de l'Angleterre. Nouvelle édition. — Amsterdam, *E. Van Harrevelt, 1774, in-8° rel.*

58. — Do. — Constitution de l'Angleterre ou Etat du gouvernement anglais, comparé avec la forme républicaine et avec les autres monarchies de l'Europe. — Genève et Paris, *P.-J. Duplain, 1788, in-8°, 2 vol.*

59. — Do. — La même. Nouvelle édition. — *Barbe Mauger, 1790, in-8°, 2 vol. rel.* (2 exempl.)

60. — CONSTITUTIONS des treize Etats-Unis de l'Amérique. — Philadelphie et Paris, *1783, in-8° rel.* (2 exempl.)

61. — ESSAI sur la Constitution pratique et le Parlement d'Angleterre, par Amédée R. d***. — Paris, *1821, in-8° rel.*

62. — MAUPEOU. — Journal historique du rétablissement de la magistrature : pour servir de suite à celui de la révolution opérée dans la Constitution de la monarchie française. — Londres, *1776, 7 vol., pt in-8° rel.*

III. — DROIT CIVIL ET CRIMINEL

1. — GÉNÉRALITÉS

63. — LINGUET (S. N. H.) — Théorie des lois civiles, ou principes fondamentaux de la Société. — Londres, *1767, in-12, 2 vol. rel.*

64. — BENTHAM (Jérémie). — Traité de la Législation civile et pénale, publié en français par E. Dumont. — Paris, *Bossange, an x, in-8°, 3 vol. rel.*

65. — BECCARIA (César Bonesana, Mis de). — Traité des délits et des peines. Trad. de l'italien, d'après la 6e édition, par E. Chaillou de Lisy. — Paris, *J. F. Bastien, 1773, in-12 rel.*

66. — DRAGONETTI (Hyac.) — Traité des vertus et des récompenses, pour faire suite au traité des délits et des peines. Traduit de l'italien par Pingeron, italien et français. — Paris, *Panckoucke, 1768, in-12 rel.*

67. — DELACROIX (J. Vincent). — Réflexions morales sur les délits publics et privés. — Paris, *Arthus Bertrand, 1807, in-8° rel.*

68. — PASTORET (le Mis E. Cl. J. P. de). — Des Lois pénales. — Paris, *Buisson, 1790, in-8°, 2 vol. en un seul, rel.*

69. — BRISSOT DE WARVILLE (J. P.) — Théorie des Lois criminelles. Berlin, *1781, in-8°, 2 vol. rel.*

2. — DROIT ROMAIN

A. — Introduction et Histoire

70. — SCHOMBERG (Al. Ch.) — Précis historique et chronologique sur le droit romain. Trad. de l'anglais par A. M. H. Boulard, 2e édition. — Paris, *Maradan, 1808, in-12.*

71. — MARTIN (Edme). — Les lois puisées chez les Grecs, développées par les Romains, aujourd'hui la base du Droit public et civil des nations. — Paris, Rabuty, 1765, in-12 rel.

72. — GRAVINA (S. Vincent). — Esprit des lois romaines. Trad. du latin, par J. B. Requier. — Amsterdam et Paris, Saillant, 1766, in-12, 3 vol. rel.

B. — Droit romain avant Justinien
et Droit de Justinien,
avec les commentateurs et abréviateurs

73. — BOUCHAUD (Math. Ant.) — Commentaire sur la loi des 12 Tables, 2ᵉ édition. — Paris, imprim. de la République, an xi (1803), in-4°, 2 vol. cart.

74. — INSTITUTOES IMPERIALES novissime correcte. — Parisiis, Jehan Petit, in-4° rel. Ordinate glosis textuales divisiones habentur, Patescit grecum utile cum expositione succincta, Universi tituli alphabetico ordine ponuntur, Summaria rubra multis adiectis sunt textibus immixta Orbibus variis vallata civilis, etc., etc. In hisce consonis et versiculis quorum littere capitales opus optimu, etc. Au bas de la page on lit : *Venundantur Parisiis in vico sancti Jacobi sub intersignio leonis argentei.* Marque typographique de Jehan Petit. — F. liminaires 19. Texte, 139 feuilles. A la fin : Impressu Parisiis in ædibus periti calcographi Joannis Barbier, impensis verò providi viri Joannis Petit, librarii iurati alme Vniversitatis parisiensis. *Anno domini 1508, Die vero xx Martij.* Marque typographique de Jehan Barbier. Texte à 2 colonnes, caractères gothiques, en rouge et en noir. Notes manuscrites très nombreuses. Reliure en bois, recouverte de parchemin avec filet et écussons. Débris de fermoirs en cuivre. (En bon état).

75. — INSTITUTIONUM seu elementorum juris civilis libri iiij una cum Accursu-commentariis aliorumque doctissimorum quorumdam jurisconsultorum annotationibus : optimâ fide ad vetustorum exemplarium antiquitatem recogniti. — Parisiis, *ex officinâ librariæ Yolande Bonhomme, vidue spectabilis Thielmani Rorver, in via Jocobea sub signo unicornis.* Marque typogr. de Rorver, 1540. Texte à 2 colonnes. Caract. goth. rouge et noir. 1 Miniature, 195 pp. (Manquent les dernières pages). Reliure de luxe en bon état, mais maculée.

76. — JUSTINIEN. — Justinianus. Corpus juris civilis digestorum sive pandectarum. Tomi I, III. — Parisiis, *Carola Guillard, vidua Cl. Chevallonii, 1548-50, in-4°, 6 vol. rel. en trois.*

77. — JUSTINIEN. — Justinianus. Corpus juris civilis. — Antverpiæ, *Christophe Plantin, 1575, in-f° rel.*

78. — JUSTINIEN. — Corpus juris civilis, pandectis ad Florentinum archetypum expressis, institutionibus, codice et novellis, addito textu græco, ut et in digestis et codice, legibus et constitutionibus græcis, cum optimis quibusque editionibus collatis. Cum notis integris, repetitæ quintum prælectionis, Dionysii Gothofredi, J. C., Præter Justiniani edicta, Leonis et aliorum imperatorum novellas, ac canones apostolorum, græcè et latinè, feudorum libros, leges XII. Tabul. et alios ad jus pertinentes tractatus, fastos consulares, indicesque titulorum ac legum : et quæcumque in ultimis Parisiensi vel Lugdunensi, editionibus continentur, huic editioni novè accesserunt Pauli receptæ sententiæ cum selectis notis J. Cujacii et sparsim ad universum corpus Antonii Anselmo A. F. A. N. J. C. Antwerp., etc. — Opera et studio Simonis van Leeuwen, J. C. Lugd. Bat. — Amsteladami, *apud Joannem Blaeu. Ludovicum et Danielem Elzevirios. Lugd. Batavorum, apud Franciscum Hackium, 1663, in-f°, 2 vol.*

79. — D°. — Corpus juris civilis Justiniani adjectis recentioribus, quorumdam imperatorum constitutionibus et consuetudinibus feudorum, nec omissis canonibus, qui vulgo Apostolici crediti sum, etc. — *Augustæ Taurinorum, 1757, 2 vol. in-4° rel.*

80. — D°. — D. Justiniani, sacratissimi principis, institutionum libri quatuor. Additi sunt tituli digestor. De verborum significatione et regulis juris. — Lugdun. Batavorum, *apud Danielem à Gaesbeeck, 1678, p^t in-8° rel.* (à grandes marges).

81. — D°. — Volumen legum parvum quod vocant : in quo hæc insunt : tres posteriores libri codicis D. N. Justiniani, eadem cura qua priores novem, emendati. Authenticæ seu novellæ constitutiones ejusdem principis : in quos quid operæ sit impensum, tertia ab hinc pagina Antonii Contii apud Biturigas Juris professoris ordinarii epistola disertè commonstrat. — Antverpiæ, *apud Christoph. Plantinum, 1575, in-f° rel.*

82. — D°. — Pauli Busii I. C. Zvollani commentarii in pandectas D. Justiniani, cum differentiis juris canonici et consuetudinum communium. etc. Editio jam primum absoluta. — Francqueræ, *excudebat Rombertus Doyema, 1614, in-4° parch.*

JURISPRUDENCE

83. — D°. — Les institutes de l'empereur Justinien, avec des observations par Cl. J. de Ferrière. — Lyon, *J. Lions, 1718, in-12, 5 vol. rel.*

84. — D°. — Les institutes, traduites en français, avec le texte latin à côté, par Cl. J. de Ferrière. — Paris, *Durand, 1773, in-12, 7 vol. rel.*

85. — D°. — Le Digeste et les Pandectes. Traduit en français par une société de jurisconsultes. — Paris, *Moreaux, an* xi *(1803), in-8°, 7 vol. rel.*

86. — D°. — Les cinquante livres du Digeste, traduits par Hulot et Berthelot, latin-français. — Metz, *Behmer et Lamor, an* xiii *(1805), in-4°, 7 vol. rel.*

87. — D°. — Code et Novelles de Justinien ; Novelles de l'empereur Léon, Fragments de Gaius, d'Ulpien et de Paul. Traduction faite sur l'édition d'Elzévirs, revue par D. Godefroy, avec le texte latin à côté, par F. A. Tissot. — Metz, *chez Behmer, éditeur, et à Paris, chez Rondonneau, 1806, in-4°, 2 vol. cart.*

88. — GALTIER (Daniel). — Theophilus renovatus sive levis ac simplex via ad institutiones juris civilis. — Tolosæ, *Bern. Dupuy, 1683, in-4° rel.*

89. — HEINNECIUS (Jos. Gottl.) — Eléments du droit civil romain selon l'ordre des institutes de Justinien. Trad. par J. Berthelot, 2ᵉ édit. — Paris, *Tardieu, Denesle et Cⁱᵉ, 1812, in-8°, 2 vol. en un seul rel.*

90. — PERREAU (J. A.) — Examen sur les éléments du droit romain, selon l'ordre des institutes de Justinien, et sur quelques points importants de notre nouveau droit. Trad. du latin par A. M. J. F. Dupin (aîné). — Paris, *Clément frères, 1810, in-12 cart.*

91. — EXAMEN sur le droit romain, selon les institutes de Justinien, présenté par demandes et par réponses, par un avocat. — Paris, *B. Warée, 1825, in-8° rel.*

92. — PEREZIUS (Ant.) — Antoni Perezi Institutiones imperiales erotematibus distinctæ, atque ex ipsis principiis regulisque juris passim insertis, explicatæ. Editio nova. — Amstelodami, *apud Ludovicum et Danielem Elzevirios, anno 1662, pᵗ in-12 rel.*

93. — D°. — Prælectiones in duodecim libros codicis Justiniani. Editio nova, ab auctore recognita et aucta, summariis indicibusque locupletata. — Amstelodami, *apud Danielem Elzevirium, 1671, in-4°, 2 vol.*

94. — CORVINUS (J. Arn.) — J. Corvini Jurisprudentia romana, Cl. Ic. Hermanni Vulteii, contracta : publico donata studio, etc. — Amstelodami, apud *Ludovicum Elzevirium*, ann. *1644*, p^t *in-12 rel.*

95. — DOMAT (Jean). — Les lois civiles dans leur ordre naturel. — Paris, *Bauche, 1756, in-f° rel., 2 vol. en un seul.*

96. — D°. — Les mêmes avec les suppléments de M. de Jouy. — Paris, *Durand, 1777, in-f°, 2 vol. en nn seul, rel.*

97. — JOUY (L. Fr. de). — Supplément aux lois civiles. — Paris, *1756, in-f° cart.*

98. — FERRIÈRE (Cl. J.) — Nova et methodica institutionum juris civilis tractatio. — Parisiis, *Ant. Warin, 1752, rel.*

99. — D°. — Institutionum juris civilis tractatio nova et methodica. Editio nova. — Parisiis, *Steph. Gab. Durand, 1773, in-18 rel.*

100. — BARRIGNE DE MONTVALON (D. André). — Epitome juris et legum romanarum. — Aquis Sextiis, *J. David et S. David, 1756, in-8° rel.*

C. — Jurisconsultes qui ont écrit pour l'intelligence du Droit romain

101. — DUAREN (Fr.) — Francis. Duareni opera omnia. — Lugduni, *apud Gil. Rovillium, 1558, in-f° rel.*

102. — HOTMAN (Fr.) — Francisci Hotmani, Commentarius verborum juris, etc. — Basileœ, *1558, in-f° parch.*

103. — CUJAS (Jac.) — Jacobi Cujacii opera omnia. — Lugduni, *Pillehote, 1606, in-f°, 4 vol. rel.*

104. — HUBER (Ulric.) — Prælectionum juris civilis tomi tres secundum institutiones et digesta Justiniani. Accedunt Christ. Thomasii additiones. Editio novissima quam recensuit variisque annotationibus instruxit. J. Le Plat. — Lovanii, *J. F. van Overbeke, 1766, in-4°, 3 vol. cart.*

105. — CRELL (Christ. L.) — Dissertationum atque programmatum Crellianorum fasciculi VIII. — Halœ ad Salam, *J. C. Hendel, 1775, 1771, in-4° rel.*

D. — Traités spéciaux et Droit romain appliqué au Droit français

106. — MACÉ (Antonin). — Des lois agraires chez les Romains. — Paris, Joubert, 1846, in-8° rel.

107. — MERCIER (Hier.) — Remarques du droit français sur les instituts de Justinien ; comment ils se doivent pratiquer en France, ou la porte et l'abrégé de la jurisprudence française. — Paris, J. Guignard, 1672, in-4° rel.

108. — TROUSSEL (Avocat). — Eléments du droit, ou traduction du premier livre du Digesite, avec des notes historiques sur le droit romain et le droit français. — Avignon, veuve Girard et Fr. Seguin, 1771, in-12, 2 vol. en un seul.

---

3. — DROIT FRANÇAIS

1re PARTIE. — DROIT ANCIEN

A. — Histoire, Traités généraux et Dictionnaires

109. — MICHELET (Jules). — Origines du droit français, cherchées dans les symboles et formules du droit universel. — Paris, L. Hachette, 1837, in-8° rel.

110. — CHAMBELLAN (C. A.) — Etudes sur l'histoire du droit français. — Paris, A. Durand, 1848, g^d in-8° rel.

111. — BERNARDI (J. L. D.) — Essai sur les révolutions du droit français, pour servir d'introduction à l'étude du droit français. — Paris, Servière, 1730, in-12 rel.

112. — LIVONIÈRE (Cl. Poquet de). — Règles du droit français. — Paris, J. B. Coignard, 1730, in-12 rel.

113. — CARADEC. — Principes du droit français suivant les maximes de Bretagne. Livre premier, chapitre Ier. Du droit en général, 187 feuillets, quelques pages blanches intercalées. Au bas du titre on lit : Caradec 1768. Le verso du 1er feuillet commence ainsi : Le droit français est composé des ordonnances................ Les dernières lignes sont ainsi conçues : Ne peuvent pas exercer le retrait qui ne peut avoir lieu qu'au profit des parents du Seigneur foncier auquel l'abandon a été fait. — *Manuscrit rel.* (Don du Dr Louis Caradec).

114. — PRÉVOT DE LA JANNÈS (Michel). — Les principes de la jurisprudence française. Nouvelle édition. — Paris, *Briasson, 1770, in-12, 2 vol. rel.*

115. — D°. — Introduction au droit français, 11e édit., revue par M. A. G. Boucher d'Argis. — Paris, *Bailly, 1773, in-12, 2 vol. rel.*

116. — FERRIÈRES (Claude de). — Introduction à la pratique, contenant l'explication des principaux termes de pratique et de coutume, avec les juridictions de la France, par ordre alphabétique. — Paris, *Cochart, 1720, in-8° rel.*

117. — D°. — Autre édition. — Paris, *M. Brunet, 1737, in-12, 2 vol. rel.*

118. — D°. — Dictionnaire de droit et de pratique, troisième édition, augmentée par M. *** (Boucher d'Argis). — Paris, *Brunet, 1749, in-4°, 2 vol. rel.*

119. — D°. — Le même. Nouvelle édition. — Paris, *Desaint et Saillant, 1762, in-4°, 2 vol. rel.*

120. — DICTIONNAIRE (nouveau) des termes de droit et de pratique, ou Ferrière moderne, ouvrage, etc., par R. S. Tolluire et J. B. E. Boulet. — Paris, *F. Prévost, Mansut, 1841, in-4°, 2 vol. br.*

121. — DICTIONNAIRE des Juges de paix et de police, etc., par M. Bioche. — Paris, *Videcoq fils aîné, 1851, 2 vol. in-8° br.*

122. — DELBREIL (M. F.) — Dictionnaire de droit mis à la portée de tout le monde. — Toulouse, *A. Henault, 1852, gd in-18 rel.*

123. — IMBERT (J.) — Praticien judiciaire tant civil que criminel, reçu et observé par tout le royaume. — Paris, *Nic. Buon, 1612, in-4° parch.*

124. — PRATICIEN (le) universel, ou le droit français et la pratique de toutes les juridictions du royaume. — Paris, *J. Lefebvre, 1697, in-12, 2 vol. rel.*

125. — PRATICIEN du Châtelet de Paris, par E.-N. Pigeau. — La feuille du titre manque, nous empruntons la désignation de l'ouvrage au titre courant. L'approbation qui se trouve avant la Table des matières porte la date de *1773, in-4° rel.* Notre exemplaire est précédé de pages liminaires dont quelques-unes manquent et qui ont pour titre courant : Idée générale de l'ordre judiciaire.

126. — LANGE (Fr.) — La nouvelle pratique civile, criminelle et bénéficiale, ou le nouveau praticien français. Nouvelle édition. — Paris, J. M. *Guignard, 1710, in-4° rel.*

127. — GAURET. — Style universel de toutes les cours et juridictions du royaume, avec les juridictions des matières civiles, suivant l'ordonnance d'avril 1667. — Paris, *1734, in-12, 2 vol. rel.*

128. — STYLE abrégé du palais, contenant les attributions des différentes chambres du Parlement de Bretagne. — Rennes, *Vatar, 1764, in-12 rel.*

129. — BOUCHEL (Laurent). — La bibliothèque, ou trésor du droit français. — Paris, *veuve Guillemot et S. Thiboult, 1615, in-f°, 2 vol. rel.*

130. — DENISART (J. B.) — Collection de décisions nouvelles et de notions relatives à la jurisprudence. — Paris, *Savoye, 1763, in-4° rel.*

131. — D°. — La même, 6ᵉ édition. — Paris, *Desaint, 1768, in-4°, 3 vol. rel.*

132. — D°. — La même, 9ᵉ édition. — Paris, *veuve Desaint, 1775, in-4°, 4 vol. rel.*

B. — Droit Français jusqu'en 1789

a. — Recueils d'Ordonnances. — Ordonnances particulières et leurs Commentaires

133. — PASTORET (le Marquis E. C. J. P. de). — Ordonnances des rois de la France, de la 3ᵉ race, 1486-1514. — Paris, *imp. royale. Les 20ᵉ et 21ᵉ vol., in-f°, 2 vol. rel.*

134. — NÉRON (P.) et GÉRARD (Et.) — Les Edits et Ordonnances des très-chrétiens rois François Iᵉʳ, Henri II, François II, Charles IX, Henri III, Louis XIII et Louis XIV, sur le fait de la justice et abréviation des procès. — Paris, *J. B. Loyson, 1656, in-f° rel.*

135. — RECUEILS d'édits et d'ordonnances (contenant des édits, ordonnances et arrêts sur les monnaies, de 1603 à 1637, avec les figures). — *Petit in-4° parch.*

136. — D°. — Des édits du roi vérifiés en parlement, chambre des comptes et cour des aydes, le 20ᵉ de décembre 1635. — Paris, *A. Estienne, P. Mettayer et P. Rocolet, 1636, pᵗ in-8° cart.*

137. — D°. — Des règlements, tarifs et instructions concernant les droits réservés, par M. Lém*** (Lemercier), Dʳ Gᵃˡ, 1716-1717. — Paris, *veuve Saugrain et P. Prault, 1723, in-4° parch.*

138. — D°. — De quelques règlements, ordres et institutions concernant les fermes générales du roi. Tabac, traites et contrebande. — Saint-Malo, *L. Hovius, 1756, pᵗ in-8° rel.*

139. — DURET (Jean). — Avertissements sur l'édit d'Henry, roi de France et de Pologne, faisant droit aux remontrances proposées par les Etats rassemblés en la ville de Blois, l'an 1576. — Lyon, *B. Rigaud, 1586, pᵗ in-8° parch.*

140. — D°. — Les mêmes. — Lyon, *pᵗ in-8° parch.*

141. — GUÉNOIS (P.) — La grande conférence des ordonnances et édits royaux, amplifiée par L. Charondas, et de nouveau rédigée en 2 volumes et augmentée par Jacques Joly. — Paris, *J. et Et. Richer, 1627, in-f°, 2 vol. rel.*

142. — D°. — La même, augmentée par J. Thomas. — Paris, *D. Thierry, 1678, in-f°, 2 vol. rel.*

143. — SAUGRAIN (G.) — La maréchaussée de France, ou recueil des ordonnances, édits, etc., concernant la création, établissement des officiers des maréchaussées. — Paris, *H. Charpentier, 1687, in-4° rel.*

144. — ORDONNANCE de Louis XIV, donnée à Saint-Germain-en-Laye, au mois d'avril 1667. — Paris, *1712, in-18 rel.*

145. — JOUSSE (Daniel). — Nouveau Commentaire sur l'Ordonnance d'avril 1667. — Paris, *Debure, 1767, in-12, 2 vol. rel.*

146. — RODIER (Marc-Antoine). — Question sur l'Ordonnance d'avril 1667. — Toulouse, *Dupleix-Laporte et Cⁱᵉ, 1769, in-4° rel.*

147. — SERPILLON (Franc.) — Code civil ou Commentaire sur l'Ordonnance d'avril 1667. — Paris, *P.-M. Delaguette, 1769, in-4° rel.*

148. — FORMULES d'Actes et de Procédures pour l'exécution de l'Ordonnance d'avril 1667. — Paris, *1668, in-4° rel.*

149. — ORDONNANCE sur le fait des Eaux et Forêts donnée en 1669. — Paris, *1736, in-12 rel.*

150. — D°. — La même. — Paris, *Nyon, 1765, p^t in-8° rel.*

151. — PECQUET (Ant.) — Lois forestières de France. Commentaire historique et raisonné sur l'Ordonnance de 1669, etc. — Paris, *Prault, 1753, in-4°, 2 vol. rel.*

152. — COMMENTAIRE sur l'Ordonnance des Eaux et Forêts du mois d'août 1669. — Paris, *Debure, 1675, in-12 rel.*

153. — D°. — Le même. — Paris, *Debure, 1772, in-12.*

154. — ORDONNANCE sur le Commerce des Négociants Marchands donnée à Saint-Germain-en-Laye, en 1673. — Bruxelles, *E.-H. Friex, 1767, in-18 rel.*

155. — COMMENTAIRE (Nouveau) sur l'Ordonnance d'août 1669 et mars 1673, ensemble, sur l'Edit de mars 1673, touchant les épices, par M. ***. — Paris, *Debure, 1761, in-12 rel.*

156. — DAMOURS (L.) — Conférences de l'Ordonnance concernant les donations. — Paris, *Ch.-J.-B. Bauche fils, 1753, in-8° rel.*

157. — BORNIER (Philippe). — Conférences des nouvelles Ordonnances de Louis XIV, avec celles des Rois, ses prédécesseurs, le Droit civil et les Arrêts. — Paris, *1686, in-4°, 2 vol. rel.*

158. — D°. — Les mêmes. Nouvelle édition, par M. ***, avocat au Parlement (Ch. A. Bourdot de Richebourg). — Paris, *1719, in-4°, 2 vol. rel.*

159. — D°. — Les mêmes. Nouvelle édition. — Paris, *1721, 2 vol. en un seul rel.*

160. — SALLÉ (Jacques-Antoine). — L'Esprit des Ordonnances de Louis XIV, ouvrage où l'on a réuni la théorie à la pratique. — Paris, *Samson, 1758, in-4°, 2 vol. rel.*

161. — D°. — L'Esprit des Ordonnances et des principaux Edits de Louis XIV, en matière civile, criminelle, etc. — Paris, *veuve Savoye, 1771, in-4° rel.*

162. — D°. — L'esprit des deux Ordonnances de Louis XIV, sur les Donations et Testaments, par M. ****. — Paris, *veuve Rouy, 1752, in-8°.*

163. — BRIQUET (de). — Code militaire ou compilation des Ordonnances des Rois de France concernant les gens de guerre. Nouv. édition. — Paris, *Nyon, 1761, in-12, 8 vol. rel.*

164. — SPARRE (le Baron DE). — Code militaire ou compilation des Règlements et Ordonnances de Louis XIV, faits pour les gens de guerre, depuis 1651, jusqu'à présent. — Paris, *Denys Mariette, 1707, in-12 rel.*

165. — D°. — Le même, augmenté de l'édit de création de l'ordre de Saint-Louis. — Paris, *Denys Mariette, 1709, in-12 rel.*

166. — ORDONNANCE du Roi concernant les Gouverneurs et Lieutenants généraux des Provinces, du 25 juin 1750. — Paris, *Prault, 1756, in-18 rel.*

167. — D°. — Pour régler le service dans les places et dans les quartiers, du 1er mars 1768. — Paris, *Prault, 1768, in-18 rel.*

168. — D°. — Portant règlement sur le service de l'infanterie en campagne. — Paris, *imp. royale, 1753, in-18 rel.*

169. — BEAUFORT (DE). — Recueil concernant le Tribunal de Nosseigneurs les maréchaux de France. Les prérogatives et les fonctions des officiers chargés d'exécuter ses ordres, les matières de sa compétence, etc. — Paris, *chez l'auteur, 1784, 2 vol. in-8° br.*

170. — ABEILLE (L. P.) — Table raisonnée des Ordonnances, Edits, Déclarations et Lettres patentes du Roi, enregistrées au Parlement de Bretagne, depuis sa création jusqu'en 1750. — Rennes, *J. F. Vatar, 1757, in-4° rel.* (2 exempl.)

b. — Coutumes

171. — LI LIVRES de Jostice et de Plet publié pour la première fois, d'après le manuscrit de la Bibliothèque nationale, par Rapetti, avec un glossaire des mots hors d'usage, par L. Chabaille. — Paris, *F. Didot frères, 1850, in-4°.*

172. — ASSISES DE JÉRUSALEM, ou Recueil des Ouvrages de Jurisprudence composés pendant le xiiie siècle dans les royaumes de Jérusalem et de Chypre, publiées par le comte Beugnot. — Paris, *imp. royale, 1841, in-f°, 2 vol. rel.*

173. — SAINT-MARTIN (l'abbé L. P.) — Les établissements de Saint-Louis, suivant le texte original et rendus dans le langage actuel, avec des notes, suivis du panégyrique de Saint-Louis, prononcé dans la chapelle du Louvre, le 25 août 1784. — Paris, *Nyon l'aîné, 1786, in-8° rel.*

174. — D°. — Autre exemplaire. F. S.

175. — FERRIÈRE (Cl. J. de). — Nouvelle institution coutumière qui contient les règles de tout le droit coutumier, fondées sur les dispositions de toutes les coutumes de France et sur l'usage établi par les arrêts. — Paris, J. Jombert, 1682, in-12, 2 vol. rel.

176. — DUMOULIN (Ch.) — Prima pars et secunda commentariorum in consuetudines Parisienses. — Paris, G. Buon, 1572-1564, in-f°, 2 vol. en un seul.

177. — D°. — Commentarii in consuetudines Parisienses. — Paris, G. Buon, 1756, in-f°, 2 vol. en un seul, rel.

178. — FERRIÈRE (Cl. J. de). — Nouveau Commentaire sur la Coutume de Paris. Nouvelle édition, par Sauvan d'Aramon. — Paris, 1770, in-12, 2 vol. rel.

179. — D°. — Corps et compilation de tous les Commentaires anciens et modernes sur la Coutume de Paris. — Paris, Denys Thierry et Aug. Besoigne, 1642, in-f°, 3 vol. rel.

180. — BOURJON (Fr.) — Le droit commun de la France et la Coutume de Paris réduits en principes. Nouvelle édition. — Paris, Grangé et Cellot, 1770, in-f°, 2 vol. rel.

181. — BASNAGE DU FRAGUENAY (Henri). — Ses œuvres contenant ses Commentaires sur la Coutume de Normandie, et son traité des hypothèques, 3ᵉ édition. — Rouen, Maury, 1709, in-f°, 2 vol. rel.

182. — LE CONTE. — Coutume de Normandie. Nouvelle édition. — Rouen, 1779, in-12 rel.

183. — COUTUMES DE BRETAGNE. — Les Coutumes générales des pays et duché de Bretagne. — Rennes, J. Gaisne (sans date), in-32 parch.

184. — ARGENTRÉ (Bertrand d'). — Commentarii in patrias Britonum leges, seu consuetudines generales antiquissimi Ducatus Britanniæ, in lucem editi cura et studio V. C. Caroli d'Argentré. Editio quarta. — Parisiis, N. Buon, 1628, in-f° rel.

185. — D°. — Editio quinta. — Parisiis, N. Buon, 1640, in-f° rel.

186. — D°. — Exemplaire auquel plusieurs pages manquent. Sans lieu, ni date, ni nom d'imprimeur.

187. — BELORDEAU (Pierre). — Coustumes générales du païs et duché de Bretagne, avec la paraphrase sur icelle. — Paris, N. Buon, 1624, in-4° rel.

188. — D°. — Les mêmes, 2ᵉ édit. — Paris, N. Buon, 1628, in-4° rel.

189. — COUSTUMES générales du pays et duché de Bretagne réformées et rédigées en écrit, par les commissaires du Roy et Députés des Estats dudit païs, en l'an 1580, et expliquées par un nouveau recueil d'arrêts rendus au Parlement de la même province, tirés des Mémoires de plusieurs célèbres advocats. — Rennes, *veuve Vatar, 1674, in-4°*. Relié avec :

190. — FRAIN (Sébastien). — Arrests de la Cour du Parlement de Bretagne. — Rennes, *R. Vatar, 1674, in-4°.*

191. — HÉVIN (L.) — Consultations et observations sur la coutume de Bretagne. — Rennes, *Guill. Vatar, 1734, in-4° rel.*

192. — ABEL (Pierre), pseudonyme de Perchambault de la Bigotière. — Observations sommaires sur la coutume de Bretagne, pour faire connaître le sens qu'elle avait dans son origine et celui que l'usage lui a donné. — Laval, *R. Ambroise, 1689, in-4° rel.*

193. — PERCHAMBAULT DE LA BIGOTIÈRE (René de). — Commentaires sur la coutume de Bretagne ou Institutions au droit français par rapport à la même coutume. — Rennes, *P. Garnier, 1702, in-4° rel.*

194. — COUSTUMES DE BRETAGNE, avec Commentaires et Observations, par Michel Sauvageau. — Nantes, *J. Mareschal, 1710, in-4° rel.*

195. — COUTUME DE BRETAGNE, avec les observations de Perchambault, 3e édition. — Rennes, *P. Garnier, 1713, in-12, 2 vol. rel.*

196. — D°. — La même, sous le titre de Coutume avec des explications sur chaque article, augmentée des usances de chaque lieu de la Province. — Rennes, *P. Garnier, 1719, in-12 rel.*

197. — POULLAIN-DUPARC (A. M.) — Observations sur les ouvrages de Perchambault de la Bigotière. — Rennes, *Vatar, 1766, in-12 rel.*

198. — SAUVAGEAU (Michel). — Coutumes de Bretagne, avec ses commentaires et observations pour l'intelligence des articles obscurs. Nouvelle édition. — Rennes, *Vatar, 1742, in-12 rel.*

199. — D°. — Les mêmes. Nouvelle édition augmentée d'un grand nombre d'arrêts. — Rennes, *Remelin* ; Brest, *Romain Malassis, 1771, in-12 rel.*

200. — COUTUMES DE BRETAGNE et Usances particulières de quelques villes et territoires de la même Province, avec des observations très-savantes, par M. ***. — Nantes, *Nic. Verger, 1724, in-4° rel.*

JURISPRUDENCE

201. — POULLAIN-DUPARC (A. M.) — Coûtumes générales du pays et duché de Bretagne et usements locaux, avec les procès-verbaux des deux réformations, les notes de Hévin, l'aitiologie de d'Argentré, etc. — Rennes, *Guill. Vatar, 1745 à 1748, in-4°, 3 vol. rel.*

202. — D°. — La Coutume et la Jurisprudence coutumière en Bretagne, dans leur ordre naturel. — Rennes, *G. Vatar, 1759, in-8° rel.*

203. — D°. — La Coutume et la Jurisprudence coutumière de Bretagne. — Rennes, *F. Vatar, 1783, in-12 rel.* (2 exempl.)

204. — D°. — Principes du droit français, suivant les maximes de Bretagne. — Rennes, *F. Vatar, 1783, in-12, 12 vol. rel.*

205. — D°. — Précis méthodique des actes de notoriété du Parlement de Bretagne, avec des observations et corrections sur les principes du droit français. — Rennes, *veuve F. Vatar, 1779, in-12 rel.*

206. — BAUDOUIN DE LA MAISON-BLANCHE. — Institutions convenancières, ou Traité raisonné du Domaine congéable en général et spécialement à l'usement de Tréguier et Goëlo. — Saint-Brieux, *J.-L. Mahé, 1776, in-12, 2 vol. rel.* (2 exempl.)

207. — DOMAINE CONGÉABLE. — Recueil de Lois et de Réclamations relatives aux Domaines congéables, à prendre de la loi de 1791. — *In-8°, 2 vol. rel.*

208. — CARRÉ (G. L. J.) — Introduction à l'étude des lois relatives aux Domaines congéables et Commentaire de celle du 6 août 1791. — Rennes, *Duchesne, 1822, in-12.*

209. — AULANIER (A.) — Traité du Domaine congéable. — Saint-Brieuc, Paris et Rennes, *1824, in-8° rel.*

210. — TRAITÉ des Prescriptions suivant la Coutume de Bretagne. — Rennes, *Nic. Audran, 1769, in-18 rel.* (Un second exemplaire broché).

211. — LIMON (J. M. P. A.) — Usages et Règlements locaux en vigueur dans le département du Finistère. — Quimper, *Lion, 1852, in-8° rel.*

212. — JACQUET (L.) — Abrégé du Commentaire de la coutume de Touraine. — Auxerre, *Fournier ;* Paris, *Knapen, 1761, 2 volumes in-4° rel.*

c. — Lois des Colonies

213. — MOREAU DE SAINT-MERY (M. L. E.) — Lois et Constitutions des Colonies françaises de l'Amérique, de 1704 à 1768. — Paris, *1775, in-4° (3 vol. seulement, le premier manque).*

214. — RECUEIL de Règlements, Edits, etc., concernant le commerce, l'administration de la justice et de la police des Colonies françaises de l'Amérique et les engagés, avec le code noir et l'addition audit code. Nouvelle édition. — Paris, *1765, in-12 rel.*

215. — DELABARRE DE NANTEUIL. — Législation de l'île de la Réunion, 2ᵉ édition. — Paris, *Donnaud, 1861, g^d in-4°, 6 vol.*

d. — Arrêts, Plaidoyers et Mémoires

216. — OLIM. (Les) ou Registres des Arrêts rendus par la Cour du Roi sous Louis IX, Philippe-le-Hardi, Philippe-le-Bel, Louis-le-Hutin et Philippe-le-Long, publiés par le comte Beugnot. — Paris, *imp. royale, 1839, in-4°, 4 vol. rel.*

217. — BRILLON (P. J.) — Dictionnaire des Arrêts ou Jurisprudence universelle des Parlements de France. — Paris, *Nic. Gosselin, 1711, in-f°, 3 vol. rel.*

218. — D°. — Le même, nouvelle édition. — Paris, *G. Cavelier, 1724, in-f°, 6 vol. rel.*

219. — D°. — Dictionnaire des Arrests ou Jurisprudence universelle des Parlements de France et autres Tribunaux. — Paris, *Osmont, 1740, 3 vol. in-f° rel.*

220. — PAPON (Jean), Conseiller du Roi et Lieutenant général du Baillage des Forêts. — Recueil d'arrêts notables des Covrs sovveraines de France, ordonnez par tiltres, en quatre liures. — Paris, *chez Hiérosme de Marnef et Guillaume Canellat, à l'enseigne du Pélican, 1566, in-8° cart. mutilé.*

221. — D°. — Les trois Notaires. — Paris, *1568, in-f° rel.*

222. — D°. — Instrument du premier Notaire, 3ᵉ édition. — Lyon, *J. de Tournes, 1585, in-f° rel.*

JURISPRUDENCE

223. — CHARONDAS LE CARON (Louis). — Réponses aux décisions du Droit français confirmées par arrêts des Cours. — Paris, *L'Huillier*, *1605, in-f° rel.*

224. — RECUEIL d'Arrêts, Déclarations, etc., 1648, 1651, 1652, *in-4°, 5 vol. cart.*

225. — BLONDEAU (Cl.) et GUERET (G.) — Journal du Palais ou Recueil des principales décisions de tous les Parlements et Cours souveraines de France, de 1672 à 1688, 2e édition. — Paris, *Thierry et J. Guignard, 1676-1689, in-4°, 11 vol. en 10 rel.*

226. — JOURNAL DU PALAIS, 3e édition, de 1660 à 1700. — Paris, *Guignard et Robustel, 1713, in-f°, 2 vol. rel.* (Port.)

227. — LOUET (G.) — Recueil d'aucuns notables Arrêts donnés en la cour du Parlement de Paris, pris de ses Mémoires, 8e édition, augmentée par J. Belordeau. — Paris, *Cl. Cramoisy, 1627, in-f° rel.*

228. — D°. — Le même. — Paris, *1655, in-f° rel.*

229. — D°. — Recueil de plusieurs Arrêts notables. — Paris, *D. Thierry et E. Guignard, 1623, in-f°, 2 vol. rel.*

230. — DUFRESNE (J.) — Journal des principales audiences du Parlement, continué par M. Fr. Jamet de la Guessière, de l'année 1623 à 1700. — Paris, *1778, in-f°, 5 vol. rel.*

231. — DESHAYES (Gentil). — Arrêts et remarques sur la Coutume de Bretagne. — *Manuscrit in-f°, parch.*

232. — DUFAIL (Noel). — Les plus solennels Arrêts et Règlements donnés au Parlement de Bretagne, avec des annotations de M. Sauvageau. — Nantes, *J. Mareschal, 1715, in-4°, 2 vol. rel.*

233. — D°. — Les mêmes. — Rennes, *Vatar, in-4°, 3 vol. rel.*

234. — BELORDEAU (Pierre). — Epitome ou abrégé des observations forenses, où sont contenues diverses questions tirées du droit civil, confirmées par arrêts du Parlement de Bretagne. — Paris, *Nic. Buon, 1617, in-4° parch.*

235. — D°. — Controverses agitées en la Cour du Parlement de Bretagne et décidées par arrêts du même Parlement. — Paris, *Nic. Buon, 1619, in-4°, 2 vol. rel.*

236. — FRAIN (Sébastien). — Arrêts du Parlement de Bretagne. — Rennes, P. Garnier, 1647, in-4° cart.

237. — D°. — Les mêmes. — J. Vatar, 1674, in-4° rel.

238. — D°. — Les mêmes, 3ᵉ édition, revue par P. Hévin. — Rennes, P. Garnier, 1684, in-4°, 2 vol.

239. — D°. — Les mêmes. Même édition, 1684, in-4°, 2 vol. en un seul rel.

240. — DEVOLANT (Paul). — Recueil d'Arrêts rendus au Parlement de Bretagne. — Rennes, Nic. Deveaux, 1722, in-4° rel.

241. — SAUVAGEAU (Michel). — Arrêts et Règlements du Parlement de Bretagne, avec des observations et des remarques. — Nantes, J. Mareschal, 1712, in-4° rel.

242. — POULLAIN-DUPARC (A. M.) — Journal des Audiences et Arrêts du Parlement de Bretagne, contenant les Arrêts rendus avant la Saint-Martin 1735, jusqu'au 26 juillet 1777. — Rennes, J. Vatar, 1737-1778, in-4°, 5 vol. rel.

242 bis. — D°. — Le même. Même édition.

243. — POTIER DE LA GERMONDAYE. — Recueil d'Arrêts rendus au Parlement de Bretagne, depuis la Saint-Martin, 1767, jusqu'au mois de mai 1770. — Rennes, veuve Vatar, 1775, in-12 rel.

244. — RECUEIL des Arrêts du Parlement de Bretagne, rendus sur les remontrances et conclusions de M. le Procureur général du Roi, qui prescrivent la règle que les Juges de cette province doivent suivre dans leurs jugements. Avec les tarifs des vacations des Juges. — Rennes, G. Vatar, 1734, in-12 rel.

245. — RECUEIL de Déclarations du Roi, d'Arrêts et Règlements du Conseil et du Parlement de Bretagne rendus pour l'usage du sel dans la même province, depuis 1669, jusqu'en 1704. — In-4° parch.

246. — COLLECTION des Règlements des Gens des trois Etats de Bretagne, arrêtés en leur assemblée de 1786. — Rennes, Nic. P. Vatar, 1787, in-8° rel.

247. — RECUEIL d'Arrests qui contient les Arrêts depuis octobre 1717 jusqu'en janvier 1719 et depuis janvier 1719 jusqu'en décembre 1720. — Paris, 1753, 3 vol. in-8° rel.

248. — VALOIS (Noel). — Ministère de l'Instruction publique, des Cultes et des Beaux-Arts. Archives nationales. Inventaire des arrêts du Conseil d'Etat (règne de Henri IV). — Paris, imp. nation., 1886, in-4° br.

249. — LA PEYRÈRE (Abraham). — Décisions sommaires du Palais, 7ᵉ édition. — Bordeaux, J. Foulques et Cⁱᵉ, 1807, in-4° rel.

250. — SALVIAT (de). — Jurisprudence du Parlement de Bordeaux avec un Recueil des questions importantes agitées en cette Cour et les arrêts qui les ont décidées. — Paris, Buisson, 1787, in-4° rel.

251. — RECUEIL des Arrêts nouveaux de Bourgogne où sont contenues diverses questions de droit. — Cologne, Jacob Stœr, 1628, in-4° rel.

252. — GAYOT DE PITAVAL (Fr.) — Causes célèbres et intéressantes, avec les jugements qui les ont décidées. Nouvelle édition. — Paris, Cavelier, 1739, in-12, 20 vol. rel.

253. — BESDEL (P. Fr.) — Abrégé des Causes célèbres et intéressantes, avec les jugements qui les ont décidées. — Toulouse, D. Desclassan, 1785, in-12, 3 vol.

254. — JUGEMENT du Conseil de guerre tenu au port de Brest, le 15 mai 1775 (affaire Kerguelen de Trémarec). — Brest, R. Malassis, 1785, in-4°.

255. — FOURNEL (J. F.) — Histoire des Avocats au Parlement et du Barreau de Paris, depuis Saint-Louis jusqu'au 15 octobre 1789. — Paris, Maradan, 1813, in-8°, 2 vol. rel.

256. — LE BRET Sʳ DE VÉLY. — Recueil d'aucuns plaidoyers faits en la cour des aydes, avec les Arrêts et Règlements advenus sur iceux. — Paris, James Mettayer, 1604, pᵗ in-8° parch.

257. — SERVIN (Loys). — Plaidoyers avec les Arrêts. — Paris, J. Heuqueville, 1608, in-8°, 3 vol. parch.

258. — XAINTONGE (P. de). — Discours et Harangues prononcés au Parlement de Dijon, depuis 1615 jusqu'en la présente année 1625. — In-8° parch.

259. — LEMAISTRE (Ant.) — Recueil de divers plaidoyers et harangues prononcés au Parlement. Dernière édit. — 1625, in-12 rel.

260. — Dº. — Ses plaidoyers et harangues publiés par J. Issali. — Paris, P. Le Petit, 1773, in-4° rel.

261. — PATRU (Olivier). — Plaidoyers et Œuvres diverses. Nouvelle édit. — Paris, Séb. Mabre Cramoisy, 1681, in-4° rel.

262. — D°. — Œuvres diverses. Troisième édit. — Paris, Nic. Gosselin, 1714, in-4° rel.

263. — BARBEYRAC (Z.) — Recueil de Discours. — Amsterdam, P. Humbert, in-12, 2 vol.

264. — EDITS, Ordonnances, Règlements, Arrests. La première page manque. — In-8° br.

265. — RECUEIL des Edits, déclarations et lettres patentes du Roy, registrés en Parlement et des arrests de règlements depuis la Saint-Martin 1744 jusqu'au 23 août 1745. — Rennes, Vatar, 1745, in-8° br.

266. — AGUESSEAU (H. Fr. d'). — Discours et Œuvres mêlées. Nouv. édition. — Paris, 1771, in-12, 2 vol. rel.

267. — D°. — Œuvres. — Yverdun, 1772, in-8°, 10 vol. rel.

268. — ŒUVRES de Monseigneur le chancelier d'Agnesseau. — Yverdun, 1772, 13 vol. in-8°.

269. — COCHIN (Henri). — Œuvres choisies. — Paris, 1773, in-12, 2 vol. rel.

270. — SERVAN (A. J. M.) — Œuvres diverses. — Lyon, J. S. Grabit, 1774, in-12, 2 vol.

271. — D°. — Discours d'un ancien avocat général dans la cause du comte de *** (Suze) et de la demoiselle *** (Bon), chanteuse de l'Opéra. — Lyon, Sulpice Grabit, 1772, in-18.

272. — BEAUMARCHAIS (P. A. Caron de). — Collection complète de ses Mémoires. — La Haye, 1777, in-12 rel., 2 vol.

273. — MÉMOIRE sur une question d'adultère, de séduction et de diffamation, pour le sieur Kormann, contre la dame Kormann, son épouse, le sieur Daudet de Jossan, le sieur Pierre-Augustin Caron de Beaumarchais et Lenoir. — 1778, in-8°. (2 exempl.)

274. — BERGASSE. — Observations du Sr Bergasse sur l'écrit du Sr de Beaumarchais ayant pour titre : Court Mémoire en attendant l'autre dans la cause du sieur Kormann. — 1788, in-8°.

275. — DUPATY (C. M. J. B. Mercier). — Mémoire justificatif pour trois hommes condamnés à la roue. — Paris, P. D. Burre, 1786, in-8°.

276. — D°. — Résumé du Mémoire justificatif de Pradier, Simare et Lardoise. — 1787, in-8°.

e. — Traités sur toutes les matières de Droit et Collections d'œuvres de Jurisconsultes

277. — LOYSEAU (Ch.) — Œuvres. — Paris, *Ph. Albert, 1620, in-4° rel.*

278. — BACQUET (J.) — Œuvres augmentées par Cl. de Ferrière. — Paris, *J. Cochard, 1688, in-f° rel.*

279. — POTHIER (Robert J.) — Traités sur différentes matières de droit civil, appliquées à l'usage du barreau et de la Jurisprudence française. — Paris, *Debure, 1781, in-4°, 4 vol. rel.*

280. — D°. — Œuvres posthumes. — Paris, *Th. Barrois, 1777, in-4°, 3 vol. rel.*

f. — Traités spéciaux

281. — DU ROUSSEAU DE LACOMBE (Guy.) — Recueil de Jurisprudence civile du pays, de droit civil et coutumier, par ordre alphabétique. Nouvelle édition. — Paris, *Le Gras, 1746, in-4° br.*

282. — BOSQUET et HÉBERT. — Dictionnaire raisonné des domaines et des droits domaniaux, 2ᵉ édition. — Rennes, *veuve F. Vatar, 1782, in-4°, 4 vol. cart.*

283. — GUICHARD (A. C.) — Défense des propriétaires de biens domaniaux. — Paris, *1829, in-8°.*

284. — DESGODETS (Ant. Rabuty). — Les lois des bâtiments, suivant la coutume de Paris, traitant de ce qui concerne les servitudes réelles, etc., avec les notes de Goupy. — *1748, in-8° rel.*

285. — POTHIER (Robert). — Traité des obligations. Nouvelle édition. — Paris, *Debure, 1768, in-12, 2 vol. rel.*

286. — D°. — Le même. — Paris, *les frères Debure, 1774, in-12, 2 vol. rel.*

287. — D°. — Traité du contrat de mariage. — Orléans et Paris, *Debure, 1768, in-12, 2 vol. rel.*

288. — D°. — Traité de communauté, auquel on a joint un traité de la jouissance du mari sur la personne et les biens de sa femme. — Paris, *Debure, 1770, in-12, 2 vol. rel.*

289. — RENUSSON (Ph. de). — Traité de la communauté des biens entre l'homme et la femme conjoints par mariage. — Paris, *J. Lefebvre, 1699, in-f° rel.*

290. — LE BRUN (Denis). — Traité de la communauté entre mari et femme. Nouvelle édition. — Paris, *David, 1755, in-f° rel.*

291. — RICARD (J. M.) — Traité des donations entre vifs et testamentaires. — Paris, *J. et M. Guignard, 1701, in-f°, 2 vol. rel.*

292. — FURGOLE (J. B.) — Traité des testaments, codiciles, donations, etc. — Paris, *J. de Nully, 1745, in-4°, 4 vol. rel.*

293. — LE BRUN (Denis). — Traité des successions. — Paris, *J. Guignard, 1672, in-f° rel.*

294. — D°. — Le même, 5e édition, augmentée par F. Bernard Espard de Saux. — Paris, *Paulus Dumesnil, 1743, in-f° rel.*

395. — POTHIER (Robert). — Traité du douaire. — Paris, *Debure, 1770, in-12 rel.*

296. — D°. — Traité du contrat de vente. — Paris, *Debure, 1768, in-12, 3 vol. en 2 rel.*

297. — D°. — Traité du contrat de louage et traité du contrat de bail. — Paris, *Debure, 1766, in-12 rel.*

298. — D°. — Le même. — Paris, *Debure, 1771, in-12 rel.*

299. — D°. — Supplément au traité du contrat de louage ou traité des contrats de louages maritimes, et traité du contrat de société, et traité des cheptels. — Paris, *Debure, 1769, in-12 rel.*

300. — D°. — Le même. — Paris, *Debure, 1774, in-12 rel.*

301. — D°. — Traité du contrat de constitution de rente et traité du contrat de change. — Paris, *Debure, 1768, in-12 rel.*

302. — SOULATGES (J. A.) — Traité des hypothèques. — Toulouse, *Ant. Birosse, 1761, in-12 rel.*

303. — DUNOD DE CHARNAGE (J. F.) — Traité des prescriptions, de l'aliénation des biens de l'église et des dîmes. — Dijon, *A. Defay, 1730, in-4° rel.*

304. — D°. — Le même. Nouvelle édition. — Paris, *Briasson, 1765, in-4° rel.*

305. — RENUSSON (Ph. de). — Traité des propres réels et conventionnels. Nouvelle édition. — Paris, *MM. Brunet, 1700, in-4° rel.*

306. — RICHER (Fr.) — Traité de la mort civile, tant celle qui résulte des condamnations pour cause de crimes, que celle qui résulte des vœux en religion. — Paris, *Desaint et Saillant, 1755, in-4° rel.*

307. — DUREAU (Fr.) — Traité des injures. — Paris, *Prault, 1776, in-12 rel.*

308. — D°. — Le même, avec des observations par Fournel. — Paris, *Nyon, 1785, in-12, 2 vol. rel.*

309. — LOYSEAU (Ch.) — Traité du déguerpissement et du délaissement par hypothèque. — Paris, *Cl. Cramoisy, 1621, in-4° rel.*

310. — INSTRUCTION facile sur les conventions, ou Notions simples sur divers engagements qu'on peut prendre dans la Société et leurs suites, 2ᵉ édition. — Paris, *A. M. Lotin, 1760, in-12 rel.*

311. — FOURNEL (J. F.) — Traité de la séduction. — Paris, *Demonville, 1781, in-12 rel.*

312. — BOUCHER D'ARGIS (Ant. G.) — Traité de la crue des meubles, au-dessus de leur prisée, dans lequel on explique son origine et celle du Parisis des meubles. — Paris, *B. Brunet, 1741, in-12 rel.*

313. — VERGANI (l'abbé Paolo). — Traité de la peine de mort, traduit de l'italien par M. Cousin. — Paris, *Guillot, 1782, in-12 rel.*

314. — CASSAN (Jean). — Le nouveau et parfait notaire français, réformé suivant les nouvelles ordonnances. Nouvelle édition. — Paris, *J. Robin, 1687, in-8° rel.*

315. — D°. — Le même. — Paris, *Est. Loyson, 1700, in-8° rel.*

316. — FERRIÈRE (Cl. Jos. de). — La science parfaite des notaires. — Cologne, *P. Marteau, 1724, in-4° rel.*

g. — Police et Contributions

317. — LAMARE (Nic. de). — Traité de la police, où l'on trouvera l'histoire de son établissement, 2ᵉ édition. — Paris, *Brunet, 1722, in-f°, 3 vol. rel.*

318. — LE CLER DU BRILLET. — Continuation du précédent. — Paris, *Hérissant, 1738, in-f° rel.*

319. — FRÉMINVILLE (Edme de La Poix de). — Dictionnaire ou traité de la police générale des villes, bourgs, paroisses et seigneuries de la campagne. — Paris, *Gissey, 1758, in-4° rel.*

320. — DUCHESNE. — Code de la police ou analyse des règlements de police. — Paris, *Prault père, 1767, in-12, 2 vol.*

321. — GRANMAISON (P. Brunet de). — Dictionnaire des Aydes. Nouvelle édition. — Paris, *Prault, 1730, in-12, 2 vol. en un seul, rel.*

h. — Jurisprudence des Fiefs et Matières féodales

322. — CODE des Seigneurs hauts justiciers, ou maximes concernant les fiefs et droits féodaux, par M. ***, avocat. — Paris, *Nyon, 1761, in-12 rel.*

323. — LIVONNIÈRE (Cl. Pocquet de). — Traité des fiefs. — Paris, *J. B. Coignard, 1729, in-4° rel.*

324. — LA PLACE (A.) — Dictionnaire des fiefs et autres droits seigneuriaux utiles et honorifiques. — Paris, *Saugrain, 1757, in-8° rel.*

325. — JOUY (L. de). — Principes et usages concernant les dîmes. — Paris, *Nyon, 1760, in-12 rel.*

326. — DUNOD DE CHARNAGE (F. J.) — Traité de la main-morte et des retraits. — Paris, *Nyon, 1760, in-4° rel.*

327. — FRÉMINVILLE (Edme de La Poix de). — La pratique universelle pour la renovation des terriers et des droits seigneuriaux. — Paris, *Morel aîné, 1746, in-4°, 5 vol. rel.*

328. — D°. — Traité général du gouvernement des biens et affaires des communautés d'habitants des villes, bourgs, villages et paroisses. — Paris, *Gissey, 1760, in-4° rel.*

329. — JACQUET (Avocat). — Traité des justices de Seigneur et des droits en dépendant, conformément à la jurisprudence actuelle des différents tribunaux du Royaume, etc. — Lyon, *J. B. Reguilliat;* Paris, *L. Cellot, 1764, in-4° rel.*

330. — VARSAVAUX-KERLIN. — Traité des droits des communes et des bourgeois. — Rennes, *Vatar, 1759, p^t in-12 rel.*

331. — HÉVIN (P.) — Questions et observations concernant les matières féodales, par rapport à la coutume de Bretagne. — Rennes, *G. Vatar, 1736, in-4° rel.*

i. — Procédure civile et Procédure consulaire

332. — PAVILLON-LEZ-LORRIZ (le Seig. du). — Les quatre livres sur les procédures civiles et criminelles, selon le commun style de France et Ordonnances royaux, pour l'instruction des Greffiers. — Paris, *P. Est. Groulleau, 1560, in-12 rel.*

333. — PIGEAU (N. E.) — La procédure civile du Châtelet de Paris et de toutes les juridictions ordinaires du royaume. — Paris, *veuve Desaint, 1779, in-4°, 2 vol.*

334. — LE BRUN DE LA ROCHETTE (Cl.) — Les procès civils et criminels en cinq livres, contenant la méthodique liaison du droit et de la pratique judiciaire. — Rouen, *P. Calles, 1611, in-8° rel.*

335. — D°. — Rouen, *L. Dumesnil, 1629, in-4° parch.*

336. — PROCÈS-VERBAL des Conférences tenues pour l'examen des articles de l'ordonnance civile d'avril 1667, et de l'ordonnance criminelle de 1670. Nouvelle édition augmentée d'une Instruction sur la procédure civile et criminelle. — Paris, *1757, in-4° rel.*

337. — INSTRUCTIONS sur les procédures civiles et criminelles du Parlement et autres juridictions qui en dépendent. Nouvelle édition. — Paris, *Mouchet, 1741, in-12 rel.*

338. — GAURET (J.) — Le vrai style pour procéder au Châtelet de Paris, tant en matières civiles que criminelles. — Paris, *Rocalet, 1658, in-8° rel.*

339. — DAUTY. — Traité de la preuve par témoins en matière civile. — Paris, *de Nully, 1752, in-4° rel.*

340. — INSTRUCTIONS concernant les matières consulaires tirées des ordonnances. — Léon, *J. P. de Cremeur, 1764, in-4° rel.*

341. — ROGUE. — Jurisprudence consulaire et instruction des négociants, etc. — Angers, *A. J. Jahyer, 1773, in-12, 2 vol. rel.* (2 exempl.)

k. — Ancien Droit criminel

342. — DUMONT (Ch. H. Fréd.) — Nouveau style criminel. — Paris, *veuve Regnard, 1770, in-12, 2 vol. rel.*

343. — STYLE CRIMINEL à l'usage des juridictions de la Bretagne, conforme aux ordonnances de 1670 et 1673. — Rennes, J. Vatar, 1743, in-18, 4 vol. rel.

344. — D°. — Suite. — Rennes, J. Vatar, 1745, in-18 rel.

345. — COMMENTAIRE (Nouveau) sur l'ordonnance criminelle du mois d'août 1670, avec un abrégé de la justice criminelle, par M. ***. Nouvelle édition. — Paris, Debure, 1763, in-12 rel.

346. — SERPILLON (Fr.) — Code criminel ou Commentaire sur l'ordonnance de 1670. — Lyon, Perusse frères, 1767, in-4°, 2 vol. rel.

347. — JOUSSE (Daniel). — Traité de la justice criminelle de France. — Paris, Debure père, in-4°, 4 vol. rel.

348. — LE TROSNE (G. F.) — Vues sur la justice criminelle. — Paris, Debure, 1777, in-8° rel.

349. — MUYART DE VOUGLANS (P. F.) — Les lois criminelles de France dans leur ordre naturel. — Paris, Mérigot, 1780, in-f° rel.

350. — D°. — Institutes au droit criminel, ou principes généraux sur ces matières. — Paris, P. Cellot, 1757, in-4° rel.

351. — D°. — Instruction criminelle suivant les lois, pour servir de suite aux Institutes. — Paris, P. Cellot, 1762, in-4° rel.

352. — SERPILLON (Fr.) — Code du faux, ou Commentaire sur l'ordonnance de 1737. — Lyon, G. Régnault, 1774, in-4° rel.

2me PARTIE. — DROIT NOUVEAU DEPUIS 1789

A. — Introduction et Traités élémentaires

353. — BERNARDI (J. E. D.) — Institution au Droit français civil et criminel, ou Tableau raisonné de l'état actuel de la Jurisprudence française. — Paris, H. J. Jansen, an viii, in-8°.

354. — D°. — Le même, 2e édition. — Paris, H. J. Jansen, an viii, in-8°.

355. — DELVINCOURT (Cl. S.) — Institutes de Droit civil français, conformément aux dispositions du Code Napoléon. — Paris, *P. Gueffier*, *1808, in-8°, 3 vol. rel.*

356. — BEAUSSIRE (E.) — Les principes du droit. — Paris, *F. Alcan*, *1888, in-8° br.*

B. — Collections de lois sur toutes sortes de matières

357. — COLLECTION COMPLÈTE des Décrets de l'Assemblée nationale, 1789-1791, 22 volumes in-8° ; de l'Assemblée législative, 1791-1792, 7 volumes in-8° ; de la Convention, 1792 (an IV), 35 volumes in-8° ; du Corps législatif (an IV an VII), 14 volumes in-8°. En tout : *78 vol. in-8°.*

358. — COLLECTION des Décrets de l'Assemblée nationale constituante. — Dijon, *Causse, 1792, 7 vol. in-4°.* (2 Tables générales).

359. — TABLE DES MATIÈRES, des noms de lieux et de personnes, contenus aux procès-verbaux des séances du 4 brumaire an IV, jusqu'au 30 floréal an V, *in-8°*.

360. — TABLE GÉNÉRALE et par ordre de matières de toutes les lois promulguées sur les décrets de l'Assemblée nationale constituante et de tous les actes authentiques émanés du pouvoir exécutif, relatifs à la Révolution. — Paris, *imp. nat., 1791, 2 vol. in-4° cart.*

361. — COLLECTION COMPLÈTE des lois promulguées sur les décrets de l'Assemblée nationale. — Paris, *imp. nat., 1791, in-8°, 8 vol.*

362. — JOURDAIN (Yves-Cl.) — Extrait alphabétique de tous les décrets de l'Assemblée nationale. — Rennes, *Brutté ;* Paris, *Belin, 1791, in-8°.*

363. — CODE FÉODAL ou Recueil chronologique de tous les décrets de l'Assemblée nationale concernant les droits féodaux, les dîmes, la chasse, la pêche, etc., par un homme de loi, 1789, 1790, 1791. — Paris, *Praült, 1791, in-8°.*

364. — LOIS ET ORDONNANCES (Collection des) depuis le commencement de la monarchie française jusqu'en 1872. — *92 vol. in-8°, demi-rel.*

365. — BULLETIN DES LOIS de l'an IV, au mois de décembre 1815, *33 vol. rel., jusqu'en 1813, le reste en cahiers.*

366. — BULLETIN des lois de la République française. Partie principale et supplément, du 2me semestre 1875 inclus au 2me semestre 1883 compris. — Paris, *imp. nation.*, *1877 et suiv.*, *31 tomes in-8° br.*

367. — LOCRÉ (le Baron J. G.) — La Législation civile, commerciale et criminelle de la France. — Paris, *Treuttel et Wurtz, 1827-32, in-8°, 31 vol. rel.*

C. — Codes

368. — BELLART (Daniel) et FLOQUET (Michel). — Répertoire ou Vocabulaire analytique et indicatif des Codes. — Paris, *Nève Goyard, éditeur, 1823, in-8° rel.*

369. — PROUDHON. — Cours de droit français, 2e édition. — Paris, *M. Antoine, 1811, in-8°, 2 vol. rel.*

370. — PAILLET (M.) — Manuel de droit français. — Paris, *Lefèvre, 1813, in-12, 2 vol. rel.*

371. — LES CINQ CODES de l'Empire français : 1° Code Napoléon ; 2° Code de procédure ; 3° Code de commerce ; 4° Code criminel ; 5° Code pénal, ornés du portrait de l'Empereur et Roi, 4e édition, conforme à celles de l'imprimerie impériale. — Paris, *Le Prieur, libraire ; Belin fils, libraire, 1812, in-12 rel.*

372. — DESENNE. — Code général français contenant les lois du gouvernement et actes, publiés depuis l'ouverture des Etats-Généraux au 5 mai 1789, jusqu'au 8 juillet 1815, etc. — Paris, *Menard, 1818, 22 vol. in-8° rel.*

373. — LES TRENTE-CINQ CODES FRANÇAIS. Nouvelle édition, précédée de la Charte de 1830 et de la déclaration des Droits de l'homme et du citoyen, promulguée par l'Assemblée nationale en 1791. — Paris, *chez Lebigre frères, libraires, 1842, in-12 rel.*

374. — CODES (les) français annotés par Teulet, d'Auvilliers et Sulpiey. — Paris, *Bureau du Journal du Palais, 1843, 2 vol. in-8° rel.*

a. — Code civil. — Texte et Commentaires généraux

375. — CODE CIVIL contenant la série des Lois qui le composent avec leurs motifs et les discours prononcés au Corps législatif. — Angers, *Mame, in-8°, 5 vol. 1/2 rel.*

376. — CODE CIVIL (Texte du) décrété et promulgué en l'an v, par ordre alphabétique et de matières, par A. G. D***. — Paris, an xii, 1803, in-8° rel.

377. — PROJET de Code civil précédé du rapport fait au nom du Comité de législation. — Paris, Garnery, an iii, in-12.

378. — D° de Code civil présenté au Conseil des cinq cents au nom de la Commission de la classification des Lois, par Cambacérès. — Paris, imp. nation., an iv, in-8° rel.

379. — D° de Code civil présenté par la Commission nommée par le Gouvernement, le 24 thermidor an viii, in-4°.

380. — D°. — Le même, avec les amendements, additions, etc., proposés par la Commission du Tribunal de cassation nommée en exécution de l'arrêté du Conseil du 7 germinal an ix. — Paris, an ix, in-8°.

381. — OBSERVATIONS sur l'importance et les bases d'un Code civil, par un citoyen du département de l'Eure. — Chateauroux, an ix, in-8°.

382. — PROCÈS-VERBAUX du Conseil d'Etat, contenant la discussion du projet de Code civil au Conseil d'Etat. — Paris, imp. de la République, an xii (1804), in-4°, 4 vol. rel.

383. — CODE CIVIL des français. Edition originale et seule officielle. — Paris, an xii (1804), in-8° rel.

384. — CODE CIVIL des français. Edition originale et seule officielle. — Paris, imp. de la République, an xii (1804), in-4° rel.

385. — CODE CIVIL, ou Recueil de lois contenant le texte des lois décrétées en l'an xi par le Corps législatif avec des notes indicatives des dates d'acceptation et de promulgation par le premier Consul.

886. — CODE CIVIL des français. — Paris, imprim. de la République, an xii (1804), in-32 rel.

387. — MALLEVILLE (le Marquis Jacques de). — Analyse raisonnée de la discussion du Code civil au Conseil d'Etat. — Paris, veuve Nyon, an xii (1805), in-8°, 4 vol. rel.

388. — ANALYSE des Observations des Tribunaux d'appel et du Tribunal de cassation sur le projet du Code civil, rapprochées du texte. — Paris, Crussaire, an xi (1802), in-4°.

389. — LASSAULX (Fr. de). — Introduction à l'étude du Code Napoléon. — Paris, A. Bavoux, 1802, in-8° rel.

390. — RÈGLES du Droit français, servant d'introduction au Code civil. — Paris, *Testu, an x (1802), in-12.*

391. — SIREY (J. B.) — Code civil annoté des dispositions et décision de la Législation et de la Jurisprudence. — Paris, *1817, in-4°.*

392. — LOCRÉ (J. B. Baron). — Esprit du Code Napoléon, tiré de la discussion. — Paris, *imp. impér., an xii (1805), in-4°, 2 vol. rel.*

393. — FENET (P. A.) — Pothier analysé dans ses rapports avec le Code civil et mis en ordre sous chacun des articles de ce Code, ou les Législations anciennes et modernes comparées. — Paris, *A. Gobert, 1820, in-8° rel.*

394. — ROGRON (J. A.) — Code expliqué par ses motifs, par des exemples et par la jurisprudence, 8ᵉ édition, augmentée du texte des arrêts-principes par J. A. Rogron, avocat aux Conseils du Roi et à la Cour de cassation. — Paris, *Alex. Gobelet Videcoq, 1836, p^t in-8° rel.*

395. — TOULLIER (Ch. B. M.) — Le Droit civil français suivant l'ordre du Code. — Paris, *Renouard et Cie, 1842, in-8°, 15 vol. rel.*

396. — SPINNAEL (P. J.) — Annotations critiques sur la doctrine de M. Toullier dans son Traité du Droit civil suivant l'ordre du Code. — Gand, *Lille, in-8° rel.*

397. — TROPLONG. — Le Droit civil expliqué suivant l'ordre des articles du Code civil. — Paris, *Hingray, 1857, in-8°.*

397 bis. — TOULLIER-DUVERGIER. — Le droit civil français, suivant l'ordre du code, ouvrage dans lequel on a tâché de réunir la théorie à la pratique, 6ᵉ édition comprenant : 1° Le texte des 14 vol. de M. Toullier, etc. ; 2° La continuation par M. Duvergier ; 3° Une table générale des matières. — Paris, *chez F. Cotillon et chez J. Renouard, s. d., in-8°, 7 vol. rel.*

b. — Traités spéciaux sur différents titres
du Code civil, avec les Traités sur les mêmes titres,
antérieurs a la promulgation du Code

398. — CHABOT (G. A.) — Questions transitoires sur le Code Napoléon, relatives à son autorité sur les actes et les droits antérieurs à sa promulgation. — Paris, *Garnery, 1809, in-4°, 2 vol.*

JURISPRUDENCE

399. — DARD (H. J. B.) — Instruction facile sur les contrats de mariage, selon les principes du Code Napoléon. — Paris, *Garnery, 1810, in-8° rel.*

400. — MEJEAN (Le Comte Maurice). — Code du divorce. — Paris, *Devaux, 1773, in-8°.*

401. — LE VASSEUR (A. F. N.) — Traité des avantages entre époux considérés seuls et en concours avec d'autres avantages, d'après la loi du 17 nivose an II et autres subséquentes. — Paris, *an IX (1801), in-8° rel.*

402. — GARREZ (P. A.) — Code des enfants naturels, ou Recueil complet des lois qui fixent leur état et leurs droits. — Paris, *Garnery, an XII (1803), in-12.*

403. — VERMEIL. — Code des enfants naturels, ou Recueil complet des lois et arrêtés qui leur sont relatifs. — Paris, *Rondonneau, an VII, in-12.*

404. — GARREZ (P. A.) — Traité de l'adoption, avec le Recueil complet des lois. — Paris, *Garnery, an XII (1804), in-12.*

405. — VERMEIL (Le C.) — Traité de la tutelle et de la curatelle. — Paris, *Rondonneau, an VII, in-8° br.*

406. — DE LA HAYE. — Etudes du Code Napoléon considéré particulièrement en ce qui intéresse les tutelles et curatelles. — Paris, *M. Desmarest, 1810, in-8° rel.*

407. — DESQUIRON (A. T.) — Traité de la minorité, de la tutelle et de l'émancipation, suivi du traité des partages et licitations suivant les principes du Code Napoléon. — Paris, *Colas, 1810, in-8°.*

408. — BRÉMOND. — Considération sur la disponibilité des biens par donation et testament, d'après les lois et les usages des peuples tant anciens que modernes, ou examen des lois nouvelles sur les successions. — Paris, *Leclerc et Moutardier, in-8°.*

409. — FIRMIGIER-LANOIX (Aug.) — Code des successions, ou traité complet sur les dispositions du Code civil, relatives aux successions, donations, etc. — Paris, *Rondonneau, an X (1803), in-12, 2 vol.*

410. — VERMEIL. — Code des successions ou Recueil des décrets sur les successions, testaments, donations, substitutions, partages et autres actes civils qui y ont rapports, etc. — Paris, *Rondonneau, in-8° rel.*

411. — COMMAILLE (J. A.) — Nouveau Traité des donations entre-vifs, testamentaires, et des successions. — Paris, *J. A. Commaille, 1804*, 2 vol. rel.

412. — GRENIER (Le Baron). — Traité des donations, des testaments et de toutes autres dispositions gratuites, suivant les principes du Code Napoléon. — Paris, *Belin, 1807, in-8°, 3 vol. rel.*

413. — GUICHARD (A. C.) — Code des successions, donations, substitutions, testaments et partages, 2ᵉ édition. — Paris, *Garnery, an III de la République, in-12.*

414. — Dᵒ. — Autre exemplaire. N. R.

415. — Dᵒ. — Dissertation sur le régime actuel des successions, 2ᵉ édit. — Paris, *an VIII, in-12.*

416. — TISSANDIER (Pl.) — Traité méthodique et complet sur les dispositions gratuites et sur les successions *ab intestat*, conformément à la loi de germinal an VIII. — Paris, *Garnery, an IX (1801), in-12.*

417. — BOISSONADE (Gustave). — Histoire des droits de l'époux survivant. (Mémoire couronné par l'Institut de France). — Paris, *Thorin, 1874, in-8° br.*

418. — MAURER (Ad.) — Des pouvoirs du mari sur la dot ou droit romain. Des reprises actives de la femme commune, ou droit français. — Cherbourg, *imp. St-Joseph, 1891, gᵈ in-8° br.* (Don de l'auteur).

419. — ROLLAND DE VILLARGUES (J. J. F.) — Des substitutions prohibées par le Code civil. — Paris, *Decourchant, 1833, in-8° rel.*

420. — FOURNEL (J. F.) — Traité de la contrainte par corps, considérée sous son rapport avec les lois des 15 germinal et 4 floreal an VI. — Paris, *Rondonneau, 1806, in-8° rel.*

421. — LE PAGE (P.) — Lois des bâtiments ou le nouveau Desgodets. — Paris, *Garnery, 1808, in-4°.*

422. — Dᵒ. — Lois des bâtiments, ou le nouveau Desgodets, etc. — Paris, *Mᵐᵉ Dabo-Butschert, 1826, in-8°, 2 vol. rel.*

423. — PARDESSUS (J. M.) — Traité des servitudes suivant le Code civil. — Paris, *Rondonneau, 1806, in-8° rel.*

424. — LALLEAU (de). — Traité des servitudes légales établies pour la défense des places de guerre et de la zône des frontières. — Paris, *Amelin, 1833, in-8° rel.*

425. — Dᵒ. — Le même, 2ᵉ édition. — Paris, *Amelin, 1836, in-8° rel.*

426. — D°. — Traité de l'expropriation pour cause d'utilité publique. — Paris, G. Thorel, 1842, in-8°.

427. — GUICHARD (A. C.) — Code des expropriations ou instructions sur les transactions pendant le papier-monnaie. — Paris, Garnery, an VII, in-12, 2 vol.

428. — VEAUCE (le Baron de), Député. — Liberté de tester. — Paris, E. Dentu, 1864, in-8° br.

429. — DARD (H. J. B.) — Instruction facile sur les conventions selon les principes du Code Napoléon et des Codes de procédure civile et de commerce. — Paris, Garnery, 1808, in-8° rel.

430. — RENAULT. — Traité des Conventions et des engagements qui se forment sans convention, ou commentaire sur les lois des 17 et 19 pluviose, an XII, formant les titres 3 et 4 du troisième livre du Code civil. — Paris, F. Didot, 1806, in-12.

431. — LAPORTE (J. B. de). — Le nouveau Dunod, ou traité des prescriptions de ce célèbre auteur, mis en concordance avec la législation actuelle. — Paris, Clament frères, 1810, in-8° rel.

432. — GUICHARD (A. C.) — Traité méthodique et complet des lois sur les transactions, le papier-monnaie. — Paris, Garnery, an VII, in-12, 2 vol.

c. — Code de Procédure civile. Textes, Commentaires et Traités y relatifs

433. — CODE DE PROCÉDURE CIVILE. — Paris, Garnery, 1806, in-12. Relié avec : Code de procédure civile, Motifs et Rapports. — Paris, Garnery, 1806, in-12, 2 vol. en un seul, rel.

434. — SIREY (J. B.) — Code de procédure civile annoté des dispositions et décisions ultérieures de la législation et de la Jurisprudence. — Paris *(sans date)*, in-4°.

435. — LAPORTE (J. B. de). — Formulaire de procédure civile. — Paris, Garnery, 1807, in-8° rel.

436. — FORMULAIRE général ou modèles d'actes rédigés sur chaque article du Code de procédure civile, par A. P. P***** et J. B. C*****, 3ᵉ édition. — Paris, Mˡˡᵉ Leloire, 1823, in-8°, 2 vol. rel.

437. — CHANTEREINE. — Essai sur la réforme des loix civiles. — Paris, *chez Belin Méquignon ;* Caen, *Poisson, 1790, in-8° br.*

438. — PROJET de Code de procédure civile, présenté par la commission nommée par le gouvernement. — Paris, *Garnery, an* xii (1804).

439. — LE PAGE (P.) — Question sur le Code de procédure civile. — Paris, *F. Buisson, 1807, in-4°.*

440. — D°. — Nouveau Traité et Style de la procédure civile, ou Code judiciaire mis en pratique par des formules. — Paris, *Hocquart, 1811, in-4°.*

441. — THOMINE-DES-MASURES. — Traité de la procédure civile ou explication méthodique et raisonnée du Code de procédure. — Caen, *F. Poisson, 1807, in-8° rel.*

442. — PRATICIEN (le nouveau) français, ou instructions pratiques à l'usage des Tribunaux, par T. (G. V.) — Paris, *Rousseau, an* v, *in-8°.*

443. — BAVOUX et LOISEAU. — Le Praticien français, esprit et théorie du Code de procédure avec les formules, l'application et la Jurisprudence. — Paris, *1806-1808, in-8°, 8 vol. rel.*

444. — DEMIAU-CROUZILHAC (P. A.) — Eléments du droit et de la pratique, ou Instruction sur la procédure, 2ᵉ édition. — Paris, *Garnery, 1813, in-4°.*

445. — INSTRUCTION sur la procédure civile. — *Manuscrit.* Titre rouge et noir, 66 feuillets. Epigraphe en latin. Préface. Elle commence ainsi : L'étude de la forme est difficile. Les dernières lignes sont conçues ainsi : Sa libéralité contre l'autre partie mise en cause par le juge et prend contre le juge et contre cette partie des conclusions alternatives. — *In-8° oblong. rel.*

446. — CARRÉ (G. L. J.) — Analyse raisonnée et conférences des opinions des commentateurs et des arrêts des cours sur la procédure civile. — Rennes, *Cousin Danelle, 1811, in-4°, 2 vol.*

447. — D°. — Traité et questions de procédure civile. — Rennes, *Duchesne, 1818, in-4°, 2 vol.*

448. — CARRÉ. — Les lois de la procédure civile, 2ᵉ édition. — Paris, *Béchet, 1829, 3 vol. in-4°.*

449. — D°. — Les lois de la procédure civile, 3ᵉ édition, examinées et discutées par A. Chauveau. — Paris, *Cosse, 1849, 7 vol. in-8° br.*

450. — PIGEAU (E. N.) — La procédure civile des tribunaux de France démontrée par principes et mise en action par des formules. — Paris, *Garnery, 1807, in-4°, 2 vol.*

451. — D°. — La même, 2ᵉ édition. — Paris, *Garnery, 1811, in-4°, 2 vol. rel.*

452. — BERRIAT Sᵗ-PRIX (Jacq.) — Cours de procédure civile fait à la Faculté de Droit de Grenoble, 2ᵉ édition. — Paris, *Nève, 1811, in-8°.*

453. — D°. — Le même, 3ᵉ édition. — Paris, *Nève, 1813, in-8°, 2 vol. rel.*

454. — BOUCENNE. — Théorie de la procédure civile, 2ᵉ édition. — *Videcoq, 1837, 4 vol. in-8° br.*

455. — GUICHARD (A. C.) — Jurisprudence hypothécaire ou Recueil alphabétique de questions et décisions sur la matière des hypothèques. — Paris, *Garnery, 1813, in-8°, 4 vol. rel.*

456. — D°. — Code hypothécaire ou instructions et commentaires sur la loi du 11 brumaire an vii. — Paris, *an vii, in-12 rel.*

457. — D°. — Le même, 2ᵉ édition.

458. — LANGLOYS (J. T.) — Code hypothécaire, contenant les lois sur les hypothèques, les expropriations forcées, du 11 brumaire an vii, 2ᵉ édition. — Paris, *Nicolle, an vii, in-12.*

459. — HUA. — Notions élémentaires sur le régime hypothécaires suivies des lois rendues, le 11 brumaire an vii, avec des notes explicatives, les formules, etc., 2ᵉ édition. — Paris, *Rondonneau, an vii, in-12 rel.*

460. — COMMAILLE (J. A.) — Nouveaux traités des priviléges et hypothèques suivant les principes du Code civil. — Paris, *J. A. Commaille, 1806, in-8° rel.*

461. — GRENIER (le Baron J.) — Traité des hypothèques. — Clermont-Ferrand, *Thibaud-Landriot, 1822, in-4°, 2 vol.*

462. — RIVIÈRE (H. F.) et A. FRANÇOIS. — Explication de la loi du 23 mars 1855 sur la transcription hypothécaire. — Paris, *A. Maresq et E. Dujardin, 1855, in-8° br.*

463. — GROSSE. — Commentaire de la loi du 23 mars 1855. — Pa,sis *1857, in-8° br.*

464. — LE FAVERAIS (Juge de Paix). — De la transcription, d'après la loi du 23 Mars 1855, thèse pour le doctorat. — Caen, *Goussiaume de Laporte, 1864, in-8° br.*

465. — BOULANGER (Ern.) — Traité pratique et théorique des radiations hypothécaires, etc. — Paris, *1863, in-8° br.*

466. — CHALLAMEL (Jules). — Etude sur les cédules hypothécaires. (Handfester, bons financiers). — Paris, *Challamel aîné, 1878, in-8° br.*

467. — CHAUVEAU (Ad.) — Formulaire général et complet du traité pratique de procédure civile et commerciale, revue par M. Glandaz. — Paris, *Cosse, 1854, in-8° br.*

468. — D°. — Code d'instruction administrative, 3ᵉ édition. — Paris, *Cosse et Marchal, 1867, in-8° br.*

469. — CAUDAVEINE (Juge) et THÉRY (Avocat). — Traité de l'expropriation pour cause d'utilité publique, suivi de la législation complète, d'un formulaire et du tarif des actes de cette matière, terminé par une table analytique des matières. — Paris, *Guillot et Scribe, 1839, in-8° br.*

470. — PRÉVOST (Lucien). — Formules pour parvenir au divorce rédigées d'après les nouvelles lois et solutions des principales questions qui peuvent se rencontrer. — Paris, *chez l'auteur, Boulevard de la porte Martin à celle Franciade* (sans date), *in-8° br.*

471. — RUELLE (Jean). — Jurisprudence des locations rédigée d'après les dispositions générales du nouveau Code civil, contenant un appendice de toutes les difficultés et contestations qui peuvent s'élever entre les propriétaires et les locataires, etc. — Paris, *chez l'auteur, an* xiii (1805), *in-8° br.*

472. — RÈGLEMENT sur les frais en matière civile, du 16 février 1807. — Lyon, *J.-B. Kindelem, 1817, in-4° rel.*

d. — Code de Commerce. Textes, Commentaires
et Traités y relatifs

473. — POMELIN DE LA ROCHE-TILHAC (J. C.) — Code de commerce de terre et de mer, ou Conférences sur les lois tant anciennes que modernes, publiées sur le commerce, 4ᵉ édition. — Paris, *F. V. Poncelin, an* ix (1800), *in-18, 2 vol. rel.*

474. — FOURNEL (J. F.) — Code de commerce accompagné de notes et observations. — Paris, *Stoupe, 1807, in-8° rel.*

475. — SIREY (J. B.) — Code de commerce annoté des dispositions et décisions de la législation et de la Jurisprudence. — Paris, *in-4°.*

476. — PROJET du Code de commerce présenté par la commission nommée par le gouvernement, le 13 germinal an IX. — Paris, *Giguet, 1802, an x, in-8°.*

477. — LOCRÉ (J. G.) — Esprit du Code de commerce. — Paris, *imprim. imp., 1807, in-8°, 10 vol. rel.*

478. — CODE de commerce. — Paris, *Clément frères, 1807, in-32 br.*

479. — LAPORTE (J. B. de). — Commentaire sur le Code de commerce. — Paris, *Demonville, 1808, in-8°, 2 vol. rel.*

480. — SANFOURCHE-LAPORTE et BOUCHER. — Jurisprudence commerciale, ou Recueil des jugements et arrêts rendus en matière de commerce de terre et de mer. — Paris, *Demonville, 1808, in-8°, 2 vol. en un seul rel.*

481. — PARDESSUS (J. M.) — Eléments de Jurisprudence commerciale. — Paris, *Durand, 1811, in-8° rel.*

482. — D°. — Cours de Droit commercial. — Paris, *Garnery, 1814, in-4°, 4 vol.*

483. — OBSERVATIONS sur le Code de commerce. Tribunal et Conseil du commerce de Lyon. — Sans date ni nom d'auteur.

484. — BOUCHER (P. B.) — Institutions commerciales, traitant de la Jurisprudence marchande et des usages du négoce d'après les anciennes et les nouvelles lois. — *Levrault, an x (1801), in-4°.*

485. — D°. — Les principes du droit civil proprement dit et du droit commercial comparés. — Paris, *Chaigneau, an xii (1804), in-8°, 2 vol. rel.*

486. — BRAVARD-VEYRIÈRES. — Manuel du droit commercial, 5ᵉ édition. — Paris, *Coste, 1855, in-8°.*

487. — CODE des Tribunaux de Commerce. — Bruxelles, *imp. républ., an vii, in-8° rel.*

488. — GRENIER. — Manuel des Tribunaux de commerce, contenant non-seulement toutes les lois antérieures à la Révolution, mais encore celles nouvelles. — Paris, *Garnery, an vii, in-8°.* Relié avec :

SOULET. — Traité des changes et arbitrages, suivi des autres calculs du commerce, 2ᵉ édition. — Paris, *Demonville, 1808, in-8° rel.*

489. — D°. — Le même. — Paris, *Garnery, an ix (1801), in-8° rel.*

490. — BOUCHER (P.-B.) — Traité de la procédure civile et des formalités des Tribunaux de commerce. — Paris, *Garnery, in-4°.*

491. — HAUTEFEUILLE. — Traité de procédure civile et commerciale. — Paris, *Lefèvre, 1812, in-4°.*

492. — NOUGUIER (L.) — Des Tribunaux de commerce, des commerçants et des actes de commerce. — Paris, *Delamotte et Cie, 1844, 3 vol. in-8° br.*

493. — BOULAY-PATY (P. S.) — Cours de droit commercial maritime. — Rennes, *Cousin-Danelle, 1821, in-8°, 4 vol. rel.*

494. — D°. — Des faillites et banqueroutes, suivi du titre de la revendication en matière commerciale. — Paris, *C. Béchet, 1825, in-8°, 2 vol. rel.*

495. — LAURENS (J. L.) — Traité des faillites et des banqueroutes. — Paris, *Chomel, 1806, in-8° rel.*

496. — FOURNEL (J. F.) — Formules des actes et opérations relatives aux faillites, cessions et réhabilitations. — Paris, *veuve Nyon, in-8° rel.*

497. — BOUCHER (P. B.) — Manuel des arbitres, ou Traité complet de l'arbitrage, tant en matière de commerce qu'en matière civile. — Paris, *Arthus Bertrand, 1807, in-8° rel.*

498. — FOURNEL (J. F.) — Dictionnaire raisonné ou exposition par ordre alphabétique des lois sur les transactions entre particuliers. — Paris, *Richard, an vi, in-8° rel.*

499. — PRUD'HOMME (L.) — De la propriété littéraire ou les contrefacteurs et les plagiaires démasqués. Contenant : Introduction au procès contre les auteurs et éditeurs de la biographie universelle, etc. — Paris, *Prud'homme fils, 1811, in-8° br.*

500. — DENTU (Jean-Gabriel). — Moyen de parvenir en littérature ou Mémoire à consulter sur une question de procédure littéraire, dans lequel on prouve que le sieur Malte-Brun, se disant géographe danois, a copié littéralement une grande partie des œuvres de Gosselin, etc. — Paris, *1811, in-8° br.*

501. — COMMISSION de la propriété littéraire et artistique. — Paris, *imp. impér., 1863, in-4° cart.*

502. — NOUGUIER (Louis). — Des brevets d'invention et de la contrefaçon. — Paris, *libr. Cosse et Marchal, 1856, in-8° br.*

503. — BREULIER (A.) et DESNOS-GARDISSAL. — Examen des améliorations proposées à la législation relative aux inventions à propos du nouveau projet de loi. — Paris, *Durand, 1862, in-8° br.*

e. — Code pénal et Instruction criminelle

504. — PROJET de Code criminel, avec les observations des rédacteurs, celles du tribunal de cassation et le compte-rendu par le Grand-Juge. — Paris, *Garnery, an xii (1804), in-8° rel.*

505. — MARS (A. J.) — Cours de droit criminel. — Paris, *Ménard et Desenne, 1821, in-4°, 2 vol.*

506. — SAGNIER (Homme de loi). — Code criminel de la République française, ou Recueil complet de toutes les lois composant la législation criminelle, avec des notes indicatives, des changements que beaucoup d'articles ont éprouvés, etc. — Paris, *Fauvelle et Sagnier, an vi de la République, in-8° br.*

507. — BERRIAT-SAINT-PRIX (J.) — Cours de droit criminel fait à la faculté de Grenoble. — Grenoble, *veuve Peyronard, 1817, in-8° rel.*

508. — PIGEAU. — Cours élémentaire des Codes pénal et d'instruction criminelle. — Paris, *Nève, 1812, in-8° br.*

509. — CARNOT (J. F. C.) — Commentaire sur le Code pénal. — Paris, *Warée, 1826, in-4°, 2 vol.*

510. — DALIGNY. — Essai sur les principes de législation pénale en matières de tentative de crime et de délit. — Paris, *B. Warée, 1826, in-8°.*

511. — LE GRAVEREND (J. M. L.) — Traité de législation criminelle en France. — Paris, *imp. royale, 1816, in-4°, 2 vol.*

512. — CODE d'instruction criminelle. Edition stéréotype. — Paris, *Garnery, 1809, in-12.*

513. — CODE d'instruction criminelle. — Paris, *imp. royale, 1833, in-8° rel.*

514. — MORIN (A.) — Répertoire général de droit criminel. — Paris, *Durand, 1851, g^d in-4°.*

515. — BOURGUIGNON (Fr.) — Manuel d'instruction criminelle. — Paris, *Garnery, 1810, in-8°, 2 vol. en un seul.*

516. — D°. — Jurisprudence des Codes criminels et des lois sur la répression des crimes et des délits commis par la voie de la presse, faisant suite au Manuel d'instruction criminelle. — Paris, *A. Bavoux, 1825, in-8°, 3 vol. rel.*

517. — D°. — Mémoire qui a remporté le prix en l'an x, sur cette question proposée par l'Institut national. Quels sont les moyens de proposer en France l'institution du Jury. — Paris, *imprimerie de la République, Prairial an x.*

518. — CARNOT (J. F. C.) — De l'instruction criminelle considérée dans ses rapports généraux et particuliers avec les lois nouvelles de la Jurisprudence de la Cour de cassation. — Paris, *Nève, 1812-1817, in-4°, 3 vol.*

519. — BÉRENGER (M.) — De la Justice criminelle en France, d'après les lois permanentes, les lois d'exception et les doctrines des tribunaux. — Paris, *L'Huillier, 1818, in-8° rel.*

520. — LAUZE DE PERET (P. J.) — Traité de la garantie individuelle et des diverses preuves en matière criminelle. — Paris, *Caillot, 1805, in-8° rel.*

521. — DEMANTE (A. M.) — Programme du cours de Droit civil français, fait à l'école de Paris, 2ᵉ édition. — Paris, *Alex. Gobelet, 1835, in-8°.*

522. — RECUEIL complet des discours prononcés lors de la présentation du Code civil, par divers orateurs du Conseil d'Etat. — Paris, *Firmin-Didot, 1838, 2 vol. in-8°.*

523. — CARRARA (F.) — Programme du cours de droit criminel fait à l'université de Pise, trad. par Paul Baret. — Paris, *Maresq aîné, 1876, in-8° br.*

f. — Code rural

524. — DEVERNHEIL. — Observations des commissions consultatives sur le projet de Code rural. — Paris, *imprim. royale, 1810, in-4°, 2 vol. rel.*

525. — RIBOUD (T.) — Considérations sur la confection d'un Code rural. — (Sans date).

526. — FOURNEL (J. F.) — Les lois rurales de la France dans leur ordre naturel. — Paris, *Bossange, 1820, in-8°, 3 vol. rel.*

527. — VALSERRES (J. de). — Manuel de droit rural et d'économie agricole, 2ᵉ édition. — Paris, R. Thorel, 1847, in-8° rel.

528. — GUICHARD (A. C.) — Cours de droit rural, ou Conférences villageoises, dans lesquelles un juge de paix explique aux habitants les lois, règlements, etc., qui régissent les biens ruraux. — Paris, Dentu, 1826, in-8° rel.

g. — Codes divers

529. — CODE de la Conscription ou Recueil chronologique des lois. — Paris, an xiii (1805), et le supplément, in-8°.

530. — ISAMBERT. — Code électoral, comprenant la charte, les lois des élections, les ordonnances et règlement sur la composition et la convocation des collèges électoraux, et des instructions ministérielles. — Paris, Dècle, 1820, in-8° br.

531. — Dº. — Instruction aux citoyens français pour la reconnaissance de leurs droits d'électeurs et de jurés. — Paris, Mᵐᵉ veuve Dècle, 1827, in-8° br.

532. — Dº. — Code électoral. — Paris, R. Dècle, 1830, in-8°.

533. — LE BESNIER. — Guide des contribuables et des électeurs, ou Précis de la législation sur les contributions de toute nature et sur les élections de tous les degrés. — Rouen, Periaux, 1837, in-8° br.

534. — HÉBERT (Gustave). — Solution pratique des principales questions contentieuses de la loi électorale du 31 mai 1850. — Paris, Paul Dupont, 1850, 1 pl. de 24 p. in-8° br.

535. — BIDAULT. — Code électoral. Guide pratique pour les élections au corps législatif, 4ᵉ édition. — Paris, P. Dupont, 1869, in-12.

536. — POUDRA et PIERRE. — Bibliothèque parlementaire. Organisation des pouvoirs publics. Recueil des lois constitutionnelles et électorales de la République française, complété par les lois et décrets sur le Conseil d'Etat, etc. — Paris, Quantin, 1881, in-8° br.

537. — CODE du garde national sédentaire, ouvrage indispensable aux membres des Conseils de discipline de la garde nationale comme à tous les gardes nationaux. Recueil des lois, décrets, etc., rendus en matière de garde nationale jusqu'au 10 septembre 1870, par Tachepey. — Limoges, E. Ardant (sans date), in-12 cart. (3 exempl.)

538. — CODE national, dédié aux Etats-Généraux. — Genève, *1788*, *in-12 br.*

539. — GIDE (Joseph-Etienne-Th.) — Code judiciaire de la République française, contenant les décrets des Assemblées nationales, les actes du Directoire exécutif, lettres et décisions ministérielles, relatifs à l'ordre judiciaire, au notariat et aux droits d'enregistrement, du timbre, etc. — Nismes, *veuve Belle, an* vii, *17 vol. in-8° rel.*

540. — FLEURIGEON. — Code de la grande et de la petite voirie, contenant par ordre alphabétique de matières, les dispositions textuelles ou analytiques des édits, arrêts, ordonnances, règlements, lois, arrêtés, etc. — Paris, *Fournier jeune, 1818, in-8° rel.*

541. — D°. — Autre édition de 1821.

542. — MOREAU (Christophe). — Code des prisons ou Recueil complet des lois, ordonnances, arrêtés, règlements, circulaires et instructions nouvelles concernant le régime intérieur, économique et disciplinaire des maisons d'arrêt, maisons de justice, etc. — Paris, *Paul Dupont, 1845, in-8° br.*

D. — Répertoires, Dictionnaires et Mélanges relatifs à toutes les branches de la nouvelle Jurisprudence

543. — RÉPERTOIRE national ou mémorial chronologique de tous les actes authentiques relatifs à la Révolution : 1° Un volume comprenant les années 1788, 1789, 1790 et 1791 ; 2° Un deuxième volume comprenant du 1er vendemiaire an i^{er} à brumaire an iv; 3° Un troisième volume comprenant depuis le 5 brumaire an iv jusqu'au 5e jour complémentaire. — Paris, *imp. du dépôt des Lois, en tout 3 vol. in-4° rel.*

544. — MERLIN (le Comte P. A.) — Répertoire universel et raisonné de Jurisprudence, 3e édition. — Paris, *Bertin et Danel, 1807, in-4°, 18 vol.*

545. — D°. — Recueil alphabétique des questions de droit qui se présentent le plus fréquemment dans les tribunaux. — Paris, *Danel, 1807, an* ix, *in-4°, 13 vol.*

546. — ANNOTATIONS sur chaque article des 5 codes de toutes les questions de droit, publiées par un avocat, avec l'approbation de M. Merlin. — Paris, *Varée, 1826, in-4°.*

547. — BEAULAC (G.) — Répertoire alphabétique, chronologique, etc., des lois rendues par les Assemblées nationales et les Corps législatifs, et des arrêts, depuis 1789 jusqu'à l'an x. — Paris, *Lenormand, 1802-1803, in-8° rel.*

548. — LEDRU-ROLLIN. — Journal du Palais, Répertoire général contenant la Jurisprudence de 1791 à 1845, l'histoire du Droit, etc. — Paris, *1845-1850, in-4°, 12 vol. rel.*

549. — DICTIONNAIRE raisonné des matières de législation civile et criminelle, de finance et administrative, par C. P. D. — Paris, *H. E. Perronneau, an XI, in-8°, 10 vol. rel.*

550. — LOISEAU (J. S.) — Dictionnaire des Arrêts modernes ou Répertoire de la nouvelle Jurisprudence française civile et criminelle. — Paris, *Clément, in-8°, 2 vol. rel.*

551. — LOISEAU, DUPIN et LAPORTE. — Dictionnaire des Arrêts modernes. — Paris, *Nève, 1814, in-4°, 2 vol.*

552. — SAGNIER et THÉVENIN. — Recueil de Jurisprudence. — Paris, *Rondonneau, an IX, in-8°, 3 vol. rel.*

553. — CHABROUD et HOM. — Annales de la Jurisprudence française. — *In-4° rel.*

554. — GUYOT (P. J. J. G.) — Les annales du Droit français, ou Recueil analytique et raisonné des actes tant législatifs qu'administratifs et judiciaires des principales autorités de la République. — Paris, *Rondonneau, an XI, in-4° rel.*

555. — GUY (de l'Hérault). — Dictionnaire national de droit français, à l'usage des commerçants, manufacturiers, industriels, propriétaires et locataires, contenant la législation la plus complète et la plus récente en matière civile, rurale et commerciale, et celle sur l'administration municipale. — Paris, *librairie scientifique, 1852, in-8° br.*

556. — MANUEL du citoyen français. Guide infaillible pour les affaires civiles et commerciales : 1re partie. — La loi ; 1re section. — Droit civil ; 2e section. — Droit commercial, etc. — Paris, *A. Fayard, 1878, gᵈ in-8° rel.*

E. — Ouvrages sur l'autorité judiciaire, Ministère public, Justice de Paix, etc.

557. — SCHENCK (C. F.) — Traité sur le ministère public et de ses fonctions dans les affaires civiles. — Paris, *Fournier, 1813, in-8°, 2 vol. rel.*

558. — CODE de la Justice de Paix. — Rennes, *R. Vatar, 1790, in-8° rel.*

559. — DAUBANTON (A. G.) — Manuel judiciaire du citoyen. — Paris, *Prault, 1792, in-8° br.*

560. — D°. — Formulaire général des actes ministériels extra-judiciaires et de procédure impérieusement commandée par les Codes civil et de procédure, aux Juges de paix, arbitres, etc. — Paris, *F. Buisson, 1807, in-8° rel.*

561. — BERGIER (A.) — Traité manuel du dernier état des Justices de Paix, au 30 floréal an x. — Paris, *Baudouin, an x, in-8° rel.*

562. — LEVASSEUR (A. F. N.) — Manuel de la Justice de Paix, ou traité des différentes fonctions civiles et criminelles, des officiers publics, avec des formules d'actes. — Paris, *Garnery, an x, in-8°, 2 vol. en un seul rel.*

563. — HENRION DE PANSAY (Le Baron P. P. N.) — De la compétence des Juges de paix. — Paris, *an xiii, 1805, in-12.*

564. — D°. — Le même. — Paris, *Th. Barrois, 1807, in-8° rel.*

565. — BIRET (A. C. L. M.) — Recueil général et raisonné de la Jurisprudence, et des attributions des Justices de Paix de France. — Paris, *Arthus Bertrand, 1819, in-8°, 2 vol. rel.*

566. — CARRÉ (G. L. J.) — Le Droit français dans ses rapports avec la juridiction des Justices de Paix. — Paris, *T. Warée aîné, 1829, in-8°, 4 vol. rel.*

567. — LONCHAMPT (E.) — Dictionnaire des Justices de Paix. — Paris, *veuve C. Béchet, 1832, in-8° rel.*

568. — ANGOT (J.) — Observations sur le projet de loi relatif aux Justices de Paix. — Paris-Brest, *1838, in-8°.*

569. — GUICHARD (A. C.) — Traité du Tribunal de famille. — Paris, *1791, in-12.*

570. — NOURTIER (M. G.) — Lois des justices de paix et des municipalités formant supplément aux codes civil, commercial, de procédure criminels, etc. — Paris, M*me* veuve Maire-Nyon, 1841, in-8° br.

571. — CÈRE (Paul). — Manuel du Juge de paix et du justiciable de la Justice de paix. — Paris, Cotillon, 1854, in-12 br.

572. — D°. — Manuel du fonctionnaire chargé de la police judiciaire, administrative et municipale. — Paris, Cotillon, 1854, in-12 br.

573. — RÉPERTOIRE des ouvrages de législation, de droit et de jurisprudence, publiés spécialement en France depuis 1789 jusqu'à la fin de mai 1855, suivi d'une table analytique et raisonnée des matières. — Paris, A. Durand, 1855, in-8° br.

F. — Jurisprudence de la Cour de cassation et des autres Cours de France

574. — LAVAUX (homme de loi). — Manuel du tribunal de cassation, ou Règles de la justice civile, criminelle, correctionnelle et de police. — Paris, Rondonneau et autres, an VI (1797, v. st.), in-8° br.

575. — CODE et Mémorial du tribunal de cassation. — Paris, Rousseau, an VI, in-8° br.

576. — ETAT des jugements de cassation rendus depuis le premier germinal de l'an 2 jusqu'au 30 ventose de l'an 3 de la République française, une et indivisible. Corps législatif. — Paris, imprim. nation., Prairial an VII, in-8° br.

577. — COFFINIÈRES (A. S. G.) — Jurisprudence des Cours souveraines sur la procédure, ouvrage dans lequel se trouvent classés tous les arrêts de la cour de cassation et ceux des cours d'appel. — Paris, Garnery, 1812, in-8°, 5 vol. rel.

578. — SIREY (J. B.) — Jurisprudence de la Cour de cassation, ou Notices des arrêts les plus importants, depuis 1791 jusqu'en 1829 compris, et les volumes de tables de 1800 à 1829. — In-4°, 32 vol.

579. — JOURNAL des audiences de la Cour de cassation, depuis 1791, époque de son installation, jusqu'à l'an XII. — Paris, Porthuran, 1809, 44 vol. in-4° demi-rel.

580. — DENEVERS et DUPRET (P. A.) — Journal des audiences de la Cour de cassation, etc., les années 1809 et 1810. — Paris, in-4°, 2 vol. rel.

581. — DALLOZ (V. A. D.) — Journal des audiences de la Cour de cassation, ou Recueil des arrêts de cette Cour en matière civile et criminelle, par Dalloz et Tournemine. — Paris, *de 1824 à 1844, in-4°.*

582. — NEYREMAND et KUHLMANN. — Arrêts et décisions de la cour d'appel de Colmar. Journal de jurisprudence. — Colmar, *de l'an xiii à suivre, 13 vol. in-8° rel., 58 vol. in-8° br., en tout 71 vol.*

583. — BULLETIN des arrêts de la Cour de cassation. (Incomplet). — Années 1810-11-12-15-16-17-18-19-20-21-23-24 et 1825-1826. — Réimprimés par l'imprimerie royale, 14 liasses *in-8° non br.*

584. — DALLOZ (V. A. D.) — Jurisprudence générale du royaume en matière civile, commerciale et criminelle, ou Journal de la Cour de cassation et des Cours royales. Nouvelle édition composée par ordre alphabétique. — Paris, *1825, in-4°, 12 vol.*

585. — D°. — La même. Nouvelle édition. — Paris, *1846, in-4°, 44 vol.*

586. — LEDRU-ROLLIN. — Journal du Palais : 1° Recueil le plus ancien et le plus complet de la jurisprudence française ; 2° Bulletin des décisions en matière d'enregistrement, de timbre, greffe, hypothèques et de contraventions notariales. — Paris, *Patris et Bureau de l'admin., 1837, 85 vol. g^d in-8° rel.*

587. — JOURNAL DU PALAIS, présentant la jurisprudence de la Cour de cassation et des Cours royales, sur l'application de tous les codes français aux questions douteuses et difficiles. Nouvelle édition, revue, corrigée et mise dans un nouvel ordre, par M. Bourgeois. — Paris, *Galloy, 1823, in-8°, 104 vol. rel.* (L'ouvrage s'étend de 1791 à 1836 inclusivement).

588. — TABLE générale par ordre alphabétique des matières insérées dans les 16 premiers volumes du Journal du Palais et dans les 6 premiers volumes de la Collection des arrêts qui y fait suite jusqu'au 1er janvier 1809, par M. Lebret Saint-Martin, ancien avocat. — Paris, *1809, in-4° rel.* — Tome ii. — Table générale, etc., depuis le 1er janvier 1809 au 1er janvier 1814. — Paris, *1815.* Ensemble avec pagination particulière : Tables supplémentaires des deux premiers volumes. — Paris, *Mars 1815.*

589. — JOURNAL DU PALAIS, de l'an ix à 1833. — *88 vol., in-8° rel.*

590. — D°. — Tables générales de l'ancienne collection publiées par L. A. M. Dauvilliers, 1791-1826. — Paris, *1289, in-8° rel.*

591. — D°. — Tables générales pour les 21 volumes de 1826 à 1833, publiées par M. F. F. Patris. — Paris, *1833, in-8° rel.*

592. — LE BRET SAINT-MARTIN. — Table générale par ordre alphabétique des matières insérées dans les 16 premiers volumes du Journal du Palais, jusqu'en 1814, avec le supplément jusqu'en 1815. — Paris, *1809, 1814, 1815, in-4°, 3 vol.*

593. — BULLETIN des Jugements du Tribunal de cassation, en matière civile. — Paris, *imp. de la République, an* viii, *in-8°, 11 vol.*

594. — BERGOGNIÉ (A. M. B.) — Table analytique et raisonnée des Jugements contenus dans le Bulletin du Tribunal de cassation, en matière civile seulement, depuis l'an ii jusqu'à l'an x. — Agen, *Noubel, in-4°.*

595. — BULLETIN des Jugements du Tribunal de cassation, rendus en matière criminelle. — Paris, *imprim. de la République, an* vii, *in-8°, 6 vol. cart.*

596. — LONCHAMPT (E.) — Table alphabétique de tous les arrêts rapportés dans la partie criminelle du Bulletin officiel de la Cour de cassation, depuis 1798 jusqu'en 1823. — *Imp. royale, 1823, in-8° rel.*

597. — DUFOUR DE SAINT-PATHUS (J. M.) — Jurisprudence des cinq Codes. — Paris, *G. Mathiot, 1820, in-12 rel.*

598. — BAVOUX (F. A.) et LOISEAU. — Jurisprudence du Code civil, ou Recueil des arrêts rendus par les Cours d'appel et par celle de cassation. — Paris, *1807, in-8°, 20 vol. rel.*

599. — COLLECTION de Jugements des Tribunaux du Palais de Paris et autres Tribunaux de la République. — Paris, *N. Renaudière, an* xi, *in-8°, 7 vol. rel.*

600. — JURISPRUDENCE du Tribunal d'appel, maintenant Cour d'appel de Rennes. — Rennes, *Vatar frères, an* viii (1805), *in-4°, 2 vol. rel.*

G. — Causes célèbres, Plaidoyers, Mémoires, etc.

601. — JOURNAL DES TRIBUNAUX, par une Société d'hommes de loi. — Paris, *Gueffier, in-8°, 4 vol. rel.*

602. — GAZETTE DES TRIBUNAUX et Mémorial des Corps administratifs et municipaux. — Paris, *C. F. Perlet, 1792, in-8°, 12 vol. cart.* (Dépareillés).

603. — LEBRUN (Pierre). — Recueil des Causes célèbres. — Paris, *1801-1803, in-12, 2 années, 24 numéros.* (Tout ce qui a paru).

604. — MÉJEAN (Le Comte Maurice). — Recueil des Causes célèbres et des Arrêts qui les ont décidées, 2ᵉ édition. — Paris, *Garnery*, *1804-1814, 19 vol. rel.* (Le treizième manque).

605. — PROCÈS instruit extraordinairement contre MM. de Caradeuc de la Chalotais, et de Caradeuc, Procureurs-généraux, Charette de la Gacherie, Piquet de Montreiul, Euzenou de Kersalaun, du Bourgblanc, Charette de la Colinière, Conseillers au Parlement de Bretagne, le Marquis du Poulpry, Lieutenant-général des armées du Roi, de Bégasson, etc., etc. — *Sans lieu, 1770, 4 vol. in-12 rel.*

606. — GUICHARD (A. C.) — Procès célèbres de la Révolution, ou Tableau historique de plusieurs procès fameux. — Paris, *Garnery*, *in-8°, 2 vol. rel.*

607. — RECUEIL de Procès criminels et politiques. — *In-8°, 6 vol. rel.* 1ᵉʳ volume, Procès criminels. — 2ᵉ volume, Procès de conspirations. — 3ᵉ volume, Procès de journaux et d'hommes de lettres. — 4ᵉ volume, Procès du censeur européen. — 5ᵉ volume, Procès des généraux de l'Empire. — 6ᵉ volume, Procès du Maréchal Ney.

608. — PROCÈS DIVERS. — Procès du général Cambronne. Plaidoyer pour Alexandre Crevel, par Mᵉ Mocquard, 1818. — Défense du comte Excelmans par Comte, 1815. — Défense des officiers de la troupe de Schill, par Perwez. Liège, 1814. — Histoire du procès du Maréchal de camp Bonnaire et du lieutenant Mieton, par Méjan, 1816. — Des coups d'Etat dans la Monarchie constitutionnelle, par Aignan, 1818. — *Un volume in-8° cart.*

609. — PROCÈS DIVERS. (Locré, le Baron). — Histoire de mes relations et de mon procès avec le libraire Wurtz (Législation civile), 1832. — Pièces relatives à une accusation contre les rédacteurs de l'*Avenir*, 1832. — Regnon (de). — Relation des événements qui ont précédé et suivi l'expulsion de 78 Anglais, dits Trappistes de Meilleraye, 1832. — Procès de l'abbaye de Meilleraye. Plaidoyer de M. Janvier, 1832. — Pièces relatives au procès de l'abbaye de Meilleraye, 1832. — Procès de l'Ecole libre, 1831. — *Un volume in-8° rel.*

610. — CAUSES célèbres du xixᵉ siècle, criminelles et politiques. — *In-8°, 3 vol. cart.*

611. — PROCÉDURE criminelle, instruite au Châtelet de Paris, sur la dénonciation des faits arrivés à Versailles dans la journée du 6 octobre 1789, imprimée par ordre de l'Assemblée nationale. — Paris, *Baudouin*, *1790, in-8°, 2 vol. rel.*

612. — PROCÈS instruit par le tribunal criminel du département de la Seine, contre Demerville, Ceracchi, Aréna et autres, prévenus de conspiration contre la personne du premier consul Bonaparte, suivi des débats et du jugement intervenus sur le pourvoi en cassation des condamnés. — Paris, *imp. de la République, an ix, in-8° rel.*

613. — PROCÈS instruit par le tribunal du département de la Seine, contre les nommés Saint-Réjant, Carbon et autres, prévenus de conspiration contre la personne du premier Consul. — Paris, *imprimerie de la République, an ix, in-8°, 2 vol. rel.*

614. — PROCÉDURE relative à l'affaire des brûlots de Rochefort et jugement qui s'en est suivi. — Brest, *Michel, décembre 1809, in-8° rel.*

615. — D°. — Un second exemplaire (pp. ord.)

616. — PROCÈS FUALDÈS. — Cour d'assises du Tarn. Débats publiés sur la procédure instruite contre les prévenus de l'assassinat de M. Fualdès. — Toulouse, *F. Vieusseux, 1818, in-8° rel.* (2 exempl.)

617. — D°. — Histoire complète du procès relatif à l'assassinat Fualdès, 2ᵉ édition. — Paris, *A. Eymery, 1818, in-8° cart.* (Portr.)

618. — D°. — Histoire complète du procès Fualdès, pour faire suite à la première procédure. — Paris, *Eymery, 1818, in-8° cart., 2 vol.* (Port.)

619. — D°. — Histoire et procès complet de Fualdès, 3ᵉ procédure. — Paris, *Pillet, 1809, in-8° cart.*

620. — D°. — Mémoires de Madame Manson, explicatifs de sa conduite dans le procès de l'assassinat Fualdès, 5ᵉ édition. — Paris, *Pillet, 1818, in-8°, cart.* (Port.)

621. — D°. — Confidences de Victoire Redoulez, femme de chambre de Madame Enjalran et nourrice de Madame Manson. — Paris, *Plancher, in-8° cart.*

622. — D°. — Clarisse Manson, ou le voile noir de Rhodez déchiré à Alby. — Paris, *Plancher, 1818, in-8° cart.*

623. — HISTOIRE et Procès complet des assassins de M. Fualdès, par le sténographe parisien Hyacinthe Chabaud de La Touche et L. F. L'Héritier de l'Ain, suivant Barbier, accompagné d'un plan de la ville et des environs de Rhodez et de différentes vues et portraits. — Paris, *Pillet, 1818, in-8°.*

624. — INTRIGUE (L') de Rodez. — Infanticide imputé à Jausion. Aveux de Bancal mourant. Episode oublié dans les Mémoires de Mme Manson. — Paris, *Plancher, 1818, in-8° rel.* (Portraits de M. Fualdès, de Mme Manson, de Bastide, de Jausion, entrée de Mme Manson à Alby).

625. — PROCÈS intenté par le Conseil municipal de Bordeaux à l'auteur de la *Tribune de la Gironde*, relativement à la journée du 12 mars 1814. — Périgueux, *Dupont, 1820, in-8°.*

626. — LIASSE numéro collectif composée de pl. in-32, édition populaire de 1826. — Paris, *Marchands de Nouveautés, Sanson, Ponthieu et autres.*

PROCÈS de la congrégation dite des Bacchanales, l'an de Rome 566 (1 planche).

DISCOURS de Mirabeau sur l'égalité des partages dans les successions (2 exempl.)

OPINIONS sur le droit d'aînesse et sur les successions (1 pl.)

CHARTE constitutionnelle (2 exempl.)

PLAIDOYER de M. Bernard, affaire La Chalotais.

LOI électorale.

627. — PROCÈS de la conspiration de Thouars et de Saumur. — Poitiers, *E. P. J. Catineau, 1822, in-8°, 2 vol. rel.*

628. — PROCÈS des derniers Ministres de Charles X, par une Société d'hommes impartiaux, sous la direction de M. Al. Boltz. (Port.) — Paris, *1830, in-8°, 2 vol. rel.*

629. — BABEUF (Emile). — Procès des Ex-Ministres, précédé de notices historiques. — Paris, *Hocquart, 1830, in-8°, 5 vol.*

630. — AFFAIRE D'AVRIL 1834, devant la Cour des Pairs. — Paris, *1835, g^d in-8°, 3 exempl. dont un rel.*

631. — SCARLETT (Sir James). — Lettre de ce célèbre jurisconsulte anglais sur la condamnation d'Emile de La Roncière, avec fac-simile par E. Roch. — Paris, *1836, in-8° br.*

632. — PROCÈS complet de Messieurs Perrotin dit de Barmont, Foucault et Bonne-Savardin. — Paris, *Lejay, in-8° br.*

633. — DUPIN. — Réquisitoires, Plaidoyers et Discours de rentrée avec le texte des arrêts, depuis août 1830, jusqu'à ce jour. (Port.) — Paris, *Joubert, 1836, in-8°, 2 vol. rel.*

634. — DELAMALLE (le citoyen). — Plaidoyers pour Moutardier et Le Clerc, accusés de contrefaçon du Dictionnaire de l'Académie française, contre Bossange, Masson et Besson, et contre le Commissaire du Gouvernement. — Paris, *Moutardier, an xi (1803), in-8°*. Relié avec :

635. — MARCHANGY (R. A. F. de). — Plaidoyer prononcé le 29 août 1822, dans la conspiration de La Rochelle. — Paris, *A. Boucher, 1822, in-8°*.

636. — MÉMOIRE et pièces justificatives pour Madame A. M. Rogres-Lusignan de Champignelles, veuve de M. L. J. de Douhault. — Paris, *Baudouin, 1807, in-8° rel.*

637. — MÉMOIRE pour les déportés de la Martinique, par M. Isambert. — Paris, *Tastu, 1824, in-4°*.

638. — MÉMOIRE justificatif des hommes de couleur de la Martinique, condamnés par arrêt de la cour royale de cette colonie, contenant l'histoire des hommes de couleur dans les colonies françaises. — Paris, *Duverger, 1826, in-8° rel.*

639. — EXAMEN de la procédure criminelle, instruite à Saint-Leu, à Pontoise et devant la cour royale de Paris, sur les causes et les circonstances de la mort de Son A. R. le duc de Bourbon, prince de Condé. — Paris, *Plassau et Cie, 1832, in-8° rel.*

640. — D°. — Un autre exemplaire broché.

641. — CAUSES CÉLÈBRES étrangères, publiées en France pour la première fois. — Paris, *Panckouke, 1827, in-8°, 3 vol.*

642. — ROCH (Eugène). — L'observateur des Tribunaux français et étrangers, journal des documents judiciaires pour servir à l'étude de l'éloquence du barreau. Affaire des mines de la Barette. — Paris, *1840, in-8° br.*

643. — CONSIDÉRANT (V.) — Contre M. Arago, réclamation du droit de propriété. — Paris, *au bureau de la phalange, juin 1840, in-8° br.*

644. — RÉPONSE au Mémoire de MM. Huau et Benoit, suivi de pièces justificatives. — Brest, *Proux et Cie, 1842, in-8° br.*

645. — BARROT (Odilon). — Le procès de Senneville, affaire de liberté des cultes. — Paris, *L. B. Delay, 1843, in-8° br.*

646. — TURREL (Affaire Turrel). — Plaidoirie de Berryer. — Brest, *Anner, 1855, in-8° br.*

647. — ALLOU. — Tribunal civil de la Seine. Affaire Patterson. — Paris, *Renou et Maulde, in-4°.*

648. — AFFAIRE LESURQUES. — Pétition à MM. les Sénateurs. — *1861, in-4°.*

649. — BAZAINE (Procès du Maréchal). — Trianon, 1er Conseil de guerre, présidence de M. le duc d'Aumale. — Paris, *A. Bunel, in-4°.*

650. — RIVOLET. — Affaire de M. Place, ancien consul-général de France à New-York. Plaidoyer par M. Rivolet. Jugement du tribunal. — Paris, *E. Martinet, 1871, in-4° br.*

651. — FAVRE (Jules). — Plaidoyers politiques et judiciaires, publiés par Mme veuve Jules Favre, née Velten. — Paris, *Plon et Cie, 1882, 2 vol. g^d in-8° br.*

H. — Conseil d'Etat

652. — MACAREL (L.) — Recueil des arrêts du Conseil, ou ordonnances royales rendues en Conseil d'Etat, sur toutes les matières du contentieux de l'administration. — Paris, *A. Bavoux, de 1821 à 1826, in-8°, 2 vol. rel.*

653. — AUVILLIERS (M. d'). — Journal du Palais. Décisions du Conseil d'Etat et Ordonnances du roi en matière de compétence administrative et judiciaire. — Paris, *1821, in-8°, 3 vol. rel.*

I. — Jurisprudence administrative, Attributions municipales et de police
Contributions, Domaines, Douanes, etc.

654. — CORMENIN (La Haie de). — Questions de droit administratif, 3e édition. — Paris, *A. Goblet, 1826, in-8°, 2 vol. rel.*

655. — FLEURIGEON. — Code administratif ou Recueil par ordre alphabétique des matières de toutes les lois nouvelles ou anciennes, relatives aux fonctions administratives et de police. — Paris, *Valade, 1806, avec le supplément, in-8°, 8 vol.*

656. — LÉPINOIS (le Chevalier Ernest de). — Code administratif ou Recueil des Lois, Décrets et Ordonnances sur l'administration communale et départementale. — Paris, *L. G. Michaud, 1825, in-8° rel.*

657. — MÉMORIAL des corps administratifs, municipaux, judiciaires et militaires, ou Journal de la Constitution, par une Société de Jurisconsultes. — PARIS, *P. F. Didot, 1790, in-4° parch.*

658. — JOURDAIN (YVES CL.) — Code de compétence, ou Recueil méthodique de dispositions non abrogées, puisées dans les lois des Assemblées nationales qui se sont succédé depuis 1789 jusqu'à présent. — PARIS, *Le Graverend, an VI, in-8° parch.*

659. — BALESTRIER DE CANILHAC (E. S.) — Manuel des autorités constituées et de tous les fonctionnaires, agents et employés politiques, civils et militaires de la République. — PARIS, *Deroy, an IX, in-8°*, 2 vol. rel.

660. — COLOMBEL (H.) — De la Juridiction administrative en France. — PARIS, *Joubert, 1840, in-8° rel.*

661. — HENRION DE PANSEY (le Baron P. L. N.) — Du pouvoir municipal, de sa nature, de ses attributions et de ses rapports avec l'autorité judiciaire. — PARIS, *Barrois, 1820, in-8°.* Relié avec :

662. — D°. — Du pouvoir municipal et de la police intérieure des communes, 3e édition. — PARIS, *T. Barrois, 1824, in-8° rel.*

663. — D°. — Des biens communaux et de la police rurale et forestière. — PARIS, *T. Barrois, 1825, in-8°.* Relié avec :

664. — D°. — Du régime des bois communaux selon le nouveau code forestier, pour servir de supplément au traité des biens communaux. — PARIS, *T. Barrois, 1827, in-8° rel.*

665. — RÉGIME (du) municipal et de l'administration des départements, 2e édition. — PARIS, *T. Barrois aîné, 1821, in-8° rel.*

666. — DUPIN (le Baron). — Précis historique de l'administration et de la comptabilité des revenus communaux. — PARIS, *Leblanc, 1820, in-8° rel.*

667. — PÉCHART (P. C.) — Eléments pratiques de l'administration municipale, 3e édition. — PARIS, *1822, in-8° rel.*

668. — GUICHARD (A. C.) — Code municipal ou bréviaire des officiers municipaux. — PARIS, *Petit, 1791, p^t in-8°.*

669. — RONDONNEAU (L.) — Les Lois administratives et municipales de la France, ou Manuel théorique et pratique des Préfets, des Sous-Préfets et des Maires, etc. — PARIS, *Tourneux, 1823, in-8°*, 4 vol. rel.

670. — GILLON (J.-L.) et STOURM. — Code des municipalités, collection des lois sur l'administration des communes et des départements (1re livraison). — Paris, *Moutardier, 1833, in-12.*

671. — MIROIR (E. M. M.) — Des contraventions, des délits et des peines, ou Législation sur les contraventions et les peines, en matière de simple police ; sur les délits forestiers et ruraux ; sur les délits de chasse et de pêche ; sur les délits de voirie ; sur les délits contre l'ordre et la tranquillité publique, etc., etc. — Lyon, *A. Neveu, 1833, in-8° rel.*

672. — CORMENIN (de). — Recueil contenant les ordonnances et circulaires relative à la loi du 17 juillet 1837 sur l'administration municipale et un exposé des principes de législation et des règles de jurisprudence administrative et judiciaire qui président à l'administration des communes. — Paris, *Paul Dupont, in-8° br.*

673. — LE MOLT. — Manuel des officiers de l'état-civil pour la tenue des registres et la rédaction des actes. — Paris, *Carpentier-Méricourt, 1834, in-8° br.*

674. — MIROIR (E. M. M.) — Album et annuaire municipal, ou agenda et mémorial administratif pour 1836, indiquant pour toute l'année, par ordre de mois et de jours, du 1er janvier au 31 décembre, les travaux d'un maire, d'un adjoint et d'un conseiller municipal, etc. — Grenoble, *chez l'auteur, 1836, in-8° rel.*

675. — GUIDE des maires, ordonnateurs et comptables des communes et établissements publics et religieux, dans le choix des mandats, pièces et actes d'administration qui sont assujetis au timbre, et de ceux qui en sont affranchis, par M. Le Besnier. — Rouen, *chez l'auteur, 1836, 1 pl. de 32 p. in-8° br.*

676. — DUPONT (Paul). — Dictionnaire des formules. Mairie, pratique. — Paris, *libr. de Paul Dupont, 1837, in-8° br.*

677. — PUISBUSQUE (A. de). — Dictionnaire municipal ou manuel analytique et complet d'administration communale, contenant, par ordre alphabétique, le résumé méthodique des principales dispositions des lois, etc. — Paris, *Paul Dupont, 1838, in-8° rel.*

678. — PAUL (Th.) — Nouveau manuel des maires, de leur adjoints, de leurs secrétaires, des conseillers municipaux, percepteurs des contributions, commissaires et agents de police, agents-voyers, vérificateurs des poids et mesures, gendarmes, gardes champêtres et forestiers, etc. — Dijon, *Douillier, 1839, in-8° rel.*

679. — MOITIÉ et LABROSSE. — La mairie pratique à l'usage de MM. les maires, adjoints, conseillers municipaux, membres des commissions administratives, des établissements de charité, etc. — Moulins, *Desrosiers ;* Paris, *Chamerot, 1840, in-8° br.*

680. — SAINTE-HERMINE. — Traité de l'organisation et des élections municipales, contenant l'historique des institutions municipales en France, depuis les temps les plus reculés jusqu'à nos jours, etc. — Niort, *Robin ;* Paris, *Videcoq, 1840, in-8° br.*

681. — LE BERQUIER (Jules). — Administration de la commune de Paris et du département de la Seine, etc. — Paris, *P. Dupont, 1861, in-8° br.*

682. — DICTIONNAIRE des formules ou mairie pratique, par Paul Dupont. — Paris, *P. Dupont, 1865, in-8° br.*

683. — DUBARRY (J.) — Formulaire des mairies et des conseils municipaux, etc., 2ᵉ édit. — Paris, *Ern. Thorin, 1885, in-8° br.*

684. — SOUVIRON (A.) — Manuel des conseillers municipaux. — Paris, *Paul Dupont, 1884, in-12 br.*

685. — DURAND (de Nancy). — Nouveau guide pratique des maires, des adjoints et des secrétaires de Mairie, etc. — Paris, *Garnier frères, 1866, gᵈ in-12 rel.*

686. — ARNAUD (Camille). — Manuel du directeur du jury d'expropriation pour cause d'utilité publique. — Marseille, *Camoin, 1865, in-8° br.*

687. — CROS (Ulysse). — Code municipal de Montpellier, ou recueil des règlements de la municipalité de cette ville. — Montpellier, *veuve Avignon, 1836, in-8° rel.*

688. — GUICHARD (A. C.) — Code de la police, contenant d'une part : le texte pur et correct des nouvelles lois sur la police, et de l'autre : une instruction pratique sur l'exécution de ces lois. — Paris, *Didot jeune, 1792, in-12.*

689. — BERGIER (A.) — Manuel général des magistrats, officiers et agents de la police judiciaire et de sûreté. — Paris, *Baudouin, an ix, in-8°, 2 vol. rel.*

690. — RECUEIL d'articles de lois et règlements de police. Délibération de l'administration municipale de la commune de Rennes, 29 Ventôse, an viii, *in-4° br.*

691. — ALLETZ. — Dictionnaire de police moderne pour toute la France, contenant, par ordre alphabétique de matières et dans la forme réglementaire, l'analyse et le rapprochement des dispositions, tant anciennes non abrégées que modernes, des lois, ordonnances, règlements, arrêtés et décisions, concernant la police, etc. — Paris, *Dècle, 1820, 4 vol. in-8° rel.*

692. — ANCEST. — Code des commissaires de police. Manuel général et portatif contenant sommairement et par ordre alphabétique, la réunion de tous les faits réputés, suivant leur nature, délits ou contraventions, et l'énoncé des peines qui leur sont applicables. — Paris, *Béchet, 1829, in-8° br.*

693. — MIROIR (E. M. M.) — Projet de règlement général de police ou recueil méthodique, par ordre alphabétique, des dispositions législatives et réglementaires qui doivent entrer dans la composition des arrêtés de police municipale, soit urbaine, soit rurale, pour presque tous les cas prévus. — Grenoble, *chez l'auteur ;* Paris, *rue Dauphine, 1834, in-8° br.*

694. — COLLECTION officielle des ordonnances de police depuis 1800 jusqu'à 1844, imprimée par ordre de M. G. Delessert, pair de France, Conseiller d'Etat, Préfet de police. — Paris, *Paul Dupont, 1844 à 1852, 5 tomes in-8° br.*

695. — MANUEL des gardes-champêtres, des gardes-forestiers et des gardes-pêche. — Paris, *Garnery, 1809, in-12.*

696. — GARNIER (F. X. P.) — Régime des eaux ou des rivières navigables, flottables ou non, et de tous les autres cours d'eau ; des obligations, droits et actions qui en résultent pour l'Etat et pour les particuliers, et de la compétence des autorités administratives et judiciaires. — Paris, *l'auteur, 1822, in-8°.* Relié avec la 2ᵉ édition divisée en 2 parties, publiée sous le titre de : Régime ou traité des rivières et cours d'eau de toute espèce, salines et manufactures insalubres. — Paris, *1825, in-8° rel.*

697. — DAVIEL (A.) — Pratique des cours d'eau, ou concordance des lois et règlements généraux sur la navigation, le flottage des bois, etc. — Paris, *Faujat aîné, 1824, in-8° rel.*

698. — GIRARD (D.) — Manuel des contributions indirectes et des octrois, formé des dispositions sur la perception et le contentieux en vigueur au 1ᵉʳ janvier 1826, 2ᵉ édition. — Paris, *J. Smith, 1826, in-8° rel.*

699. — RECUEIL GÉNÉRAL des lois, arrêts et instructions concernant la perception des droits réunis. — Paris, J. H. Stone, an xiii, (1804), in-8°.

700. — D°. — Des lois, arrêts, décisions et instructions concernant la perception des droits réunis. — Paris, J. H. Stone, 1806, in-8°, 5 vol. cart.

701. — AULANIER (A.) Fils et HABASQUE (F.) — Usages et règlements locaux du département des Côtes-du-Nord. — Saint-Brieuc, L. Prudhomme, 1851, in-12 br.

702. — COTELLE, Professeur. — Cours de droit administratif, professé à l'Ecole des ponts et chaussées, session 1847-48. — Petit in-folio lithographié.

703. — BOUHOURE. — Manuel des droits réunis. — Paris, J. H. Stone, in-8° rel.

704. — DICTIONNAIRE des droits de l'enregistrement, du timbre, de greffe et d'hypothèques, par les rédacteurs du journal de l'enregistrement. — Paris, J. Gratiot, 1811, in-8°, 2 vol. rel.

705. — SAVIN DUMONI. — Traité de la jurisprudence des douanes ou résumé des arrêts de la cour de cassation en matière de douanes. — Paris, Dondey-Dupré, 1812, in-8°, 2 vol. rel.

706. — DUJARDIN-SAILLY. — Législation des douanes de l'Empire français, 2ᵉ édition. — Paris, 1813, in-4°.

707. — D°. — Tarif chronologique des douanes de l'Empire français, 8ᵉ édition. — Paris, Mame, 1813, in-4°.

708. — MARIE-DUMESNIL (A. B.) — Manuel des employés des douanes, 3ᵉ édition. — A. Bailleul, 1817, in-8° rel.

709. — AMÉ (H.) — Etude économique sur les tarifs des douanes, 2ᵉ édition. — Paris, Guillaumin et Cⁱᵉ, 1860, in-8°.

K. — Notariat, Ministère des Huissiers, etc.

710. — GARNIER-DESCHÊNES (E. H.) — Traité élémentaire du notariat. — Paris, 1807, in-8° rel.

711. — FAVARD DE LANGLADE (le Baron G. J.) — Répertoire de la législation du notariat. — Paris, F. Didot, 1807, in-4° rel.

712. — LE DRU. — Le Pothier des notaires, ou abrégé de ses divers traités avec l'indication de ceux des articles du Code civil dont on y trouve les dispositions. — Paris, *veuve Dabo, 1823, in-8°, 4 vol. rel.*

713. — LOISEAU (Urbain). — Jurisprudence des Huissiers, ou recueil périodique des lois, arrêts, etc. — *Années 1835, 1836, 1837, in-8°, 3 vol. rel.*

714. — GOURGEOIS (A. J. B.) — Mémoire sur l'institution du notariat et sur les améliorations dont son organisation actuelle est susceptible. — Nevers, *J.-M. Fay, 1860, in-8°.*

715. — MOURLON et JEANNEST. — Formulaire général à l'usage des notaires, juges de paix, avoués, huissiers, greffiers et officiers de l'état-civil. — Paris, *Maresq, 1862, in-8° br.*

716. — CLERC (Ed.) — Théorie et pratique du notariat, 2me partie. Formulaire général et complet du notariat, suivi du Code des notaires expliqué, par A. Dalloz et d'un Traité abrégé de la responsabilité des notaires, par M. Ch. Vergé, 5ᵉ édition, tome 2ᵉ. — Paris, *Cosse, Marchal et Cie, 1863, g^d in-8° br.*

717. — D°. — Autre exemplaire.

718. — CAMESCASSE (E.) — Du colonat dans les Codes Théodosien et Justinien. Du bail à ferme en droit français. Thèse pour le doctorat. — Paris, *W. Remquel, 1861, in-8° br.*

719. — DAUVIN (J.) — Manuel des jurés ou Lettres instructives sur le nouveau jury français. La manière de le former et le convoquer, sur les fonctions et devoirs des jurés. — Brest, *Binard, 1811, in-8° br.*

720. — LE GRAND de LALEU. — Recherches sur l'administration de la justice criminelle chez les français avant l'institution des Parlements, sur l'usage de juger les accusés par leurs pairs ou jurés, tant en France qu'en Angleterre, ouvrage posthume. — Paris, *Fantin, 1822, in-8°.* (Portrait de l'auteur).

721. — BERRIAT SAINT-PRIX. — Le jury en matière criminelle, Manuel des jurés à la Cour d'assises, 5ᵉ édition. — Paris, *Marchal, Billard et Cie, 1875, in-12 rel.*

L. — Jurisprudence militaire

722. — ORDONNANCE du Roi pour régler le service dans les places et dans les quartiers du 1er mars 1768, suivie du décret du 24 décembre 1811. — Paris, *J. Dumaine, s. d., in-16 cart.*

723. — CODE MILITAIRE, contenant tous les décrets de l'Assemblée nationale sanctionnés ou acceptés par le Roi, sur l'organisation des armées de terre et de mer. — Paris, *Devaux, 1791, in-12, 5 vol.*

724. — QUILLET (P. N.) — Etat actuel de la Législation sur l'administration des troupes, 4e édition. — Paris, *Maginel, 1809, in-8°, 3 vol. rel.*

725. — BERRIAT (Huches). — Législation militaire, ou Recueil méthodique et raisonné des lois actuellement en vigueur sur toutes les branches de l'état militaire. — Alexandrie, *L. Capriolo, 1812, in-8°, 5 vol.* — Supplément. — Perpignan, *Tastu père, 1817, in-8°, 2 vol., en tout 7 vol.*

726. — MANUEL du recrutement ou Recueil des ordonnances, instructions approuvées par le Roi, circulaires et décisions ministérielles auxquelles l'exécution de la loi du 10 mars 1818 a donné lieu, par ordre du ministre de la guerre, juin 1820. — Paris, *imp. royale, in-8° cart.*

727. — FOUCHER (Victor). — De l'administration de la justice militaire en France et en Angleterre. — Paris, *Anselin et Pochard, 1825, in-8° br.*

728. — DURAT-LASALLE. — Législation criminelle des armées de terre et de mer, etc. — Paris, *Dumaine, 1850, in-8° rel.*

729. — D°. — Code de l'officier, etc., etc. — Paris, *Delloye, 1839, in-8° rel.*

730. — LE GRAVEREND (J. M. E.) — Traité de la procédure criminelle devant les tribunaux militaires et maritimes de toute espèce. — Paris, *Garnery, 1808, in-8°, 2 vol. rel.*

731. — PERRIER (J. B.) — Le Guide des Juges militaires, ou Recueil des lois sur la législation criminelle, militaire et maritime. — Paris, *Maginel, 1813, in-8° rel.*

732. — CORRE (le Dr A.) — Aperçu général de la criminalité militaire en France. — Lyon, *A. Storck, 1891, in-8° br.*

4. — DROIT MARITIME (avant et après 1789)

733. — BAJOT. — Résumé des lois anciennes et modernes sur la marine. — Paris, *imp. royale, 1847, in-8°.*

733 bis. — D°. — Répertoire de l'administration de la marine, ou Table par ordre de dates et de matières des principales lois relatives à la marine et aux colonies, depuis leur origine jusquà ce jour. — Paris, *Firmin Didot, 1814, in-8° br.*

734. — ORDONNANCE de la Marine du mois d'août 1681, commentée et conférée sur les anciennes ordonnances, le droit romain et les nouveaux règlements. — Paris, *Osmont, 1715, in-8° rel.* (2 exempl.)

735. — CONFÉRENCE de l'Ordonnance de la Marine d'août 1781. — Paris, *C. Osmont, 1737, in-8° rel.*

736. — ORDONNANCE de la Marine du mois d'août 1681, commentée. — — Paris, *C. Osmont, 1719, in-8° rel.*

737. — Autre exemplaire. — Paris, *Prault, 1756.*

738. — VALIN (R. J.) — Nouveau commentaire sur l'Ordonnance du mois d'août 1681. — La Rochelle, *J. Ligier, 1760, in-4°, 2 vol. rel.*

739. — D°. — Le même. — La Rochelle, *J. Ligier, 1766, in-4°, 2 vol. rel.*

740. — D°. — Le même. — La Rochelle, *J. Ligier, 1776, in-4°, 2 vol. rel.*

741. — ORDONNANCE de la Marine du mois d'août 1681, commentée, augmentée d'un extrait de l'ordonnance de 1689, concernant la police et la distribution des vivres sur les vaisseaux, et du Règlement de 1735, concernant la police et la discipline des équipages. — Paris, *1767, in-12 rel.*

742. — COMMENTAIRE (Nouveau) sur l'Ordonnance de la marine d'août 1681, par M***, augmenté des ordonnances, décrets, lois, etc., et des traités de paix du gouvernement jusquen 1802 (an x). — Paris, *Bossange, an xi (1803), in-12, 3 vol. rel.*

743. — ORDONNANCE de Louis XIV, touchant la marine des côtes de la province de Bretagne (1684), vérifiée en Parlement à Vennes, le 18e jour de janvier 1685. — Vennes, *J. Moricet, 1685, in-4° rel.* (2 exempl.)

744. — D°. — Pour les armées navales et les arsenaux de marine. — Paris, *Et. Michallet, 1689, in-4° rel.*

745. — ORDONNANCE pour les armées navales et arsenaux de la marine. — Paris, *Et. Michallet, 1689, in-12 rel.*

746. — D°. — La même. Nouvelle édition, augmentée des deux règlements par colonnes. Le premier pour les appointements des officiers à la mer, etc. — Amsterdam, *Zacharie Chatelain, 1747, in-12 rel.*

747. — D°. — La même. Nouvelle édition. — Paris, *Prault, 1764, in-12 rel.*

748. — COMMENTAIRE sur l'ordonnance de la marine du mois d'août 1681, 2ᵉ édition. — Paris, *Joubert, 1881, 2 tomes in-8° rel. en 1 vol.*

749. — RECUEIL d'ordonnances sur la marine ; la même ordonnance de 1689. — L'ordonnance concernant la marine, de 1765 ; celle de 1762 sur les appointements des officiers ; celle de 1764 concernant les brigades du corps royal d'artillerie dans les ports ; celle de 1764 concernant les officiers de la marine ; celle de 1765 concernant les officiers d'administration de la marine et les écrivains, et celle concernant les ingénieurs constructeurs de la marine, de mars 1765. — *Un vol. in-4° rel.*

750. — ORDONNANCE du roi concernant la marine, du 25 mars 1765. — Paris, *1765, in-4° rel.*

751. — D°. — La même. — Paris, *imp. royale, 1768, in-12 rel.*

752. — D°. — Concernant la régie et administration générale des ports et arsenaux de la marine, du 27 septembre 1776. — Paris, *1776, in-4° rel.*

753. — D°. — La même.

754. — D°. — Règlements concernant la marine, du 1ᵉʳ janvier 1787. — Paris, *imp. royale, 1786, in-8° rel.*

755. — D°. — Les mêmes. — Brest, *R. Malassis, 1786, in-12.*

756. — RECUEIL de Lois et Règlements militaires concernant la marine (1786-1793). — *In-4° parch.*

757. — LOIS relatives à l'organisation de la marine ; Loi concernant l'inscription maritime, du 3 brumaire, an VI. — *Sans lieu d'impression ni date.*

758. — OBSERVATIONS sur les Ordonnances de la marine, 1789. Reliées avec :

1° KERSAINT (de). — Institutions navales, ou premières vues sur les classes et l'administration de la France, considérée dans ses rapports maritimes. — Paris, *Garnery, l'an I*er *de la Liberté ;*

2° MÉMOIRE sur la nécessité et la manière de faire des bassins où l'on pourrait construire et remiser nos vaisseaux de guerre pendant la paix, pour en prolonger la durée ;

3° MÉMOIRE sur la nécessité et la possibilité de mettre l'arsenal de Brest à l'abri d'un incendie ;

4° GAUTIER. — Observations sur l'enrôlement et les levées de matelots pour le service de l'armée de mer. — *In-8° demi-rel.*

759. — PARDESSUS (J. M.) — Collection de lois maritimes antérieures au 18e siècle. — Paris, *imp. royale, 1825-1845, in-4°, 6 vol.*

760. — RECUEIL de lois relatives à la Marine et aux Colonies, depuis 1789. — Paris, *imp. de la République, an v, in-8°, 14 vol.*

761. — RECUEIL des lois pénales concernant la marine. Décret impérial du 11 juillet 1805. — *In-8° parch.*

762. — CODE de la Marine de 1790, mutilé, sans date.

763. — PEUCHET (Jacques). — Du commerce des neutres en temps de guerre, ouvrage élémentaire destiné à fixer les principes des conventions maritimes et commerciales entre les nations. — Paris, *Agasse, an x (1802), in-8° br.*

764. — BOUCHER (P. B.) — Consulat de la mer, ou pandectes du droit commercial et maritime. — Paris, *A. Bertrand, 1808, in-8°, 2 vol. rel.*

765. — AZUNI (D. A.) — Système universel de principes du droit maritime de l'Europe, traduit de l'italien par J. M. Digeon. — Paris, *Debure, an vi, in-8°, 2 vol. rel.*

766. — RÈGLEMENT générale pour l'armée navale, suivi du règlement du 1er janvier 1786.

767. — BOUCHER (P. B.) — Institution au droit maritime. — Paris, *Levrault, Schoell et Cie, an xii (1803), in-4°.*

768. — SANFOURCHE-LAPORTE. — Le nouveau Valin, ou Code commercial maritime, accompagné du commentaire de Valin, de la doctrine d'Emerigon, etc. — Paris, *Clément, 1809, in-4°.*

769. — LOIS pénales pour l'administration de la justice à bord des vaisseaux du Roi, précédées d'un commentaire sur leur application. — Toulon, *Laurent, 1828, in-18 br.*

770. — MAREC. — Dissertation contre l'historique des deux premières éditions d'un projet de loi sur la répression de l'indiscipline dans la marine marchande, avec un examen critique de plusieurs points importants de la discussion, terminé par un exposé de ce qui est à faire pour une troisième et dernière édition du code disciplinaire et pénal projeté. — Paris, *imp. royale, in-8° br.*

771. — D°. — Entretien avec M. Guizot sur plusieurs questions de droit maritime international reproduit de mémoire et livré à la publicité avec le consentement de M. Guizot. — Paris, *Garnier frères, 1849, in-8° br.*

772. — EMERIGON (B. M.) — Traité des assurances. — Marseille, *1782, in-4°, 2 vol. rel.*

773. — D°. — Le même, conféré et mis en rapport avec le nouveau Code de commerce et la Jurisprudence, par P. S. Boulay Paty. Nouvelle édition. — Rennes, *Molliex, 1827, in-4°, 2 vol. rel.*

774. — POTHIER. — Traité du Contrat d'assurance, avec un discours préliminaire, des notes et un supplément, par Estrangin. — Marseille, *Sube et Laporte, 1810, in-8° rel.*

775. — BENECKE (W.) — Traité des principes d'indemnité en matière d'Assurances maritimes. Traduit de l'anglais et augmenté d'un commentaire par Dubernard. — Paris, *Renard, 1825, in-8°, 2 vol. rel.*

776. — VALIN (R. J.) — Traité des prises, ou principes de la Jurisprudence française concernant les prises qui se font sur mer, etc. — La Rochelle, *Ligier, 1763, in-8°, 2 vol. en un seul rel.*

777. — LEBEAU (Sylvain). — Code des bris, naufrages et échouements, ou résumé des lois et règlements concernant cette matière. — Paris, *1844, in-8° rel.*

778. — CHARDON. — Code des prises, ou recueil des édits, déclarations, lettres patentes, etc., sur la course et l'administration des prises depuis 1400 jusqu'à présent, imprimé par ordre du Roi. — Paris, *imp. royale, 1784, in-4°, 2 vol.*

779. — LEBEAU (Sylvain). — Nouveau Code des prises, ou recueil des édits, etc., de 1400 à 1789 ; suivi de toutes les lois, arrêts, messages et autres actes qui ont paru depuis cette dernière époque jusqu'à présent. — Paris, *imp. de la République, ans 7, 8 et 9, in-4°, 3 vol. rel.* (Les deux premiers volumes ne sont qu'une réimpression de Chardon).

780. — GUICHARD (A. C.) — Code des prises et des armements en course. — Paris, *Garnery*, an viii, *in-12*, *2 vol. rel.*

781. — D°. — Le même, 2° édition. — Paris, *Garnery*, an viii, *in-12*, *2 vol. rel.* (2 exempl.)

782. — ABREN (Le Ch^{er} Dom F. J. d'). — Traité juridico-politique sur les prises maritimes et sur les moyens qui doivent concourir pour rendre ces prises légitimes, traduit de l'espagnol par Pomet de la Grave, 2° édition, avec des notes par Bonnemant. — Paris, *Laurens, 1802*, an x, *in-12*, *2 vol. rel.*

783. — DUFRICHE-FONTAINES (F. N.) — Code des prises et du commerce de terre et de mer. — Paris, *Valade*, an xiii *(1804)*, *in-4°*, *2 vol. rel.*

784. — DÉCLARATION du Roy pour le rétablissement de la pêche du poisson de mer, etc., etc., donnée à Versailles le 23 avril 1726. — Paris, *imp. royale, 1726.*

785. — RÈGLEMENT général de l'administration des quartiers, sous-quartiers et syndicats maritimes, l'inscription maritime, le recrutement de la flotte, la police de la navigation, les pêches maritimes. — Paris, *imp. nation., in-8°.*

786. — PROJETS de Lois et de Règlements sur la police judiciaire et administrative des pêches maritimes. — Paris, *imp. royale, 1821*, *in-4° cart.*

787. — GRANDPONT (Guichon de). — Première note sur la pêche de la morue, ou appendice au code de la pêche maritime, de M. Hautefeuille. — Brest, *Ch. Le Blois, 1845, in-8° br.*

788. — RÈGLEMENT sur la police de la pêche maritime côtière dans le 2° arrondissement maritime. — Paris, *imp. impériale, 1853, g^d in-8°.*

789. — BAJOT et POIRRÉE. — Annales maritimes et coloniales ou recueil des lois et ordonnances. — *In-8° rel.* (Partie officielle et partie non officielle), années 1821, 1823, 1824, 1829. (Très incomplet).

790. — ANNALES (Nouvelles) maritimes, commencée en 1849 jusqu'en 1864. — *24 vol. in-8° rel.*

5. — DROIT ÉTRANGER

791. — LOIS ET CONSTITUTIONS de Sa Majesté le roi de Sardaigne, publiées en 1770. — Paris, *Le Roy, 1771, in-12, 2 vol. rel.*

792. — REGNERVS (Cyprianus). — Cypriani Regneri ab Oosterga censura Belgica, seu novæ notæ et animadversiones quibus omnes et singulæ leges, quæ in prioribus XXV libris Pandect. continentur, moribus præcipue Belgii, etc., etc. — Ultrajecti, *ex-officina Meinardi à Dreunen, 1661, in-4° rel.*

793. — CODE général pour les Etats prussiens. Trad. par les membres du bureau de législation étrangère. — Paris, *imp. de la République, an IX, in-8°, 5 vol. rel.*

794. — LISI (Chaillon de). — Traité des délits et des peines, traduit de l'italien, d'après la sixième édition, auquel on a joint plusieurs pièces très-intéressantes pour l'intelligence du texte. — Paris, *Bastien, 1773, in-8° rel.*

795. — SAINT-EDME (B.) — Dictionnaire de la pénalité dans toutes les parties du monde connu. Tableau historique, chronologique et descriptif des supplices, tortures ou questions ordinaires et extraordinaires; tourments, peines corporelles et infamantes, châtiments, corrections, etc., ordonnés par les lois ou infligés par la cruauté ou le caprice chez tous les peuples de la terre, tant anciens que modernes, auxquels on a rattaché les faits les plus importants que l'histoire présente en condamnations ou exécutions civiles, correctionnelles ou criminelles. — Paris, *chez l'éditeur, 1825, 5 vol. in-8° rel.*

796. — REGULATIONS and Instructions relating to his majesty's service at sea. — London, *1740, in-4° rel.*

797. — ROBERT (Lord Raymond). — Reports of cases argued and adjudged in the courts of king's bench and common pleas, in the reigns of the late king William, queen Anne, king George the first, and his present majesty, taken and collected by Robert lord Raymond. — *1743, in-f°, 2 vol. rel.*

798. — BLACKSTONE (W.) — Commentaires sur les lois anglaises, traduit de l'anglais par M. D. G***. — Bruxelles, *J. L. de Boubers, 1774, in-4°, 6 vol. rel.*

799. — D°. — Commentaire sur le code criminel d'Angleterre, traduit de l'anglais par l'abbé Coyer. — Paris, *Knoper, 1776, in-8°,* 2 *vol. en un seul rel.*

800. — JEFFERSON (Thomas). — Manuel du droit parlementaire, ou précis des Règles suivies dans le parlement anglais et dans le congrès des Etats-Unis ; pour l'introduction, la discussion et la décision des affaires, campilé à l'usage du Sénat des Etats-Unis. — Paris, *Nicolle, 1814, in-8° br.*

801. — MONTVÉRAN (M. de). — De la législation anglaise sur le libelle, la presse et les journaux. — Paris, *Eymery, 1817, in-8° br.*

802. — COTTU. — De l'administration de la justice criminelle en Angleterre et de l'esprit du gouvernement anglais. — Paris, *Ch. Gosselin, 1822, in-8° rel.*

803. — LAGREVOL (M. de). — Procès-verbal de l'audience solennelle de rentrée de la cour impériale de Lyon, le 3 septembre 1860. De la procédure criminelle en Angleterre et des justices sommaires, discours prononcé par M. de Lagrevol. — Lyon, *L. Perrin, 1860, in-8° br.*

804. — CARRARA (François). — Programme du cours de droit criminel, fait à l'Université de Pise. Traduction faite à Pise sous les yeux de l'auteur, par P. Baret. — Paris, *Maresq, 1876, in-8° br.*

805. — GUICHON de GRANDPONT (A.) — Justification de la domination Portugaise en Asie, par le D^r Fr. Séraphin de Freitas, etc., traduit par M. G. de G. — Paris, *Aillaud, Guittard et Cie, in-18 br.*

806. — LEHR (Ernest). — Eléments de droit civil espagnol. — Paris, *L. Larose, 1880, in-8° br.*

807. — D°. — Autre exemplaire.

808. — PHILASTRE (P. L. F.) — Code annamite. Nouvelle traduction complète. — Paris, *E. Leroux, 1876, g^d in-8°.*

IV. — DROIT CANONIQUE OU ECCLÉSIASTIQUE

1. — INTRODUCTION, TRAITÉS ÉLÉMENTAIRES, DICTIONNAIRES, ETC.

809. — CORPUS juris canonici emendatum et notis illustratum : Gregorii XIII jussu editum. Indicibus variis, et novis, et appendice Pauli Lancelotti, etc. — LUGDUNI, *1614, in-4° rel.*

810. — CORPUS juris canonici emendatum et notis illustratum Gregorii XIII, Pontif. Max. Jussu editum. Indicibus variis et novis, et appendice Pauli Lancelotti Perusini adauctum ; cujus partes indicat aversa pagina. Accesserunt novissimè loci communes uberrimi, summâ diligentiâ ex ipsis canonibus collecti, et ordine ac methodo singulari ad usum Fori utriusque fideliter digesti : Theologis, politicis et praticis pernecessarii. — COLONIÆ, *1631, in-4°.* Titre rouge et noir. Fleuron représentant une nef voguant à toutes voiles. — *Vieille reliure.*

811. — DONJAT. — Histoire du droit canonique avec l'indication des lieux qui ont donné le nom aux conciles ou le nom aux auteurs ecclésiastiques, et une chronologie canonique, le tout pour servir d'instruction à l'étude des Saints décrets, etc. — PARIS, *E. Michalet, 1677, in-8° rel.*

812. — CABASSUTIUS (JOAN). — Juris canonici theoria et praxis. — — LUGDUNI, *P. Borde, 1691, in-4° rel.*

813. — FROMAGEOT (J.-B.) et MORIN. — Les lois ecclésiastiques tirées des seuls livres saints, 3ᵉ édition. — PARIS, *Desaint et Saillant, 1754, in-8° rel.*

814. — FUET (LOUIS). — Recueil de jurisprudence canonique et bénéficiale dressé sur les mémoires de l'auteur par Guy du Rousseau de La Combe. Nouvelle édition. — PARIS, *Le Clerc, 1755, in-f° rel.*

815. — FLEURY (CL.) — Institution au droit ecclésiastique. Nouvelle édition, revue et augmentée de notes, par M. Boucher d'Argis. — PARIS, *Hérissant fils, 1767, in-12, 2 vol. rel.*

816. — DURAND DE MAILLANE (L. T.) — Dictionnaire de droit canonique et pratique bénéficiale, conféré avec les maximes et la jurisprudence de France, 3ᵉ édition. — Lyon, *Duplain, 1776, in-4°*, 5 vol. rel.

---

2. — LETTRES DES PAPES, CANONS, DÉCRÉTALES ET BULLES

817. — RECUEIL historique des bulles et constitutions, brefs, décrets et autres actes concernant les erreurs de ces derniers siècles, tant dans les matières de foi que dans celles des mœurs, depuis le saint Concile de Trente, jusqu'à notre temps. — Mons, *G. Migeot, 1697, in-8° rel.*

818. — SEXTUS Decretalium Liber, Œgidii Perrini opera suæ germinæ integritati restitutus, Jacobi Fontani curâ illustratus et Joannis Andreæ, Archidiaconi, Dominici, Ancharani, Philippi Franci, Dini, aliorum que non obscuri nominis virorum commentariis explicatior redditus. — Antverpiæ, *apud Christophorum Plantinum, hæredes Jo. Steelsii et Philippum Nutium, 1573, in-f° rel.* Relié avec :

819. — CLEMENTINÆ seu Clementis V Pont. max. constitutiones, in concilio Viennensi editæ, ab Œgidio Perrino officiali de Josayo diligenter recognitæ, glosis, argumentis, annotationibus, Juris patronatus arbore, et Joannis Ancharini, Zarabellæ, Carbatiæ, Panormitani, aliorum que doctorum commentariis feliciter illustratæ. — Antverpiæ, *ex officinâ Philippe Nutij, 1572, in-f°.* Fleuron représentant une cigogne apportant la pâture à une autre. Devise : Pietas homini tutissima virtus.

820. — DECRÉTALES Gregorii IX. Pont. Max. suis commentariis illustratæ. Ab innumeris penè mendis repurgatæ, et pristino suo nitori ex antiquorum exemplarium collatione, tam in textu quam in glossis optima fide feliciter restitutæ, etc., etc. — Antverpiæ, *apud Christophorum Plantinum, Viduam Joannis Stelsii, et Philippum Nutium, 1573, in-f° rel.* Fleuron où on lit diverses devises.

821. — REGISTRES (Les) d'Innocent IV. — Recueil des bulles de ce Pape, publiées et analysées d'après les manuscrits originaux du Vatican et de la bibliothèque nationale, par Elie Berger, membre de l'Ecole française de Rome. — Paris, *Ern. Thorin, 1881-87.* — 1ᵉʳ, 2ᵉ et 3ᵉ fasc. : de la pp. 1 à la pp. 626. — 5ᵉ fasc. : Préface, introduction et titre du 1ᵉʳ vol. — 6ᵉ et 7ᵉ fasc. : de la pp. 1 à la pp. 261. — 8ᵉ fasc. : Introduction, Saint-Louis et Innocent IV.

822. — REGISTRES (Les) de Benoit XI. — Recueil des bulles de ce Pape, publiées ou analysées d'après les manuscrits originaux des archives du Vatican, par Ch. Grandjean, membre de l'Ecole française de Rome. — Paris, *Ern. Thorin, 1883-85.* — 1er fasc. : Pages 1 à 128. — 2e fasc. : col. 257 à 544. — 3e fasc. : col. 545 à 830. — 4e fasc. : col. et pp. 831 à 1038.

823. — REGISTRES de Boniface VIII, ou Recueil des bulles de ce Pape, publiées ou analysées d'après les manuscrits originaux des archives du Vatican, par G. Digard, M. Faucon, A. Thomas. — Paris, *Em. Thorin, 1885.* — 1er, 2e, 3e, 4e, 5e et 6e fascicules.

824. — CONSTITUTION (La). — Unigenitus, avec des remarques et des notes, augmentée du système des jésuites opposé à la doctrine des propositions du père Quesnel, et d'un parallèle de ce système avec celui des Pélagiens. — Paris, *1733, in-12 rel.*

---

3. — TRAITÉS GÉNÉRAUX SUR LE DROIT ECCLÉSIASTIQUE, ET TRAITÉS PARTICULIERS SUR DES MATIÈRES CANONIQUES

825. — LE CALLOCH (Alain). — Compendium theologicum de Jure et justitia consuetudini Armoricæ accomodatum. — Corisopiti, *J. Périer, 1726, in-18 rel.*

826. — DUVERGIER DE HAURANNE (Abbé de St-Cyran J.) — Apologie pour Messire Henry-Louis Chastaigner de La Rochepozai, évêque de Poitiers, contre ceux qui disent qu'il n'est pas permis aux ecclésiastiques d'avoir recours aux armes en cas de nécessité. — *1615, in-8° rel.*

827. — FÉVRET (Ch.) — Traité de l'abus et du vrai sujet des appellations qualifiées de ce nom, 4e édition. — Lyon, *Y. B. de Ville, 1689, in-f°, 2 t. en un seul.*

828. — PIALES (J. J.) — Traité de l'expectative des gradués, des droits et privilèges des Universités et des avantages que l'Eglise et l'Etat en retirent. — Paris, *de Saint et Saillant, 1857, in-12, 6 vol. rel.*

829. — THIERS (l'Abbé J. B.) — Histoire des perruques, où l'on fait voir leur origine, leur usage, leur forme, l'abus et l'irrégularité de celles des ecclésiastiques. — Avignon, *L. Chambeau, 1777, in-12.*

830. — BOUCHER D'ARGIS (A. G.) — Principes sur la nullité du mariage pour cause d'impuissance. — Londres, *1756, in-8° rel.*

---

4. — TRAITÉS RELATIFS A L'AUTORITÉ ECCLÉSIASTIQUE

831. — POTIER DE LA GERMONDAYE. — Introduction au gouvernement des paroisses, suivant la jurisprudence du Parlement de Bretagne. — St-Malo, *Hovius* ; Rennes, *E. G. Blouet, 1777, in-12 rel.*

832. — D°. — La même, 2ᵉ édition. — Rennes, *veuve F. Vatard et de Brute de Remur, 1788, in-12 rel.*

833. — RECUEIL des arrêts de règlement du Parlement de Bretagne concernant les paroisses. Nouvelle édition. — Rennes, *G. Vatard, 1740, pᵗ in-8° rel.*

834. — D°. — Rennes, *veuve Vatard, 1777, pᵗ in-8°, 2 vol. rel.*

835. — JOUSSE (D.) — Traité du gouvernement spirituel et temporel des paroisses. — Paris, *Debure père, 1769, in-12 rel.*

836. — CARRÉ (G. L. J.) — Traité du gouvernement des paroisses. — Rennes, *Duchesne, 1824, in-8° rel.*

837. — AFFRE (l'abbé). — Traité de l'administration temporelle des paroisses, 2ᵉ édition. — Paris, *A. Leclerc et Cⁱᵉ, 1819, in-8° rel.*

838. — LE BESNIER. — Législation complète des fabriques des églises, présentant un traité particulier de chaque matière, avec le texte des dispositions législatives. — Paris, *Lance, 1822, in-8° rel.*

839. — CHAUVELIN (l'abbé H. Ph.) — Des évêques ou tradition des faits qui manifestent le système d'indépendance que les évêques ont opposé dans les différents siècles aux principes invariables de la justice souveraine du roi, sur tous ses sujets. — Paris, *1825, in-8° rel.*

5. — DROIT ECCLÉSIASTIQUE DE FRANCE

840. — CHENU (Joan). — Praxis civilis universa canonica, fori ecclesiastici gallici, actionum et judiciorum ecclesiasticorum formas continens et statuta generalia, judiciorum ecclesiasticorum formas et actiones continentia, in conventu Gallicanæ ecclesiæ coacto Lutetiæ compacta, anno MDCVI. Cum pluribus aliis statutis curiarum metropolitanarum, etc. Notis J. Chenu, illustrata. — Parisiis, *Rob. Fouet, 1621*, p^t *in-8° parch.*

841. — CONCORDATA inter Papam Leonem X et Regem Franciscum primum. Pragmatica sanctio. Facultates Legati. — Lutetiæ, *apud Ant. Angerellum, anno 1532*, p^t *in-8°.*

842. — PRADT (l'abbé Dom Dufour de). — Les quatre Concordats, suivis de Considérations sur le gouvernement de l'Eglise en général et sur l'Eglise de France en particulier, depuis 1515. — Paris, *F. Béchet, 1818, in-8°, 3 vol. rel.* (2 exempl.)

843. — PITHOV (Pierre), advocat en la Cour de Parlement. — Les libertez de l'Eglise gallicano. — Paris, *P. Chevalier, 1609, in-f°.*

844. — CLAUSEL DE MONTALS (l'abbé). — Réponse aux quatre Concordats de M. de Pradt, ancien archevêque de Malines. — Paris, *A. Egron, 1816, in-8° rel.*

845. — APPEL au Tribunal de l'opinion publique, ou Recueil des jugements, arrêts, et autres pièces officielles relatives au procès encore existant entre M. Jaquinot de Pampelune, procureur du Roi au tribunal de première instance de Paris, et l'abbé Vinson, prêtre, vicaire de Sainte-Opportune de Poitiers, prévenu et défendeur, à l'occasion d'un ouvrage intitulé : Le Concordat expliqué au Roi. — Paris, *G. Michaud, 1816, in-8° rel.*

846. — BERNARDI (Dom J.-E.) — Observations sur les quatre Concordats de M. de Pradt. — Paris, *A. Egron, 1819, in-8° rel.*

847. — RECUEIL de pièces relatives au Concordat :

MARTIN (de Gray). — Sur le Concordat. — Paris, *Hacquard, 1818.*

BLANQUI. — Réponse d'un français catholique au terrible adversaire de M. le comte de Lanjuinais. — Paris, *Foulon et Cie, 1818.*

LETTRE à M. le comte de Lanjuinais sur son ouvrage intitulé : Appréciation du projet de loi relatif aux trois Concordats, par un ami de la concorde. — Paris, *A. Le Clerc, 1818.*

LANJUINAIS (J. D.) — Appréciation du projet de loi relatif aux trois Concordats, 2ᵉ édition. — Paris, *Baudouin, 1818.*

EXAMEN du projet de loi relatif au nouveau Concordat, pour faire suite à l'examen des articles organiques joints au Concordat de 1801. — Paris, *A. Emery, 1818.*

LA SALLE (Henri). — Sur le Concordat de 1817. — Paris, *Lhuillier, 1817.*

PIE VII. — Allocution prononcée par N. S. P. le Pape.

PIE VII dans le Consistoire secret du 28 juillet 1817, en latin et en français. — Romœ, *1817.*

DISSERTATION sur l'article xiii du Concordat. — Londres, *Coxe fils et Baylis, 1806.*

MOREAU (de Vaucluse). — Réflexions sur les protestations du Pape Pie VII relatives à Avignon et au comtat venaissin. — Paris, *Lhuillier, 1818, 1 vol. in-8° rel.*

848. — TAMBURINI DE BRESCIA (l'abbé Don Pierre). — Vraie idée du Saint-Siège ; traduit de l'italien sur l'édition publiée à Milan en 1818. — Paris, *librairie universelle, 1819, in-8° br.*

849. — BARRUEL (l'abbé A.) — Du pape et de ses droits religieux à l'occasion du Concordat. — Paris, *Crapart, an xii (1802), in-8°, 2 vol. rel.*

850. — MAISTRE (Joseph de). — Du Pape. — Paris, *Charpentier, 1865, in-12 rel.*

851. — FOURNIER (Paul). — Les officialités au moyen-âge. Etude sur l'organisation, la compétence et la procédure des tribunaux ecclésiastiques en France, de 1180 à 1328. — Paris, *Plon, 1880, in-8°.*

852. — BOSSUET (J. B.) — Defensio declarationis celeberrimæ, quam de potestate ecclesiastica sanxit Clerus Gallicanus XIX. Martii mdclxxxii. — Luxemburgi, *A. Chevalier, 1730, in-4°, 2 t. en un vol. rel.*

853. — Dᵒ. — Défense de la déclaration de l'assemblée générale du clergé de France de 1682, touchant la puissance ecclésiastique. Nouvelle édition. — Paris, *L. Tellot, 1774, in-4°, 2 vol. rel.*

854. — GRÉGOIRE (le Cᵗᵉ H.) — Essai historique sur les libertés de l'Eglise gallicane et des autres Eglises de la catholicité, pendant les deux derniers siècles. — Paris, *Baudouin, 1818, in-8° rel.*

JURISPRUDENCE

855. — LE POINTE (l'abbé). — Dissertation historique sur les libertés de l'Eglise gallicane et l'assemblée du clergé de France de 1682. — Paris, *1829, in-8° rel.*

856. — GIBERT (J. P.) — Usages de l'Eglise gallicane concernant les censures et l'irrégularité. — Paris, *J. Mariette, 1724, in-4° rel.*

857. — BREZOLLES (l'abbé Ign. Moly de). — Traité de la Juridiction ecclésiastique contentieuse, ou théorie et pratique des officialités et autres cours ecclésiastiques pour les procédures civiles, suivant les nouvelles lois du royaume. — Paris, *Nyon, 1778, in-4°, 2 vol. rel.*

858. — DUSAULZET (l'abbé Marc). — Abrégé du recueil des actes, titres et mémoires concernant les affaires du clergé de France, ou table raisonnée des matières contenues dans ce recueil. — Paris, *G. Desprez, 1752, in-f° rel.*

859. — BARGETON (Daniel). — Lettres. Ne repugnate vestro bono et hanc spem, etc. — Nouvelle édition. — Londres, *1750, in-12.*

860. — D°. — Lettres contre les immunités ecclésiastiques, en réponse aux remontrances du clergé, des années 1750 et 1788. — Liège, *Plomteux, 1788, in-8° rel.*

861. — DUBUISSON (l'abbé). — Traité de la régale, imprimé par ordre de M. l'évêque de Pamiers, pour la défense des droits de son église. — Cologne, *N. Schouten, 1680, p^t in-12.*

862. — D°. — Recueil de diverses pièces et lettres concernant la régale et le diocèse de Pamiers. — Cologne, *N. Schouten, 1681, p^t in-12.*

863. — ROUAULT (l'abbé L.) — Traité des monitoires, dans lequel on rapporte leur origine. — Paris, *Gissey, 1740, in-12 rel.*

6. — DROIT ECCLÉSIASTIQUE ÉTRANGER

864. — PRADT (l'abbé Dom Dufour de). — Concordat de l'Amérique avec Rome. — Paris, *Béchet aîné, 1827, in-8° rel.*

THÉOLOGIE

SUPPLÉMENT

CONTENANT LES OUVRAGES OMIS OU REÇUS APRÈS L'IMPRESSION DU CATALOGUE

I. — ÉCRITURE SAINTE

865. — BIBLE (La Sainte) ou l'ancien et le nouveau Testament, d'après la version revue sur les originaux, par J. F. Ostervald. — Paris et Bruxelles, Société biblique-britannique, 1887, p^t in-8°, rel. angl.

866. — GODEAUX (Ant.) — Paraphrase sur l'épistre de Saint-Paul aux Hébreux. — Paris, Le Petit, 1650, in-12 rel.

867. — SAINT-JEAN (Ch. iii, v. 16). — Spécimens de la traduction de ce passage ou un certain nombre de langues et dialectes dans lesquels la Société biblique et étrangère a imprimé ou mis en circulation les Saintes Ecritures. — Londres, Société biblique britannique et étrangère, 1872, 30 pages in-8°.

VI. — OPINIONS SINGULIÈRES

868. — SWEDENBORG (Emm.) — Les délices de la sagesse sur l'amour conjugal. A la suite sont placées les voluptés de la folie sur l'amour scortatoire, traduit du latin par J. F. E. Le Boys des Guays. — Paris, Minot, 1855, 2 vol. in-8° br.

VII. — RELIGION JUDAÏQUE

869. — RABBINOWICZ (Dr I. M.) — Législation civile du Thalmud. Les femmes, les païens selon le Talmud. Nouveau commentaire et traduction critique des traités Berakhoth, etc. — Paris, *chez l'auteur, 1878 et suiv.*, *in-8°*, *5 vol. br.*

IX. — APPENDICE A LA THÉOLOGIE

870. — BLONDEL (David). — Pseudo-Isidorus et Turrianus Vapulantes, seu editio et censura nova Epistolarum omnium, quas piissimis Urbis Romœ Prœsulibus à B. Clemente ad Siricium, et nefando ausu, infelici eventu, Isidorus cognornento Mercator supposuit, Franciscus Turrianus Jesuita, adsertus Magdeburgentium elenchois, aculeato stylo defendere conatus est. Recensuit, notis illustravit, bono Ecclesiœ dicavit, David Blondellus catalaunensis. — Genevæ, *ex typog. Petri Chouet, 1628, in-4° rel.* Fleuron gravé avec la devise : Sine te nihil.

871. — DIDON (Le P.) — Jésus-Christ. — Paris, *E. Plon, Nourrit et Cie, 1892, g^d in-8°, 2 vol. br.*

872. — RENAN (Ernest). — Les Apôtres. — Paris, *Lévy frères, 1866, in-8°.*

873. — D°. — Saint-Paul. — Paris, *Lévy, in-8°.*

874. — D°. — L'Antéchrist. — Paris, *Lévy, 1873, in-8°.*

JURISPRUDENCE

SUPPLÉMENT

CONTENANT LES OUVRAGES OMIS OU REÇUS APRÈS L'IMPRESSION DU CATALOGUE

III. — DROIT CIVIL ET COMMERCIAL

875. — HOMBERGK (J. F.) — Johannis Freder. Hombergk, juris in academiâ Marburgensi professoris ordinarii. Themis, seu de ortu legis œternæ secundum sententiam Grœcorum Liber singularis. — Marburgi, *Cattorum typis et impensis Phil. Casim. Mulleri, 1725, in-4° rel.* Titre rouge et noir. Fleuron avec cette devise : Omnibus lucet.

876. — RÉFORME efficace de la magistrature proposée par un juge républicain. — Paris, *Cotillon, in-12.*

877. — CHALLAMEL (J.) — Etude sur les cédules hypothécaires. — Paris, *Challamel aîné, 1878, in-8° br.*

878. — PHILLIPS (Richard). — Des pouvoirs et des obligations du jury. — Paris, *chez Eymery et chez Brissot-Thivars, 1819, in-8° br.*

879. — GRANDPONT (Guichon de). — Instruction préliminaire à l'enseignement du code Napoléon, précédée d'une notice biographique par M. Alp. Guichon de Grandpont, commissaire général de la marine. — *1864, 64 p. in-8° br.*

880. — DUPIN. — De la jurisprudence des arrêts à l'usage de ceux qui les font et de ceux qui les citent. — Paris, *Baudouin, 1822, in-12 rel.*

881. — JOBBÉ-DUVAL. — Etude sur la condition résolutoire en droit romain. L'histoire du retrait lignager et la vente à réméré. — Paris, *E. Thorin, 1874, g^d in-8° br.*

882. — MOURLON (F.) — Répétitions écrites sur le premier examen du code Napoléon, 6ᵉ édition. — Paris, *Maresq, 1861, 3 vol. in-8° br.*

883. — MARCADÉ. — Explication théorique et pratique du code Napoléon, contenant l'analyse critique des auteurs et de la jurisprudence, et un traité résumé après le commentaire de chaque titre. — Paris, *Cotillon, 1852, 6 vol. in-8° br.*

884. — ARREST de la Cour rendu au profit des fripiers de la ville de Rennes, du 11 août 1740. Extrait des registres du Parlement. Le premier feuillet manque. — *In-8° br.*

885. — BLANC (Etienne). — L'Inventeur breveté. Code des inventions et des perfectionnements, 3ᵉ édition. — Paris, *Cosse, 1852, in-8° br.*

886. — CODE des cabaretiers, limonadiers et aubergistes, pour l'an 1860. — Paris, *Josse, 1860, in-8° br.*

IV. — DROIT CANONIQUE OU ECCLÉSIASTIQUE

887. — CORPUS Juris civilis Justinianei. Adjectis recentioribus quorumdam imperatorum constitutionibus et consuetudinibus feudorum ; Nec omissis Canonibus, qui vulgò Apostolici crediti sunt. Item adjectis, quæ hodie supersunt, Veterum monumentis Videlicet. Legum XII. Tabularum Institutionum Caji, Titulorum Ulpiani, et Sententiarum Pauli, etc. — *Aug. Taurinorum, 1757, pᵗ in-4° rel.*

THÉOLOGIE

TABLE ALPHABÉTIQUE
DES AUTEURS ET DES OUVRAGES ANONYMES

Nota. — *Les chiffres renvoient aux numéros d'ordre du Catalogue*

A

Abbadie (J.) — Traité de la vérité de la relig. chrét., 368.

Abailard (P.) — Ouvrages inédits, 181.

Actes des Apôtres, 61-62. — Actes et décrets du 11e concile prov. d'Urecht, 156.

Agreda (M. d'). — La cité mist. de Dieu, 288.

Alletz (P. A.) — Dict. théol., 186.

Arnobi. — Afri advers. Gentes libri vii, etc., 183.

Assoc. pour la défense de la relig., 321.

Augustin (St.) — Les conf., texte, 175. — Trad., 176, 177, 178. — La cité de Dieu, 178 *bis*.

Aval (C. d'). — Ghisti-ana, 373.

Aymon (J.) — Tableau de la cour de Rome, 427.

B

Barruel (l'abbé A.) — Les Helviennes, etc., 384, 385.

Basnage de Beauval (J.) — Antiq. judaïques, 108.

Baudrand. — Morceaux choisis, 261, 286. — Hist. édif. et curieuses, 287.

Bayle (P.) — Pensées diverses, etc., 460.

Bayssière (P.) — Lettre à mes enfants, etc., 418.

Bellarmin (le P. R.) — De arte bene moriendi, 279.

Bellegarde (l'abbé J. B.) — Vérités de la relig., etc., 361.

Bergier (N. S.) — Preuves du christian., 386. — Apol. de la religion chrét. 387, 388. — Examen du matér., 389.

Bernard (Saint). — Ses sermons sur le psaume *qui habitat in adjut.*, etc., 182.

Bernardin (le R. P.) — Thèses royales, etc., 379.

Besombes de Saint-Geniès (P. L. de). — Le triomphe de l'Homme-Dieu, 305.

Beurier (V. T.) — Confér. contre les ennemis de notre Sainte relig., 398.

Bibl santel, etc., 18.

Bible (la). — Texte hébraïque, trad. en regard, 1.

Bible (la Sainte). — Trad. franç., 7, 8, 9, 10, 11, 12, 13, 14, 15. — Texte latin et trad., 82, 865.

Bible lettique, 17.

Biblia det er Hell-Skriftes Boger, etc., 16.

Biblia sacra, etc., 2, 3, 4, 5, 6.

Blanchet (S. A.) — Exposition popul. de la vraie religion, 444.

Blondel (David). — Epistolarum omnium, etc., 870.

Boileau (l'abbé). — De l'abus des nudités de gorge, 220.

BONA (J.) — Manuductio ad cœlum, etc., 282, 283.
BONHOMME (le P.) — Le Déisme, 391.
BONNET (Ch.) — Rech. philos., 469.
Bon Sens (le) puisé dans la nature, 482.
Book (The) of common prayer, 125.
BOQUET (A.) — Spirituel, etc., 340.
BOSSUET. — Son jubilé, 319. — Exposit. de la doctrine de l'église cathol., 360. — De la connaiss. de Dieu, 410.
BOUGEANT (le P. G. H.) — Exposition de la doct. chrét., 243.
BOULANGER (N. A.) — Rech. sur l'orig. du despot. oriental, 462, 463.
BOURDALOUE (le P.) — Sermons pour le carême, 250. — D° pour le dimanche, 251. — Exhortations et inst. chrét., 329.
BOUTAUD (le P.) — Les conseils de la Sagesse, etc., 207, 208.
Bref du diocèse de Quimper, etc., 140.
Breviarium romanum, 113. — D° supplementum ad, 138.
BREXELIUS (H.) — Trismegistus christianus, 280.
BRÉZILLAC (Dom J. F. de). — Dict. ecclés., 185.
BRISPOT (l'abbé). — La vie de N. S. J. C., écrite par les 4 évang., 74.
BROWN (T.) — La religion du médecin, 436.
BURNOUF (E.) — La science des religions, 459.
BUSÉE (le R. P.) — Méditation pour l'Avent, 322.

C

CALMET (Dom A.) — Dictionn. hist., critique, chronologiq. et littéral de la Bible, 101.
CALVIN (J.) — Institutio totivs. christ. religionis, 415. — Institution de la relig. chrét., 416.
CANISUS (H.) — Thesaurus monumentorum ecclesiasticorum, etc., 160.
Canons et Décrets du Concile nation. de France, tenu en 1797, 155.
Cantique (le) des Cantiques, 37.
CAPMAS. — Théorie de l'intérêt de l'argent, 224.
CARACCIOLI (S. A. de). — Le langage de la raison, 209, 210. — Le chrétien du temps, etc., 326.
CAÑO (E.) — L'idée de Dieu, etc., 408, 409.
CARON (le jeune). — Pensées ecclésiastiques, etc., 324.
CARRIÈRES (le P. L. de). — Commentaire littéral de la Sainte-Bible, 81.
CASSIODORE (A.) — M. Aureliani Cassiodori opera omnia quæ exstant ex fide, etc., 180.
Catéchisme du Concile de Trente, 236. — D° de Léon et de Quimper, 240. — D° de St-Brieuc, 241. — D° du sens commun, 366.
Catholic (the). — Christian's Daily companion, etc., 143.
CHATEAUBRIAND. — Génie du christian., 374.
CHEMIN-DUPONTÈS (J. B.) — Code religieux, etc., 438.
CHIFFLET (P.) — Sacrosancti et Œcumenici concilii Tridenti, etc., 153, 154.
CHOMPRÉ (P. C. DE). — Dictionn. abr. de la Bible, 102.
Choulennou (ar) hac ar responchou an importanta eus ar c'hatechis nevez, etc., 246.
CHRYSOLOGUE (Saint-Pierre). — Divi Petri Chrysologi, etc. Insignæ et pervetvstvm opvs, etc., 179.
CLÉMENT (Saint) d'Alexandrie. — Clementis Alex. omnia quæ quidem extant opera, etc., 164.
CLERMONT (J. L. D.) — L'amour mourant, 296.
COLLET (P.) — Institutiones theol., 187. — Instruct. pour le jubilé, 320. — Traité des devoirs des gens du monde, 357.
Comment. sur l'Alcoren, 450.
Conciliorum omnium general., 151. — D° quatuor generalium, 152.
Conduite chrét., etc., 325.
CONFUCIUS. — Le Chou-King, 455.
CONNOR (B.) — Evangelium medici, 437.
Cours de prônes, à l'usage des curés, 258, 259.
COUTURIER (J.) — Abrege pratic eus an doctrin gristen, etc., 244.
CRASSET (le P. J.) — Preparationou d'ar maro, etc., 198. — Prépar. à la mort, 337.
CROISET (le P. J.) — Retraite spirit., etc., 334.
CUNEUS (P.) — La Répub. des Hébreux, 107.
Curunen ar Verches, pedennou, exerciçou spirit., etc., 349.
CYRILLE (le Saint-Père). — Vingt et trois catechèses, 165.

THÉOLOGIE

D

Daniel (le P. G.) — Rép. aux lettres prov., 234.

David. — Les 7 psaumes de la pénitence, 21. — Psalmorum Davidis et aliorum prophet., etc., 22. — Les 150 psaumes, 23. — Les psaumes, mis en français, etc., 24. — Le psautier, en franç., 25, 26. — Les psaumes mis en rimes françaises, etc., 27.

Debussi (l'abbé). — Mis mae, mis ar verc'hes vari, etc., 350.

Delivoy (le P. T.) — Lettres à M. de S. R., etc., 364.

Delormel (J.) — Prophéties de David, 105.

Depoix (L.) — Essai sur le livre de Job, 87.

Despriez de Boissy (Ch.) — Lettres sur les spectacles, 218.

Devez (an) mad, pe façon da żantifla an devez, 346.

Dévotion (la) au S.-C. de N. S. J. C., 317. — Dévotion (en) de Galun sacret J. C., 348.

Dictionnaire hist. et crit. de la Bible, 101.

Do abr. de la Bible, 102.

Do généal., hist. et crit. de l'Ecriture Sainte, 103.

Do univ. des sciences ecclés., 184.

Dictionnaire ecclés. et canon., 185.

Do théol., 186.

Do des cas de conscience, 212.

Do portatif de conscience, 213.

Do des athées, 471.

Do abrégé de la religion chrét., 479.

Didon (le P.) — Jésus-Christ, 871.

Discours moraux sur les Evang., 260.

Dissert. et thèses sur div. points de l'hist., etc., 447.

Dominica ad vesperas, 117.

Dood (W.) — Reflections on death, 425.

Doujat (F.) — Pensées morales, etc., 161.

Doulevy (A.) — The catechism, 247.

Dubois Aymé. — Séjour des Hébreux en Egypte, 109.

Dupin. — Jésus devant Caïphe, 399.

Dupinet (A.) — Taxes des parties casuelles de la boutique du Pape, 426.

Du Plessis (le P.) — Avis et pratiques, etc., 333.

Duvoisin (l'abbé). — L'autorité des livres de Moyse, etc., 98. — L'autorité des livres du nouv. Test., 99.

E

Eichoff (A.) — Vérité cathol., 428. — Trad. en anglais, 429. — Trad. en allemand, 430. — Une virg. mal placée, 431. — Rép. aux Evang. de G. d'Eichtal, 432.

Epitome antiphonarii rom., etc., 116.

Epîtres et Evangiles, 121, 122.

Eucologe ou livre d'Eglise, à l'usage de Paris, 129.

Evangiles (les Saints). — Trad. de L. de Sacy, 58. — Trad. de Lamennais, 59, 60.

Evêque de Soissons. — Confiance en la misér. de Dieu, 293.

Exercice spirit., 311, 312.

Exerciçou (an) spirit. eus ar vues christen, etc., 339.

Explications en forme de médit., etc., 323.

Expos. de la morale de la doctr. chrét., 204.

Ezéchiel. — Trad. de M. de Sacy, 86.

F

Fabricius (le Dr). — Lettre d'un matérial., etc., 483.

Fabricy (le P. G.) — Des titres primit. de la révél., 100.

Fénelon. — Direct. pour la conscience du Roi, 215.

Ferrand (L.) — Réponse à l'apol. de la réform., 382.

Flammarion (C.) — Dieu dans la nat., 474.

Fontaine (N.) — L'hist. du vieux et du nouv. Testam., 67, 68.

Fordyce (J.) — Sermons pour les jeunes dames, 424.

François (l'abbé L.) — Preuves de la relig. de J. C., 394. — Examen des faits qui servent de fond. à la relig. chrét., 395.

François de Salle (Saint). — Introduct. à la vie dévote, 284, 285.

Fréret (N.) — Lettre de Thrasibule, etc., 461.

G

Galvez. — An ene fervant pe exerciçou, etc., 347.
Genevaux (D.) — Hist. choisies ou livres d'exemples, etc., 162.
Géquellen (J.) — Histoer a vuhe Jesus-Chrouist, 75.
Gérard (l'abbé L. P.) — Le comte de Valmont, etc., 383, 383 *bis*.
Gerdil (le R. P. H. S.) — Exposit. abr. des caract. de la vraie rel., 363.
Girard de Ville-Thierry (Jean). — La vie des gens mariez, 355.
Giroust (le P. J.) — Sermons, 249.
Gobinet (Ch.) — Inst. de la jeunesse, etc., 327.
Godeauv (Ant.) — Paraphrase de l'épistre de St-Paul aux Hébreux, 866.
Gondon (J.) — La trompette du Ciel, etc., 300.
Goodman (J.) — The penitent pardoned, 420.
Gosselin (C. R.) — L'antiq. dévoilée, 106.
Gourlin (l'abbé F. S.) — Inst. pastorale, etc., 330.
Gratry (A.) — Jésus-Christ. Réponse à M. Renan, 404.
Grenade (le R. P. L. de). — Le guide des pêcheurs, 289.
Gbitsch (J.) — Quadrages. fratris Jobis, etc., 248.
Grotius (H.) — De veritate relig., 367.
Guenée (l'abbé A.) — Lettres de quelques juifs portugais, etc., 390.
Guichon de Grandpont. — L'imitation de J.-C., etc., 275.
Guir Cristen (Ar) cunduet hac enchet en oll circonstançou eus e vues, 345.
Guyon (l'abbé Cl. M.) — L'oracle des philos., 392. — Suite de l'oracle, etc., 392 *bis*.

H

Heaven Open. — To all men or, etc., 421.
Hérésie (l') de Dante, 412.
Herouville (l'abbé). — Exerc. de piété, etc., 314.
Heures milit., déd. à la noblesse, 119.
Histoire de la vie de N. S. J. C., 73.
Holbalch (P. T. Bon d'). — Le bon sens, 478. — Théol. portat., 479.
Horstint (J. M. dit). — Paradisus animæ christ., 281.
Hottinger (J. H.) — Thesaurus philol. seu clavis script., etc., 91.
Hubert (U.) — De concursu rationis et sacræ script. liber, 97.
Huby (le P. V.) — Pratique de l'amour de Dieu, 297.
Huet (P. D.) — Traité sur la situat. du Paradis terrest., 110.
Hugo (L.) — L'hist. de Moïse, 71.
Hulot (l'abbé). — Instr. sur les spect., 219.
Humbert (l'abbé). — Inst. chrétiennes, 328.

I

Imitation de J. C., 265, 266, 267, 268, 269, 270, 271, 272, 273, 274, 275, 276, 277, 278.
Indulgences et Prières, etc., 316.
Ine (en) penitant pé er chonget erhat néhué, etc., 308.
Instit. theol., 188.
Instruccionou, praticou ha pedennou evit, etc., 340.
Instructio christ. Hibernice, 338.
Instruct. past., 365.

J

Jean Chrysostôme (Saint). — D. Joannis Chrysostomi contra Judæos homiliæ vi, etc., 166.
Job. — Trad. par M. de Sacy, 35. — Trad. par E. Renae, 36.
Joli (C.) — Prônes sur diff. sujets de morale, 257.
Journée (la nouvelle) du chrétien, 134.

K

Kasimirski. — Le Koran, 452.

Kempis (T. A.) — De Imitatione Christi, etc., 264.

L

Laborde (le P. V. de). — Dissert., etc., 193.

La Chambre (l'abbé F. I. de). — Tr. de l'Eglise de J. C., 199.

La Chétardie (J. T. de). — L'Apocalypse expliquée, etc., 89. — Catéchisme de Bourges, 237.

Lacordaire (le R. P. H. D.) — Confér. de N. D., 262.

Lactance. — L. Calii sive Coelii Lactantii Firmiani opera, etc., 172. — De la mort des perséc. de l'Egl., 173, 174.

Lamet et Fromageau. — Dict. des cas de conscience, 212.

Lanfley (P.) — L'Eglise et les philos., 481.

Langlet et Du Fresnoy (l'abbé). — Traité hist. et dogm. du secr. de la conf., 214.

Languet. — Traité de la misér. de Dieu, 294.

La Peyrère (J. de). — Du rappel des juifs, 435.

La Porte (l'abbé de). — Le défenseur de l'usure conf., 222.

La Sausse (l'abbé J. B.) — Explicat. du catéch., 245.

Laura (P.) — Le trésor des âmes du purg., 301.

La Vallière (Desse de). — Réfl. sur la misér. de Dieu, 291, 302.

Le Bouthillier de Ranée (le R. P. Dom A. J.) — De la sainteté, 353.

Le Boys des Guays (J. F. L.) — Lettres à un homme du monde, etc., 443.

Le Bris (Ch.) — Heuryou brez. ha latin., 126, 130 *bis*, 144. — Ar memes, 131, 343. — Reflex. profitabl var ar finvezou diveza, 198. — Instruct. var excel., etc., 341. — Collocou ar C'halvar, etc., 342, 343.

Leclerc (J.) — Sentiments de quelques théol. etc., sur l'hist. crit. du vieux testam., 94. — Déf. des sentim. de quelques théol. de Hollande, 95.

Le Gonidec (Aotrou). — Bizitou d'ar Sacr., 351.

Le Gris Duval (l'abbé P. M.) — Sermons, 254.

Le Guillou (l'abbé C. M.) — La Foi, l'Espérance, etc., 411.

Le livre de prières de M. de Fénelon, 127.

Le Masson des Granges. — Le philos. mod., 406.

Léon (de Modène). — Cérém. et cout., etc., 446.

Léonard (l'abbé M. A.) — Traité du sens litt. etc., des Saintes Ecrit., 80.

Leroux (le P.) — Concorde des quatre Evangiles, 63. — Le parfait mission., 331. — Moyens de persév., etc. 335. — Instruct. de la Mission, etc., 332.

Le Semellier (le P.) — Confér. ecclés., etc., 205. — Confér. sur l'usure, 221.

L'Espine (L. de). — Excellens discours touchant le repos et conten. de l'esprit, 417.

Liber (le) pontif., 148.

Liguori (le B. A. M. de). — Horloge de la passion, 307. — Visites au Saint-Sacr., 352.

Liturgies des Saints-Pères, 111.

Livre d'heures, 120.

Livres (les quatre) des Rois, trad. en franç., du 12e siècle, 20.

Lyra (N. de). — Postilla seu expos. litter. et moralis, 88.

M

Mahomet. — L'Alcoran, 451.

Maïmonde (Moïse Ben Maïmoun, dit). — Le guide des égarés, 448.

Manning (Mgr). — Hist. du concile du Vatican, 158.

Manuel de piété, 145.

Manuscrit sur vélin. Livre de prières, 114.

Marchant (J.) — Hortvs Pastorvm sacræ doctr., etc., 203.

MARÉCHAL. — Diction. des athées, 471. — Pensées libres sur les prêtres, 472. — Pour et contre le Diable, 473.

MARTIANAY (le R. P. Dom J.) — Harmonie analyt. de plusieurs sens cachés, 79.

MASSILLON (J. B.) — Le petit carême, 252. — Œuvres, 253.

MAUPEAU (R. de). — Absurditez, impiétez, athéisme et irréligion, etc., 380.

MAUPIED (le D' F. L. M.) — Petit catéch., 242.

Médit. sur la mort et la passion de N. S. J. C., 336.

Mellezour ar C'halonou, etc., 340.

MENOT (F. M.) — Sermons, 255.

MÉRAULT (l'abbé). — Voltaire apolog. de la rel. chrét., 362.

MERCIER (J. Le). — Hist. de la larme sainte, 310.

MESENGUY (l'abbé F. Ph.) — Abrégé de l'histoire de la morale, 64, 65.

MESNARD (J. de La Noë). — Catéch. du dioc. de Nantes, 238, 239.

MICHEL (Fr.) — Le livre des psaumes, 146.

MICHON (l'abbé). — Vie de J. C., 405.

MINUCIUS (F.) — Davisii cum ejusdem animadvers. ac dotis Des. Aeraldi, etc., 167. — L'Octavivs de la traduction de M. d'Ablancourt, 168.

Missale romanum, 115.

MONNET (l'abbé). — Lettre d'une mère à son fils, 397.

MORENAS (F.) — Dict. portatif des cas de conscience, 213.

MORIN (J.) — Exercitat. eccles., etc., 104.

N

NICOLAS (A.) — Etudes philos., 372. — La divinité de N. S. J. C., 402.

NICOLET (G. F.) — Le parfait ador. du S. C. de Jésus, 315.

NICOLLE (P.) — Instr. théol. et morales, etc., 206.

NIEUWVENTY (B.) — L'exist. de Dieu démontrée, etc., 370.

NONOTTE (l'abbé). — Les erreurs de Voltaire, 393.

Novum Testamentum græce, etc., 38, 39, 40, 41.

O

Occupation intér. pour les âmes, etc., 313.

Officice (l') de la Semaine-Sainte, 123, 124.

Officia propria Societ. Jesu, 142.

Ordo divini offici recitandi, 139.

OSMONT DU SELLIER. — Eclairciss. de pl. difficultés etc., touchant les Conciles généraux, etc., 150.

P

PACCORI (A.) — Règles pour vivre chrétien., 356.

Paroissien (le) des Dames, 149.

Paroissien (le petit) complet, 118.

PASCAL (B.) — Lettres provinc., 225, 226, 227, 228, 229, 230, 231, 232, 233. — Pensées sur la religion, 358, 359.

PASCHOUD (J. M.) — Le disciple de J. C., 434.

PASTORET (le M¹ˢ E. C. J. de). — Moïse considéré comme législ., etc., 72. — Zoroastre, Confucius et Mahomet, 449.

Pedenneu eveit sanctifiein eu devêh, etc., 133.

PEGURIER (l'abbé Laurent). — Décision faite en Sorbonne touchant la comédie, 217.

PELISSON FONTANIER (P.) — Traité de l'Euchar., 200.

PENN (G.) — Point de croix, etc., 422.

Pensées morales et réflex. chrét., 161.

PETIT-DIDIER (Dom M.) — Apologie des lettres provinç., 235.

PETITPIED (N.) — Règles de l'équité natur., etc., 192.

PEYRARD (F.) — De la nature et de ses lois, 480.

PEYRAT (A.) — Hist. élém. et crit. de Jésus, 470.

PEZRON (Dom P.) — Essai d'un comment. sur les proph., 83, 84.

PHILON (Juif.) — Œuvres, 163.

PICHON (J.) — L'esprit de J. C. et de l'Eglise, 211.

PIETRI (l'abbé C. de). — De l'exist. de Dieu, etc., 371.

Pontifical d'Amiens, 147.

POPOL VUH. — Le livre sacré, 457.

Prières ou Manuel de piété, etc., 128.

Prophètes (les 12 petits), 85.

Prophéties (les) ou préd. des prophètes, 33.

Proprium sanctorum diocesis Leonensis, etc., 135. — Corisopitense, 136, 137.

Psalmorum et Canticor., etc., 31.

Psalterium roman., etc., 112.

Psaumes (les) et les princip. cantiques, etc., 32.

Q

QUADRUPANI (le R. P.) — Instruct. pour éclairer les âmes pieuses, 292.

Questions diverses sur l'incrédulité, 403.

R

RABBINOWICZ (Dr I. M.) — Législation civile du Thalmud, 869.

Recueil de cantiques à l'usage des missions, etc., 130. — D° de divers ouvr. : 1° la consolation des ép. de J. C.; 2° déf. de la vérité, 303. — D° de cantiques, 318. — D° de lettres, épîtres, etc., 375. — D° de réfutations, etc., 400.

Reflexioneu ar er pedair fin dehuhean, 196.

RENAN. — Vie de Jésus, 76, 77. — Les apôtres, 872. — Saint-Paul, 873. — L'antéchrist, 874.

REYNAUD (J.) — Terre et Ciel, 466, 467.

Rgya Tch'er Rol Pa ou développement des jeux, etc., 456.

RICHARD (le P. Ch. L.) — Dict. univ. des sciences ecclés., 184.

Rig Veda ou le livre des hymnes, 454.

RIKEL (Denis le Chartreux, dit Denis). — Dionysii Carthusiani contra Alchoranum, etc., 381.

ROPARS. — Instruct., christen, 344.

ROUAULT (l'abbé). — Les quatre fins de l'homme, etc., 194, 195.

ROUEN (L. de) — Recueil de réfut. des princ. object. tirées des sciences contre la religion, 400.

ROUNAT (le R. P. C.) — Sermons, 256.

ROUSSEL (l'abbé Ch.) — Princip. de la relig., etc., 396.

ROUSSEL (N.) — Les nations cathol., etc., 433.

ROYAUMONT (de). — L'histoire du vieux et du nouv. Test., 66, 69.

RUBENN (L.) — Les Evangél., 90.

RULIÉ (l'abbé). — Théorie de l'intérêt de l'argent, 223.

S

SACY (Le Maistre de). — La Genèse, trad. en franç., 34.

SAINTE-CROIX (G. L. G. du C. L. de). — L'Ezour-Vedam, 453.

SAINTE-MARIE (H. de). — Problème prop. aux sçavants, etc., 290.

Sainteté (de la) et des devoirs de l'épisc., 354.

Saint-Jean (ch. III, v. 16). — Trad. de ce passage en un certain nomb. de langues, 867.

Saint-Mathieu (l'Evangile selon), 57.

SALOMON. — Celtic hexapla, Being the song of Salomon, 23.

SALVIAN. — Œuvres, etc., 295.

SANCTI FRANCISCI-XAVERII, epistol. libri quatuor, 298. — Lettres choisies, 299.

Sanctorale macloviense, etc., 141.

SAVARY. — Prophéties d'Isaïe, 29, 30.

SEFER TORA. — Le livre de la loi, 445.

SÉGUR (L. G. de). — Rép. courtes et familières aux objections, etc., 413. — Causeries sur le protest., 414.

Sentiments d'une âme chrét., 304.

SERIEYS (l'abbé A. de). — Diction. général., etc., de l'Ecrit. Sainte, 103.

SIMON (R.) — Hist. crit. du vieux test., 92, 93, 96.

Songit-er-Vad, pe reflexionou var ar pevar fin diveza, 197.

Spelman (H.) — Concilia Magnœ Britanniæ, etc., 157.
Spencer (J.) — Dissertatio de Urim et Thummin in Devteron, 419.
Strauss (D. F.) — Nouv. vie de Jésus, 78.
Sturm. — Considér. sur les œuvres de Dieu, 376, 377.

Swedenborg (E. de). — Les merveilles du Ciel, etc., 439. — Nouv. Jérus., 440. — Œuvres complètes, 441. — Du jugement dernier, etc., 442. — Délices de la sagesse sur l'amour conjugal, 868.
Swinden (T.) — Rech. sur la nature du feu de l'enfer, 423.

T

Taulennou ac Orœsounou eus an oferan santel, etc., 132.
Teller (G. A.) — Eclairciss. sur la nouv. Exégèse, 19.
Tertulien. — Apologétique, 169. — De la patience et de la raison, 170. — Des prescriptions contre les hérétiques, 171.
Testament (le nouveau) de N. S. Jésus-Christ, 44, 45, 46, 47, 48, 49, 50, 51, 52, 53, 54.
Testament nevez hon autrou Jezuz-Christ, 56.
Testamentum novum Jesu-Christi, testamentum Vaticanum accurate revisum, 42. — Dº Vulgatæ editionis Sixti v, etc., 43, 55.

Theologia dogmatica et moralis, 189.
Thiers (J. B.) — Traité des superstitions, etc., 202. — Traité des jeux permis, etc., 216.
Thomas d'Aquin (Saint). — Prima secundœ partis svmmœ theologica, 190.
Thomas de Jésus. — Les souffrances de N. S. J. C., 191.
Touquet. — L'Evangile, 468.
Traité de la divinité de N. S. J. C., 401. — Dº des trois imposteurs, 475, 476.
Tricalet (l'abbé P. J.) — Bibliothèque port. des Pères de l'Eglise, 159. — Les motifs de crédibilité prouvés, 378.
Triomphe (le) de la pureté, 306.

V

Valart (l'abbé). — Imitation de J. C., 272.
Vanini (J. C.) — Amphitheatrum œternœ providentiæ, 458.
Ventura de Raulica. — La raison philosophique, etc., 263.
Ville-Thierry (G. de). — La vie de J. C. dans l'Eucharistie, 201.

Vita (de) et morte Mosis, libri tres, 70.
Volney (le Cte de). — Hist. de Samuel, 477.
Voltaire. — La Bible enfin expliquée, 464. — Le dîner du comte de Boulainvilliers, 465.
Voyage misterius de inis vertu, 309.

W

Wallon (H.) — La vie de Jésus et son nouvel hist., 407.

Wollaston (W.) — Ebauche de la relig. nat., 269.

FIN DE LA TABLE DE THÉOLOGIE

JURISPRUDENCE

TABLE ALPHABÉTIQUE
DES AUTEURS ET DES OUVRAGES ANONYMES

Nota. — *Les chiffres renvoient aux numéros d'ordre du Catalogue*

A

Abeille (L. P.) — Table raisonnée des ordon., 170.

Abel (P.) — Observ. sur la coutume de Bretagne, 192.

Abren (le Ch. Dom F. J. d'). — Traité juridico-polit. sur les prises marit., 782.

Actes et Mém. des négoc. de la paix de Riswick, 31. — D° concernant la paix d'Utrecht, 32.

Adams (J.) — Déf. des constit. améric., 42.

Affaire d'avril 1834, etc., 630. — D° Lesurque, 648. — D° Patterson, 647.

Affre (l'abbé). — Traité de l'adm. temp. des paroisses, 837.

Aguesseau (N. F. d'). — Discours et œuv., 266. — D° Œuvres, 267-268.

Alletz. — Dict. de police mod., 691.

Amé (H.) — Etude économ. sur le tarif des douanes, 709.

Analyse des obs. des Trib. d'appel et du Trib. de cassat. sur le projet du Code civil, 388.

Ancest. — Code des commiss. de police, etc., 692.

Angot (J.) — Observ. sur le projet de loi relat. aux just. de paix, 568.

Annales (nouvelles) marit., 1849-1864, etc., 790.

Annotat. sur chaque art. des 5 codes, 546.

Appel au Trib. de l'opin. publ., 845.

Argentré (B. d'). — Comment. in patrias Britonum, etc., 184, 185, 186.

Arnaud (C.) — Manuel du direct. du jury d'exprop., 686.

Arnould (A. M.) — Système maritime et politique, etc., 28.

Assises de Jérusalem, 172.

Aubé (D.) — Princip. du Droit et de la Morale, 7.

Aulanier (A.) — Traité du domaine congéable, 209.

Aulanier (A.) fils et F. Habasque. — Usages et règl. loc. des Côtes-du-Nord, 701.

Auvilliers (M. d'). — Journal du Palais, 653.

Azuni (D. A.) — Principes du droit marit. en Europe, 765.

B

Bacquet (J.) — Œuvres, 278.

Bailleul (J. C.) — Sur les écrits de Benjamin Constant, etc., 49.

Bajot. — Lois anc. et mod. sur la mar., 733. — Rép. de l'adm. de la mar., 733 bis.

Bajot et Poirrée. — Annales marit. et colon., 789.

Balestrier de Canilhac (E. S.) — Manuel des autor. constitut., 659.

Barbeyrac (Z.) — Recueil de discours, 263.

146 JURISPRUDENCE

Bargeton. — Lettres, 859, 860.

Barrigne de Montvalon (D. A.) — Epitome juris, etc., 100.

Barrot (O.) — Le procès de Senneville, 645.

Barruel (l'abbé). — Du Pape et de ses droits relig., 849.

Basnage du Fraguenay (H.) — Ses œuvres, 181.

Baudouin de La Maison Blanche. — Instit. convenancières, 206.

Bavoux et Loiseau. — Le Pratic. franç., 443. — Jurisp. du code civil, 598.

Bazaine (Procès), 649.

Beaufort (de). — Recueil concern. le Trib. de NN. les maréchaux de France, 169.

Beaulac (G.) — Répert. alph., chronol., des lois, etc., 547.

Beaumarchais. — Mémoires, 272.

Beaussire (E.) — Les principes du droit, 356.

Beccaria (C. M. Mis de). — Traité des délits et des peines, 65.

Bellart (D.) et Floquet (M.) — Répertoire analytiq. des codes, 368.

Belordeau (P.) — Coustumes de Bret., 187, 188. — Observ. sur div. quest. tirées du droit civil, 234. — Controv. agitées en la cour du Parlem., 235.

Benecke (W.) — Traité des princip. d'indemnité, etc., 775.

Bentham (J.) — Traité de la législ., etc., 64.

Bérenger (M.) — De la justice crim., etc., 519.

Bergasse. — Observ. sur l'écrit du sieur Beaumarchais, 274.

Bergier (A.) — Traité manuel du dernier état des Just. de paix, 561.

Bergognié (A. M. B.) — Table analyt. des Jug. contenus dans le Bull. du Trib. de cassat., 594.

Bernardi (J. L. D.) — Essai sur les révol. du droit franç., 411.

Bernardi (J. E. D.) — Instit. au droit franç., etc., 353, 354.

Bernardi (Dom J. E.) — Observ. sur les quatre concord., 846.

Berriat (H.) — Législ. milit., 725.

Berriat Saint-Prix (J.) — Cours de procédure civile, 452, 453. — Cours de droit crim., 507. — Le jury en mat. crim., 721.

Besdel (P. F.) — Abrégé des causes célèbres, 253.

Biarnoy de Merville. — Règles pour former un avocat, 4, 5.

Bidault. — Code électoral, 535.

Binkershoek (C. Van). — Questionum juris publici libri duo, 20.

Biret (A. C. L. M.) — Recueil général de la Jurispr., 565.

Blackstone (W.) — Comment. sur les lois angl., 798. — Do sur le code crimin. d'Angleterre, 799.

Blanqui. — Rép. à l'adversaire de M. de Lanjuinais, 847.

Blondeau (Cl.) et G. Gueret. — Journal du Palais, 225.

Boissonnade (G.) — Hist. des droits de l'époux survivant, 417.

Bonald (le Vte A. de). — Législ. primit., etc., 13.

Bornier (P.) — Conf. des nouv. ordon. de Louis xiv, 157, 158, 159.

Bosquet et Hébert. — Dict. rais. des domaines, 282.

Bossuet (J. B.) — Defensio declarationis celeberrimœ, etc., 852, 853.

Boucenne. — Théorie de la procéd. civ., 454.

Bouchaud (M. A.) — Comment. sur la loi des 12 tables, 73.

Bouchel (L.) — La biblioth., etc., 129.

Boucher (P. B.) — Instit. commerc., 484. — Les principes du droit civ., 485. — Traité de la procéd. civ., 490. — Manuel des arbit., 497. — Consulat de la mer, 764. — Instit. du droit marit., 767.

Boucher d'Argis (A. G.) — Traité de la crue des meubles, 312. — Princip. sur la nullité du mariage, 830.

Bouhoure. — Manuel des droits réunis, 703.

Boulanger (E.) — ..... radiations hypothécaires, 465.

Boulay Paty (P. S.) — Cours de droit commerc. marit., 493. — Des faillites, etc., 494.

Bourguignon (F.) — Manuel d'instruction crim., 515. — Jurisp. des Codes, etc., 516. — Mémoire relatif à l'institution du Jury, 517.

Bourjon (F.) — Le droit commun de la France, 180.

Bravard-Veyrières. — Manuel du droit commercial, 486.

Brémond. — ..... disponibilité des biens par donation, 408.

Breulier (A.) et Desnos-Gardissal. — Exam. des amélior. prop. à la législ. relat. aux invent., etc., 503.

Brezolles (l'abbé I. M. de). — Traité de la juridict. ecclés., 857.

Brillon (P. J.) — Dict. des arrêts ou Jurisp., etc., 217, 218, 219.
Briquet (de). — Code milit., etc., 163.
Brissot de Warville (J. P.) — Théorie des lois crim., 69.

Bulletin des lois, 365, 366. — D° des arrêts de la Cour de cassation, 583. — D° des jug. de la Cour de cassation, 593, 595.
Burlamaqui (J. J.) — Princip. du droit naturel, 21. — D° trad. anglaise, 22. — Princip. du droit polit., 40.

C

Cabassutius (J.) — Juris canonici, etc., 812.
Camescasse (E.) — Du colonat dans les codes, etc., 718.
Caradec. — Principes du droit franç., etc., 113.
Carnot (J. F. C.) — Comment. sur le code pénal, 509. — De l'instruct. crim., etc., 518.
Carrara (F.) — Prog. du cours de droit crim., etc., 523, 804.
Carré (G. L. J.) — ..... Lois relat. aux domaines cong., 208. — Analyse rais. des opin. des comment., 446. — Quest. de procéd. civ., 447. — Les lois de la procéd. civile, 448, 449. — Le droit français, 566. — Tr. du gouvern. des paroisses, 836.
Cassan (J.) — Le nouv. et parfait not., 314, 315.
Candavenne (juge) et Théry (avocat). — Traité de l'expropriation, etc., 469.
Causes célèbr. du 19e siècle, 610. — D°, d° étrang., 641.
Cère (Paul). — Manuel du juge de paix, 571. — Manuel du fonct. chargé de la police judiciaire, 572.
Chabot (G. A.) — Quest. transit. sur le code Napoléon, 398.
Chabroud et Hom. — Annales de la Jurispr. franç., 558.
Challamel (J.) — Etude sur les cédules hypoth., 466.
Chambellan (C. A.) — Etude sur l'hist. du droit franç., 110.
Chantereine. — Essai sur la réf. des lois civiles, 437.
Charondas Le Caron (L.) — Rép. aux décisions du droit franç., etc., 223.
Charte constit., 626.
Chauveau (Ad.) — ..... traité prat. de procéd. civ., 467. — Code d'inst. administrative, 468.
Chauvelin (l'abbé H. P.) — Des évêques, etc., 839.
Chenu (J.) — Praxis civilis univ. can., etc., 840.
Clausel de Montals (l'abbé). — Rép. aux 4 concordats, 844.

Clementinæ seu Clementis V Pont. max constit., 819.
Clerc (Ed.) — Théorie et prat. du notar., 716, 717.
Cochin (H.) — Œuvres, 269.
Code de Justinien, 87.
D° de la police, 320, 688.
D° des seigneurs hauts justic., 322.
D° criminel, 346, 506.
D° du faux, 352.
D° féodal, 363.
D° (les 5) de l'Emp. franç., 371.
D° général franç., 372.
D° (les 35) franç., 373.
D° (les) franç. annotés, 374.
D° civil, 375, 376, 383, 384, 385, 386, 391.
D° d° (projet de), 377, 378, 379, 380, 382.
D° du divorce, 400.
D° des enfants naturels, 402, 403.
D° des successions, 409, 410, 413, 414.
D° des expropriations, 427.
D° de procéd. civile, 433, 434.
D° hypothécaire, 456, 457, 458.
D° d'instr. administ., 468.
D° de commerce de terre et de mer, 473.
D° de commerce, 474, 475, 476, 478.
D° des trib. de commerce, 487.
D° d'inst. crimin., 512, 513.
D° de la conscription, 529.
D° électoral, 530, 532, 535.
D° du garde national, 537.
D° national, 538.
D° judiciaire de la R. F., 539.
D° de la grande et pet. voirie, 540, 541.
D° des prisons, 542.
D° de la just. de paix, 558.
D° du trib. de cassation, 575.
D° administratif, 655, 656.
D° de compétence, 658.
D° municipal, 668.
D° des municipalités, 670.

Code municip. de Montpellier, 687.
Do des commis. de police, 692.
Do militaire, 723.
Do de l'officier, 729.
Do de la marine de 1799, 762.
Do des bris, naufrages, etc., 777.
Do des prises, 778, 780, 781, 783.
Do (nouv.) des prises, 779.
Do génér., pour les Etats prussiens, 793.
Do annamite, 808.

COFFINIÈRES (A. S. G.) — Jurisp. des cours souv., etc., 576.

Collection des règlem. des trois Etats, etc., 246.

Do des décrets des Assembl. nat., constituante, législ., 357, 358, 361.

Do de jugem. des Trib. du Palais de Paris, etc., 599.

Do officielle des ordonn. de police, 694.

COLOMBEL (H.) — De la juridict. admin., 660.

COMMAILLE (J. A.) — Nouv. traité des donat., etc., 411. — Nouv. traité des privil. et hypoth., 460.

Comment. sur l'ordonn. des eaux et forêts de 1669, etc., 152, 153, 155. — Do (nouv.) de l'ordon. de la mar. d'août 1681, 742, 748.

Commentaire (nouv.) sur l'ordonn. crim. d'août 1670, etc., 345.

Commission de la propr. littér., etc., 501.

Concordata inter Papam Leonem X et Regem Francisc. prim., 841.

Conférence de l'Ordonn. de la mar. d'août 1781, 735.

CONSIDÉRANT (V.) — Contre Arago, 643.

CONSTANT (Benjamin). — Collect. compl. de ses ouvrages, etc., 48. — Principes de polit., 49. — Quest. sur la législ. act., 49. — De la responsabilité des ministres, 49.

Constitution de la Rép. franç. de l'an III, 45, 46. — Do de 1814, 47, 52. — Do franç., 50, 51. — Do des treize Etats-Unis, 60.

Constitution (la). — Unigenitus, 824.

CORMENIN (La H. de). — Questions de droit administ., 654. — Ordonn. relat. à la loi du 17 juillet 1837, etc., 672.

Corpus juris canonici, 809, 810.

CORRE (le Dr A.) — Aperçu génér. de la crimin. milit., 732.

CORVINUS (J. A.) — J. Corvini Jurisp. romana, 94.

COTELLE. — Cours de droit administratif, 702.

COTTU. — De l'adm. de la just. crim. en Angleterre, 802.

Coutumes de Bretagne, 183, 187, 188, 189, 194, 195, 196, 198, 199, 200, 201, 202, 203, 231.

CRELL (C. L.) — Dissertat. atque program., etc., 105.

CROS (U.) — Code municip. de Montpellier, 687.

CUJAS (J.) — Opera omnia, 103.

D

DALIGNY. — Essai sur les princ. de législ. pén., 510.

DALLOZ (V. A. D.) — Journal des audiences de la Cour de cassat., 581. — Jurispr. génér., 584, 585.

DAMOURS (D.) — Conf. sur l'ordonnance concern. les donat., 156.

DARD (H. J. B.) — Instruct. facile sur les contrats de mariage, 399, 429.

DAUBANTON (A. G.) — Manuel judic. du citoyen, 559. — Formulaire génér. des actes ministér., etc., 560.

DAUTY. — Trad. de la preuve par témoins, etc., 339.

DAUVIN (J.) — Manuel des jurés, 719.

DAVIEL (A.) — Pratique des cours d'eau, 697.

Déclaration du Roy pour le rétablis. de la pêche, 784.

DECRETALES GREGORII IX. — Max suis comment. illustr., 820.

DELABARRE DE NANTEUIL. — Législ. de l'île de la Réunion, 215.

DELACROIX (J. V.) — Constit. des princip. Etats, etc., 43. — Réflex. morales, 67.

DELAMALLE. — Plaidoyers, etc., 634.

DELBREIL (M. F.) — Diction. de droit, etc., 122.

DELVINCOURT (Cl. S.) — Institutes de droit civil franç., 355.

DEMANTE (A. M.) — Prog. du cours de droit civil franç., 521.

DEMIAU-CROUZILLAC (P. A.) — Elém. du droit, etc., 444.

DENEVERS et DUPRET (P. A.) — Journal des audiences de la cour de cassat., 580.

DENISART (J. B.) — Collect. de décisions nouvelles, etc., 130, 131, 132.

Dentu (J. G.) — Moyen de parvenir en littérat., 500.

Desenne. — Code général franç., etc., 372.

Desessarts (N. Lemoine dit). — Hist. génér. des tribunaux, etc., 1.

Desgodets (A. Rabuty). — Les lois des bâtiments, 284.

Deshayes (G.) — Arrêts et remarque sur la coutume de Bretagne, 231.

Desquiron (A. T.) — Traité de la minorité, etc., 407.

Destutt de Tracy (le Cte A. L. C.) — Comment. sur l'esprit des lois, 11.

Deverxheil. — Observ. des commis. consultat. sur le projet de code rural, 524.

Devolant (P.) — Recueil d'arrêts rendus au Parlem. de Bretagne, 240.

Dictionnaire de droit et de prat., 118, 119.

D^o (nouv.) des term. de droit, 120.

D^o de droit, etc., 122.

D^o des juges de paix, 121.

D^o des arrêts ou jurisp. des parlem., 217, 218, 219.

D^o raisonné des Domaines, 282.

D^o de la police génér., 319.

D^o des aydes, 321.

D^o des fiefs, 324.

D^o rais. des lois sur les transactions, 498.

D^o d^o des matières de législ., etc., 549.

D^o des arrêts modernes, 550, 551.

D^o national de droit, 555.

D^o des just. de paix, 567.

D^o des formules, 676, 682

D^o municipal, 677.

D^o des droits de l'enregistr., 704.

D^o de police moderne, 691.

D^o de la pénalité, etc., 795.

D^o de droit canonique, 816.

Discours sur le traité de Prague, 30.

Dissertation sur l'art. xiii du concordat, 847.

Domaine congéable. — Recueil de lois, etc., 207.

Domat (J.) — Les lois civiles, etc., 95, 96.

Donjat. — Hist. du droit canonique, 811.

Dragonetti (H.) — Traité des vertus et des récomp., 66.

Droit (du) de la paix et de la guerre, 29.

Duaren (F.) — Francis. Duareni opera omnia, 101.

Dubarry (J.) — Formulaire des mairies, 683.

Dubuisson (l'abbé). — Traité de la régale, 861. — Recueil de div. pièces conc. la régale, 862.

Duchesne. — Code de la police, 320.

Dufail (N.) — Arrêts et règlem. donnés au Parlem. de Bretagne, 232, 233.

Dufour de St-Pathus (J. M.) — Jurispr. des 5 codes, 597.

Dufresne (J.) — Journal des princip. audienc. du Parlem., 230.

Dufriche-Fontaines (F. N.) — Code des prises, etc., 783.

Dujardin-Sailly. — Législ. des douanes, 706. — Tarif chronolog. des douanes, 707.

Dumont (Ch. H. Fréd.) — Nouv. style crim., 342.

Dumoulin (Ch.) — Prima pars et seconda commentariorum, etc., 176, 177.

Dunod de Charnage (J. F.) — Traité des prescriptions, 303, 304. — Traité de la main-morte, 326.

Dupaiy (C. M. J. B. M.) — Mémoire justif., 275, 276.

Dupin (A. M. J. J.) — Règles de droit et de morale, 16.

Dupin. — Réquisit., plaidoyers, etc., 633.

Dupin (B^{on}). — Précis hist. de l'administ., etc., 666.

Dupont (Paul). — Dict. des formules, 676.

Durand. — Nouv. guide pratique des maires, 685.

Durand de Maillane (L. T.) — Dict. de droit canoniq., 816.

Durat-Lasalle. — Législ. crim. des arm. de terre et de mer, 728. — Code de l'officier, 729.

Dureau (F.) — Traité des injures, 307, 308.

Duret (J.) — Avertissements sur l'édit d'Henry, etc., 139, 140.

Du Rousseau de Lacombe (Guy). — Recueil de jurisp. civile, 281.

Dusaulzet (l'abbé M.) — Abr. du recueil des tit., concern. les aff. du clergé, 858.

Duval (Y.) — Le droit dans les maximes, etc., 15.

Duvergier de Hauranne (abbé de Saint-Cyran J.) — Apologie pour Messire H. L. Chastaignac de la Rochepozai, 826.

E

Edits, ordonn., règlem., arrest, 264.

EMERIGON (B. M.) — Traité des assurances, 772, 773.

Esprit (de l') des lois et de leur rapport avec la Constit., 8.

Essai sur la Constit. pratiq. et le Parlem. d'Angleterre, 61.

Etat des jugem. de cassat. rendus depuis le 1er germin. an 2 jusqu'au 30 vent. an 3, 576.

Examen sur le droit romain, 91.

D° de la procéd. crim. sur les circonst. de la mort du duc de Bourbon, 639-640.

D° du projet de loi relat. au concordat, 847.

Extrait du livre de l'Esprit des lois, 9.

F

FAVARD DE LANGLADE (B. G. J.) — Répert. de la législ. du notariat, 711.

FAVRE (Jules). — Plaidoyers, 651.

Fédéralisme (le) ou Collect. de quelques écrits en fav. de la Constitut. prop. aux Etats-Unis, 41.

FELICE (F. B. de). — Leçons de droit, 23.

FENET (P. A.) — Pothier analysé dans ses rapp. avec le code civil, 393.

FERRIÈRES (C. F.) — Nova et methodica institutionum juris civilis tractatio, 98, 99. — Introd. à la pratique, etc., 116, 117. — Dict. de droit. 118, 119. — Nouv. instit. coutumière, 175. — Nouv. commentaire sur la coutume de Paris, 178. — Corps et compilation de tous les comment., 179. — La science parfaite des notaires, 316.

FEVRET (Ch.) — Traité de l'abus, etc., 827.

FILANGIERI (G.) — La science de la législation, 12.

FIRMIGIER-LANOIX (A.) — Code des successions, 409.

FLEURIGEON. — Code de la grande et de la petite voirie, 540, 541. — Code administ., 655.

FLEURY (Cl.) — Instit. au droit ecclésiast., 815.

Formulaire d'actes rédigés sur chaque art. du Code de procéd. civil., 436.

Formules d'actes et de procédures, 148.

FOUCHER (V.) — De l'adm. de la just. milit., 727.

FOURNEL (G. L.) — Hist. des avocats, etc., 255. — Traité de la séduction, 311. — D° de la contrainte par corps, 420. — Code de commerce, 474. — Dict. rais. des lois sur les transactions, 498. — Formules des actes relat. aux faillites, 496. — Lois rurales de la France, 526.

FOURNIER (P.) — Les officialités au moyen-âge, 851.

FRAIN (S.) — Arrest de la Cour du Parlem. de Bretagne, 189, 236, 237, 238, 239.

FRÉMINVILLE (E. de la Poix de). — Dict. de la police génér., 319. — La pratique universelle, etc., 327. — Traité gén. du gouvern. des liens et aff. des communautés, etc., 328.

FROMAGEOT (J. B.) et MORIN. — Les lois ecclésiast., 813.

FUET (L.) — Recueil de jurisp. canoniq., 814.

FURGOLE (J. B.) — Traité des testaments, 292.

FYOT DE LA MARCHE (C. Bon de M.) — Les qualités néc. au juge, 2.

G

GABRIEL. — Essai sur la nature et les degrès de force des preuves, 6.

GALTIER (D.) — Theophilus renovatus sive levis ac simplex, etc., 88.

GARNIER (F. X. P.) — Régime des eaux, etc., 696.

GARNIER-DESCHÊNES (E. H.) — Traité élém. du notariat, 710.

GARREZ (P. A.) — Code des enfants nat., 402. — Traité de l'adoption, 404.

GAUTIER. — Enrôlement de matelots, 758.

GAURET (J.) — Style univ. de toutes les cours, etc., 127. — Le vrai style pour procéd. au Châtelet, 338.

GAYOT DE PITAVAL (F.) — Causes célèbres, 252.

Gazette des Tribunaux, 602.

GIBERT (J. P.) — Usages de l'Eglise gallic., 856.

JURISPRUDENCE

Gide (J. E. T.) — Code judic. de la Rép. franç., 539.

Gillon (J. L.) et Stourm. — Code des municipalités, 670.

Girard (D.) — Manuel des contrib. indir., 698.

Girardin (E. de). — Le Droit, 17.

Goertz (le Cte S. E. de). — Mém. sur la neutralité, etc., 38.

Gourgeois (A. J. B.) — Mém. sur l'inst. du notariat, 714.

Grandpont (Guichon de). — Première note sur la pêche de la morue, 787. — Justific., de la domin. portug. en Asie, 805.

Granmaison (P. B. de). — Dict. des aydes, 321.

Gravina (S. V.) — Esprit des lois romaines, 72.

Grégoire. — De la Constit. franç. de l'an 1814, 47, 52.

Grégoire (le Cte H.) — Essai hist. sur les libert. de l'Eglise gallic., 854.

Grenier (le B^{on}). — Traité des donations, 412. — D° des hypothèques, 461.

Grenier. — Manuel des tribunaux de commerce, 488, 489.

Grosse. — Comment. de la loi du 24 mars 1855, 463.

Guénois (P.) — La grande conférence des ordonn., etc., 141, 142.

Guichard (A. C.) — Défense des propriétaires des biens dom., 283. — Code des succes. donat., etc., 413, 414. — Dissert. sur les rég. des succes., 415. — Code des exprop., 427. — Traité méth. des lois sur les transactions, 432. — Jurispr. hypoth., 455. — Code hypoth., 456, 457. — Cours de droit rural, 528. — Traité du trib. de famille, 569. — Code de la police, 688. — Procès céléb. de la Révolut., 606. — Code municipal, 668. — D° des prises, 780, 781.

Guide des maires, 675.

Guy (de l'Hérault). — Dict. national de droit franç., 555.

Guyot (P. J. J. G.) — Les annales du droit franç., 554.

H

Hautefeuille (L. B.) — Droits et devoirs des neutres, 39.

Hautefeuille. — Traité de procédure civile, 491.

Hébert (G.) — ..... Loi élect. du 31 mai 1850, 534.

Heineccius (P. G.) — Elém. du droit civil romain, 89.

Hello (C. F.) — Régime constitut., 53.

Henrion de Pansay (B. P. P. N.) — De la compétence des juges de paix, 563, 564. — Du pouvoir munic., 661, 662. — Des biens communaux, 663. — Du régime des bois communs, 664.

Hévin (L.) — Consult. sur la coutume de Bretagne, 191.

Hévin (P.) — Quest. et observat. concern. les mat. féodales, 331.

Hotman (F.) — Commentarius verborum juris, etc., 102.

Hua. — Notions élém. sur le régime hypoth., 459.

Hubert (U.) — Prælectionum juris civilis etc., 104.

Hubner (M.) — De la saisie des bâtiments neutres, 36.

I

Imbert (J.) — Praticien judic., etc., 123.

Institutionum seu elementorum juris civilis, etc., 75.

Institutôes imperiales novissime correcte, etc., 74.

Instruction facile sur les convent., 310.

D° sur la procédure civile, 337, 445.

D° concern. les matières consul., 340.

Isambert. — Code électoral, 530, 532. — Inst. aux citoyens franç., etc., 531.

J

Jacquet. — Coutume de Touraine, 212. — Traité des just. de Seigneur, 329.

Jefferson (T.) — Manuel du droit parlementaire, 800.

Jourdain (Yves C.) — Code de compétence, 658.

Jourdan (Yves C.) — Extrait alphab. de tous les décrets de l'Assemblée nat., 362.

JURISPRUDENCE

Journal du palais de 1660 à 1700, etc., 226.
Do do autres époques, 586, 587, 589, 590, 591, 548.
Do des audiences de la cour de cassat., 579.
Do des trib., 601.

Jousse (D.) — Nouv. comment. sur l'ordonn. d'avril 1667, 145. — Traité de la just. crimin., 347. — Do du gouvern. spirit., 835.

Joury (L. F. de). — Supplément aux lois civiles, 97. — Dîmes, 325.

Jugement du Conseil de guerre, 1775 (affaire de Trémarec), 254.

Jurisprudence du trib. d'appel de Rennes, 600.

Justinien. — Corpus juris civilis, etc., 76, 77, 78, 79. — Sacratissimi principis institutionum libri quatuor, 80. — Volumen legum parvum quod vocant, 81. — Pauli Busii I. C. Zvollani commentarii in pandectas, etc., 82. — Les institutes, 83, 84. — Le Digeste et les Pandectes, 85. — Les 50 livres du Digeste, 86. — Codes et nouvelles, 87.

K

Kersaint (de). — Institutions navales, 758.

L

Laboulaye (Ed.) — Consid. sur la Constit., 54.

La Chalotais (Affaire). — Plaidoyer de M. Bernard, 626.

Lagrevol (M. de). — Audience solenn. de rentrée, 803.

La Haye (de). — Etude du Code Napoléon, 406.

Lalleau (de). — Traité des servit. légales, 424, 425. — Do de l'expropr., 426.

Lamare (N. de). — Traité de la police, 317.

Lampredi (G. M.) — Du commerce des neutres, 37.

Lange (F.) — La nouv. pratique civile, 126.

Langloys (J. T.) — Code hypoth., 458.

Lanjuinais (le Cte J. D. de). — Constit. de la nat. franç., 51. — Les trois concordats, 847.

La Peyrère (A.) — Décisions somm. du Palais, 249.

La Place (A.) — Dict. des fiefs, 324.

Laporte (J. B. de). — Le nouveau Dunod, 431. — Formulaire de procéd. civ., 435. — Comment. sur le code de commerce, 479.

La Salle. — Concordat de 1817, 847.

Lassaulx (Fr. de). — Introd. à l'étude du code Napoléon, 389.

Latour Du Moulin. — Lettre à un memb. du Parlem. d'Angleterre, 55.

Laugier (l'abbé M. A.) — Hist. des négoc. pour la paix de Belgrade, etc., 34.

Laurens (J. L.) — Traité des faillites et des banqueroutes, 495.

Lauze de Peret (P. J.) — Traité de la garantie indiv., etc., 520.

Lavaux. — Manuel du Trib. de cassat., 574.

Lebeau (Sylv.) — Code des bris, naufrages, etc., 777. — Do (nouv.), 779.

Le Berquier (J.) — Administ. de la comm. de Paris, etc., 681.

Le Besnier. — Guide des contrib., 533. — Législ. des fabr. des Eglises, 838.

Le Bret Saint-Martin. — Table génér. insérées dans les 16 premiers vol. du Journal du palais, etc., 592.

Lebret sieur de Vély. — Recueil d'aucuns plaidoyers, etc., 256.

Le Brun (D.) — Traité de la commun. entre mari et femme, 290. — Do des success., 293, 294.

Lebrun (P.) — Recueil des causes célèbres, 603.

Le Brun de La Rochette (Ch.) — Les procès civ. et crim., 334, 335.

Le Calloch (A.) — Compendium theologicum, etc., 825.

Le Cler Du Brillet. — Traité de police, 318.

Le Conte. — Coutume de Normandie, 182.

Le Dru. — Le Pothier des notaires, 712.

Ledru-Rollin. — Journal du palais, 548, 586.

Le Faverais. — De la transcription, 464.

Le Grand de Laleu. — Rech. sur l'adm. de la just. crim., 720.

Le Graverend (J. M. L.) — Traité de législ. crim., 511. — Do de la procéd. crim., 730.

Lehr (E.) — Droit civ. espagnol, 806, 807.

Lemaistre (A.) — Recueil de divers plaidoyers, 259, 260.

Le Molt. — Manuel des officiers de l'état-major, 673.

Lepage (P.) — Lois des bâtiments, etc., 421, 422. — Quest. sur le code de procéd. civ., 439. — Nouv. traité et style de la procéd. civ., 440.

Lépinois (de). — Code administratif, 656.

Le Pointe (l'abbé). — Dissert. hist. sur les libert. de l'Egl. gallic., 855.

Lesignano (P^{sse} de), Mme R. Stoltz. — Les Const. de tous les pays civilisés, 44.

Lesurques (affaire), 648.

Le Trosne (G. F.) — Vues sur la justice crim., 348.

Lettre à M. de Lanjuinais. Les 3 concordats, 847.

Le Vasseur (A. F. N.) — Traité des avantages entre époux, etc., 401. — Manuel de la just. de paix, 562.

Li Livres de Jostice et de Plet, 171.

Limon (J. M. P. A.) — Usages et règlem. locaux dans le Finistère, 211.

Linguet (S. N. H.) — Théorie des lois civ., 63.

Lisi (Ch. de). — Traité des délits et des peines, 794.

Livonière (C. P. de). — Règles du droit franç., 112. — Traité des fiefs, 323.

Locré (Bon J. G.) — La législation civile, 367. — Esprit du code Napoléon, 392.— D^o du code de commerce, 477.

Loi électorale, 626.

Lois et constit. de S. M. le Roi de Sardaigne, 791.

Lois relat. à la Const., 56. — D^o relat. à l'organis. de la marine, 757. — Lois pénales, 769. — Lois et ordonn. depuis le comm. de la monarchie, 364.

Loiseau (Ch.) — Œuvres, 277. — Traité du déguerpissement, 309.

Loiseau (J. S.) — Dict. des arrêts modernes, 550.

Loiseau (Urb.) — Jurispr. des huissiers, 713.

Loiseau, Dupin et Laporte. — Dict. des arrêts modernes, 551.

Lolme (J. L. de). — Constit. de l'Angleterre, 57, 58, 59.

Lonchampt (E.) — Dict. des just. de paix, 567. — Table alphab. d'arrêts de 1789 à 1823, etc., 596.

Louet (G.) — Recueil d'aucuns notables arrêts, etc., 227, 228, 229.

M

Mably (l'abbé G. B. de). — De la législ., 14.

Macarel (L.) — Recueil des arrêts du Conseil, etc., 652.

Macé (A.) — Des lois agraires, etc., 106.

Maistre (J. de). — Du Pape, 850.

Malleville (le Mis J. de). — Analyse rais. de la disc. du Code civ., 387.

Manuel du citoyen français, 556.

D^o du garde-champêtre, 695.

D^o du recrutement, 726.

Marchangy (R. A. F. de). — Plaidoyer du 29 août 1822. Conspirat. de La Rochelle, 635.

Marec. — Répression de l'indiscipline. Dissert., 770. — Quest. de droit marit. intern., 771.

Marie-Dumesnil (A. B.) — Manuel des employés des douanes, 708.

Mars (A. J.) — Cours de droit crim., 505.

Martens (le B^{on} Ch. de).— Guide diplom., 26. — Précis du droit des gens, 27.

Martin (de Gray). — Sur le Concordat, 847.

Martin (E.) — Les lois puisées chez les Grecs, etc., 71.

Maupeou. — Journal hist. du rétabl. de la magistr., 62.

Maurer (Ad.) — Des pouvoirs du mari sur la dot, etc., 418.

Méjean (Cte Maurice). — Code du divorce, 400. — Recueil de causes célèbres, 604.

Mémoire sur une question d'adultère, etc., 273. — D^o pour Mme A. M. Rogres-Lusignan de Champignelles, 636.— D^o justif. des hom. de coul. de la Martinique, 638. — D^o pour les déportés de la Martinique, 637. — D^o sur la nécessité de faire des bassins de radoub, 758. — D^o, d^o et la possibilité de mettre l'arsenal à l'abri, etc., 758.

Mémorial des corps administratifs, 657.

Mercier (H.) — Remarques du droit français, etc., 107.

Merlin (le Cte P. A.) — Répertoire univ. de jurisp., 544. — Recueil alphab. des quest. de droit, etc., 545.

Michelet (J.) — Origine du droit franç., 109.

Mirabeau (Discours de) sur l'égalité des partages, 626.

11

Miroir (E. M. M.) — Des contravent., des délits et des peines, 671. — Album et annuaire municip., 674. — Projet de règlem. de police, 693.

Moitié et Labrosse. — La mairie pratique, 679.

Montvéran (M. de) — De la législ. angl., 801.

Moreau (Christ.) — Code des prisons, 542.

Moreau (de Vaucl.) — Réflex. sur les protestat. du Pape Pie VII, 847.

Moreau de Saint-Méry (M. L. E.) — Lois et constitut. des colonies, etc., 213.

Morin (A.) — Répertoire gén. de droit crim., 514.

Mourlon et Jeannest. — Formulaire gén. 715.

Muyart de Vouglans (P.-F.) — Les lois crim. de France, etc., 349. — Institutes au droit criminel, etc., 350. — Instruction crim., etc., 351.

N

Néron (P.) et F. Gérard. — Les édits et ordonn. des rois François Ier, etc., 134.

Neyremand et Kuhlman. — Arrêts et déc. de la cour d'appel de Colmar, 582.

Nouguier (L.) — Des trib. de commerce, 492. — Des brevets d'invent., 502.

Nourtier (M. G.) — Lois des just. de paix, etc., 570.

O

Observations sur l'import. et les bases d'un code civ., 381. — D° sur le code de commerce, 483. — D° sur les ordonn. de la mar. de 1789, 758. — D° sur les levées de matelots, 758.

Olrichs (G.) — Collectio dissertationum juris, etc., 39 bis.

Olim (Lès). — Arrêts rendus sous Louis IX, etc., 216.

Opinions sur le droit d'aînesse, 626.

Ordonnance de Louis XIV, d'avril 1667, 144. — D°, d° touchant la marine des Côtes de Bretagne, 743. — D° sur le fait des eaux et forêts, 149, 150. — D° de 1673, sur le commerce, 154. — D° du roi concern. les Gouverneurs, 166. — D° pour régler le service des places, 167, 722. — D° pour le serv. de l'infant. — D° de la mar. d'août 1681, etc., 734, 736, 737, 741. — D°, d° de mars 1765, 750, 751, 752, 753, 754, 755. — D° pour les armées nav., 744, 745, 746.

P

Paillet (M.) — Manuel de droit français, 370.

Papon (J.) — Recueils d'arrêts, etc., 220. — Les trois notaires, 221. — Instrument du premier notaire, 222.

Pardessus (J. M.) — Traité des servitudes, etc., 423. — Elém. de jurisp. commerc., 481. Cours de droit commerc., 482. — Collect. de lois marit., 759.

Pastoret (Mis E. C. G. P. de). — Des lois pénales, 68. — Ordonn. des rois de France, 133.

Patru (O.) — Plaidoyers et œuv. div., 261. — Œuvres div., 262.

Patterson (affaire), 647.

Paul (Th.) — Nouv. manuel des maires, 678.

Pavillon-Lez-Lorriz (le Seig. du). — Les quatre livres sur les procéd. civ., etc., 332.

Péchart (P. C.) — Administr. municip., 667.

Pecquet (A.) — Analyse rais. de l'esprit des lois, 10. — Lois forestières de France, 151.

Perchambault de La Bigotière (R.) — Du devoir des juges, 3. — Comment. sur la coutume de Bretagne, 193.

Perezius (A.) — Institutiones imperiales erotematibus distinctœ, etc., 92. — Prœlectiones in duodecim Justiniani, etc., 93.

Perreau (J. A.) — Examen sur les élém. du droit romain, 90.

Perrier (J. B.) — Le Guide des juges milit., 731.

Pestel (F. F. L.) — Les fondements de la jurisp., 24.

Peuchet (J.) — Du commerce des neutres, 763.

JURISPRUDENCE

PHILASTRE (P. L. F.) — Code annamite, 808.
PIALES (J. J.) — Traité de l'expectative des gradués, etc., 828.
Pie VII. — Allocution sur le Concordat, 847.
PIGEAU (N. E.) — La procéd. civ. du Châtelet de Paris, etc. 333. — D° des trib. de France, 450, 451. — Cours élém. des codes pénal et d'instr. crim., 508.
PITHOV (P.) — Les libertés de l'Eglise gallic., 843.
POMELIN DE LA ROCHE-TILHAC (J. C.) — Code de commerce de terre et de mer, 473.
POTHIER (R. J.) — Traité sur diff. mat. de droit civil, 279. — D° des obligat., 285, 286. — D° du contrat de mariage, 287. — D° de communauté, 288. — D° du douaire, 295. — D° du contrat de vente, 296. — D° du contrat de louage, 297, 298. — D° du contrat d'assur., 774. — D° du contrat de constitut. de rentes, 301. — Supplém. au traité du contrat de louage, 299, 300. — Œuvres posth., 280.
POTIER DE LA GERMONDAYE. — Recueil d'arrêts rendus au Parl. de Bretagne, 243. — Introduction au gouvern. des paroisses, 831, 832.
POUDRA et PIERRE. — Biblioth. parlementaire, 536.
POULLAIN-DUPARC (A. M.) — Observ. sur les ouvrages de Perchambault de la Bigotière, 197. — Coutumes gén. de Bretagne, 201. — La coutume et la jurisp. de Bretagne, 202, 203. — Principes du droit franç., 204. — Précis méthod. des actes de notoriété, etc., 205. — Journal des aud. et Arrêts du Parlem. de Bretagne, 242, 242 bis.
PRADT (de). — Concordat de l'Amérique avec Rome, 864. — Les quatre concordats, 842.

Praticien (le) universel, 124.
D° (le) du Châtelet, 125.
D° (le nouv.) franç., 442.
PRÉVOST (L.) — Formules pour parvenir au divorce, 470.
PRÉVOST DE LA JANNÈS (M.) — Les principes de la jurisp., etc., 114. — Introd. au droit franç., 115.
Procédure crim. inst. au Châtelet, 611. — D° relative aux brûlots de Rochefort, 614, 615.
Procès de Caradeuc de la Chalotais, 605.
D° célèbres de la Révolution, 606.
D° divers, 608, 609, 612, 613.
D° Fualdès, 616, 617, 618, 619, 620, 621, 622, 623, 624.
D° à l'auteur de la Tribune de la Gironde, 625.
D° de la congrégation, 626.
D° de la conspir. de Thouars, 627.
D° des dern. minist. de Charles X, 628, 629.
D° de MM. Perrotin, Foucault, etc., 632.
D° Bazaine, 649.
Procès-verbal des confér. tenues pour l'examen des art. de l'ord. civ. d'avril 1667, etc., 336.
Procès-verbaux du Conseil d'Etat contenant la discus. du proj. de code civil., 382.
Projet de code de procéd., 438. — D° du code de commerce, 476. — D° de code crim., 504. — D° de lois sur la police judic., 786.
PROUDHON. — Cours de droit franç., 369.
PRUD'HOMME (L.) — De la propriété littér., 499.
PUFENDORF (le Baron (S. de). — Le droit de la nat. et des gens, 18. — Les devoirs de l'homme, etc., 19.
PUISBUSQUE (A. de). — Dict. munic., 677.

Q

Questions sur la législ. act. de la presse, 49.
QUILLET (P. N.) — Etat act. de la légist. sur l'adm. des troupes, 724.

R

Recueil d'édits, etc., 135, 136, 265.
D° de règlements, tarifs, édits, etc., 137, 138, 214.
D° concernant le trib. de N. S. les maréchaux, 169.
D° de lois et de réclamations, 207.
D° général des lois concern. la percep. des droits réunis, 699, 700.

Recueil de lois et règlem. milit., 756.
D° d'arrêts notables des cours de France, 220.
D° d'arrêts des années 1648 et suiv., 224.
D° d'aucuns notab., arrêts, 227, 228, 229.
D° d'arrêts rend. au parlem. de Bretagne, 240, 243, 244, 245, 8˙ ˙ 1,834.

Recueil, do de 1717 à 1719, etc., 247.

Do, do nouv. de Bourgogne, 251.

Do, do d'aucuns plaidoyers en la Cour des Aydes, 256.

Do de div. plaidoyers prononcés au Parlement, 259, 260.

Do des discours, 263.

Do compl. des disc. pronon. lors de la présent. du code civ., 522.

Do d'ordonn. sur la marine, 749.

Do des causes célèbres, 604.

Do des arrêts du Conseil, 652.

Do d'art. de lois, etc., 690.

Do de jurisp. canoniq., 814.

Do de jurisp. civile, 285.

Do hist. des bulles, 817.

Do de pièces relat. au concord., 847.

Do, do, do, la régale, 862.

Do de procès criminels, 607.

Régime (du) municipal, etc., 665.

Registres (les) d'Innocent IV, 821.

Do de Benoît XI, 822.

Do de Benoît VIII, 823.

Règlement sur les frais en matière civ., du 16 février 1807, 472. — Do génér. pour l'armée navale, 766. — Do, do de l'admin. des quartiers, 785. — Do sur la pêche, 788.

Règles du droit français, 390.

REGNERVS (C.) — Novæ notæ et animadversiones quibus omnes, etc., 792.

Régulations and Instructions relating to his majesty's service, 796.

RENAULT. — Traité des conventions et des engagem., etc., 430.

RENUSSON (P. de). — Traité de la communauté des biens, 289. — Do des propres réels, etc., 305.

Répertoire national de tous les actes authent. relat. à la Révolution, 543. — Do des ouvr. de législ., 573.

Réponse au mém. de MM. Huau et Benoît, 644.

Responsabilité (de la) des ministres, 49.

RIBOUD (T.) — Consid. sur la confect. d'un code rural, 525.

RICARD (J. M.) — Traité des donat., etc., 291.

RICHER (P.) — Traité de la mort civ., 306.

RIVIÈRE (H. P.) et (A.) FRANÇOIS. — Explic. 23 mars 1855 sur la transcript. hypoth., 462.

RIVOLET. — Affaire de M. Place, 650.

ROBERT (Lord R.) — Reports of cases argued and adjudged, 797.

ROCH (E.) — L'Observateur des trib. franç., etc., 642.

RODIER (M. A.) — Question sur l'ordonn. d'avril 1667, 146.

ROGRON (J. A.) — Code expliqué, etc., 394.

ROGUE. — Jurispr. consulaire, etc., 341.

ROLLAND DE VILLARGUES (J. J. F.) — Des substit prohibées, 419.

RONDONNEAU (L.) — Les lois administ. et municip., 669.

ROUAULT (l'abbé L.) — Traité de monitoires, 863.

ROUSSET DE MISSY (J.) — Les intérêts des puissances de l'Europe, etc., 53.

RUELLO (Jean). — Jurisp. des locations, etc., 471.

S

SAGNIER. — Code criminel de la R. F., 506.

SAGNIER et THÉVENIN. — Recueil de jurispr., 552.

SAINT-EDME (B.) — Dict. de la pénalité, etc., 795.

SAINTE-HERMINE. — Traité de l'organis. et des élect. municip., 680.

SAINT-MARTIN (l'abbé L. P.) — Les établissem. de Saint-Louis, 173, 174.

SALLÉ (J. A.) — L'esprit des ordonn. de Louis XIV, 160, 161, 162.

SALVIAT (de). — Jurisp. du Parlem. de Bordeaux, 250.

SANFOURCHE-LAPORTE. — Le nouv. Valin, etc., 768.

SANFOURCHE-LAPORTE et BOUCHER. — Jurisprud. commerciale, 480.

SAUGRAIN (G.) — La maréchaussée de France, etc., 143.

SAUVAGEAU (M.) — Coutumes de Bretagne, 198, 199. — Arrêts et règl. du Parlem. de Bretagne, 241.

SAVIN DUMONI. — Traité de la jurisp. des douanes, 705.

SCARLETT (Sir J.) — Lettre sur la condamnation d'E. de La Roncière, 631.

SCHENCK (C. F.) — Traité sur le ministère public, 557.

SCHOMBERG (A. C.) — Droit romain, 70.

SELDEN (J.) — De Dominio maris, 85.

JURISPRUDENCE

Serpillon (F.) — Code civ., etc., 147. — D° crim., 346. — D° du faux, 352.
Servan (A. J. M.) — Œuvres div., 270. — Discours d'un anc. avocat, 271.
Servin. — Plaidoyers avec les arrêts, 257.
Sextus Decretalium Liber, etc., 818.
Sirey (J. B.) — Code de procéd. civ., 434. — D° de commerce, 475. — Jurisp. de la cour de cassat., 578.
Soulatges (J. A). — Traité des hypoth., 302.

Soulet. — Traité des changes, etc., 488.
Souviron (A.) — Manuel des conseillers municipaux, 684.
Sparre (le B^on de). — Code militaire, etc., 164, 165.
Spinnael (P. J.) — ..... doctrine de M. Toullier dans son traité du droit civ., 396.
Style abrégé du palais, 128. — D° crim., à l'usage des jurid. de Bretagne, 343, 844.

T

Table des mat. des noms de lieux et de person. Procès-verbaux des séances du 4 br. an IV au 30 flor. an V, 359. — D° gén. des lois pron. sur les déc. de l'Ass. nat., 360. — D°, d°, des mat. ins. dans les 16 prem. vol. du Journal du Palais, 588.
Tamburini de Brescia (l'abbé Dom P.) — Vraie idée du Saint-Siège, 848.
Thiers (l'abbé J. B.) — Hist. des perruques, 829.
Thiessé (Léon). — Constit. franç. dep. l'orig. de la Révol., 50.

Thominep-Des-Masures. — Traité de la procéd. civile, 441.
Tissandier (Pl.) — Traité méthod. et complet sur les success., etc., 416.
Toullier (Ch. B. M.) — Le droit civ. franç., etc., 395.
Toullier-Duvergier. — Le droit civ. franç., etc., 397 bis.
Traité des prescriptions suiv. la coutume de Bretagne, 210.
Troplong. — Le droit civ. expliqué, 397.
Troussel. — Elém. du droit, 108.
Turrel (affaire). — Plaidoirie Berryer, 646.

V

Valin (R. J.) — Nouveau comment. de l'ordonn. d'août 1681, etc., 738, 739, 740. — Traité des prises, 776.
Valois (N.) — Arrêts du Cons. d'Etat, 248.
Valserres (J. de). — Manuel de droit rural, 527.
Varsavaux-Kerlin. — Traité des droits des communes, 330.

Vattel (E. de). — Le droit des gens, 25.
Veauce (B^on de). — Liberté de tester, 428.
Vergani (l'abbé P.) — Traité de la peine de mort, 313.
Vermeil (Le C.) — Tutelle et curat., 405. — Code des success., 410.

X

Xaintonge (P. de). — Discours et harangues, etc., 258.

FIN DE LA TABLE DE LA JURISPRUDENCE

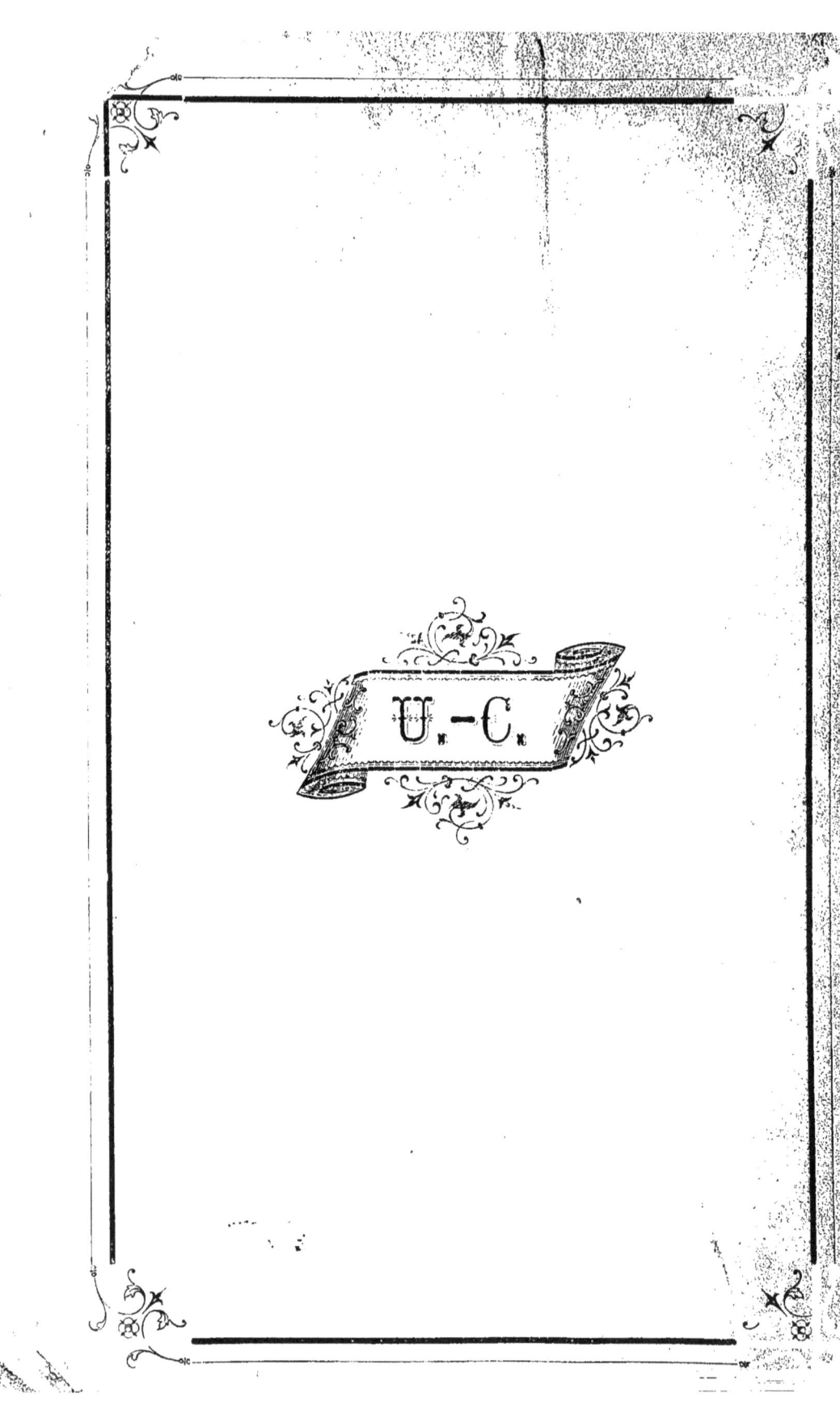

www.ingramcontent.com/pod-product-compliance
Lightning Source LLC
Chambersburg PA
CBHW070525170426
43200CB00011B/2324